극복의 힘

POWER of CONQUEST

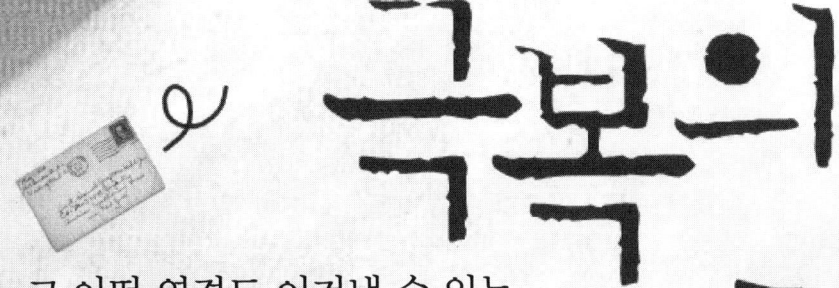

극복의 힘

그 어떤 역경도 이겨낼 수 있는
당신의 특별한 능력

피터 위벨 지음 | 조용만 옮김

산수야

극복의 힘

초판 인쇄	2009년 7월 1일
초판 발행	2009년 7월 5일

지은이	피터 위벨
옮긴이	조용만
발행인	권윤삼
발행처	도서출판 산수야

등록번호	제1-1515호
주소	서울시 마포구 망원동 472-19호
우편번호	121-826
전화	02-332-9655
팩스	02-335-0674

ISBN 978-89-8097-185-5 03180
값은 뒤표지에 있습니다. 잘못된 책은 바꾸어 드립니다.

이 도서의 국립중앙도서관 출판시 도서목록(CIP)은 e-CIP 홈페이지
(http://www.nl.go.kr/cip.php)에서 이용하실 수 있습니다.
(CIP제어번호: CIP2009001446)

사라 레조트, 제이와 메리 베스 슈라이너,
특별히 기억에 남는 앤디 크래포트, 알렉스 크래포드,
그렉과 루스 휴즈, 스코트 맥클러, 린 스나이더–맥클러,
그리고 맥클러의 모든 가족들에게,
내게 가르쳐준 것들에 대해 무한히 감사드리며, 이 책을 바칩니다.

감사의 글

이 책은 내가 6년 전 캘리포니아 주의 팰러앨토에서 안식년을 보내고 있을 때 친구인 조지 뢰벤스타인을 방문한 것을 계기로 시작되었다. 그 당시 나는 생명 윤리와 경제에 대해 연구하고 있었고, '누구의 논리를 비용 효과 분석(건강관리 분야에서 일반적으로 사용되는 경제 기준)에 적용할 것이냐'에 대해 깊이 생각하고 있었다.

여기에서 이 의문에 대해 장황하게 설명하지는 않겠다. 다만 대부분의 보건 경제학자들은 '어떤 병에 걸리는 게 얼마나 해로운지를 알려면 병에 걸린 환자들에게 물을 게 아니라, 사람들에게 그것이 얼마나 나쁠지 상상해보라고 해야 한다고 믿는' 것만 말해두겠다.

물론 이런 방법이 논란의 여지가 없는 것은 아니다. 건강한 사람들은 건강에 문제가 생기면 그것에 대한 나쁜 감정을 과대평가하는 경향이 있다. 그래서 팰러앨토에서 만난 조지와 나는 건강한 사람들이 대부분의 병에 대해 그 병을 앓고 있는 사람이 말하는 것보다 왜 더 부정적으로 상상하는지 그 이유에 대해 연구하기로 했다.

우리는 병에 걸린 사람들이 그들이 말하는 것처럼 실제로도 행복한지, 질병이나 장애에 대한 건강한 사람들의 상상이 확실한지에 대해 탐구하기로 했다. 그 과정에서 정서적인 회복력에 관한 놀라운 사실을 발견했는데, 이 책의 집필 동기가 바로 그것이다. 이 놀라운 영역에 대한 연구를 시작하도록 계기를 마련해준 조지에게 감사하고 싶다.

편집 책임을 맡은 맥그로우 힐 출판사의 존 아너 역시 노고를 아끼지 않았다. 그는 책의 판매를 늘리기 위한 광고 방법과 많은 독자들에게 읽힐 수 있는 방법에 대해 여러 가지 조언을 했고, 내게 큰 힘이 되었다. 책의 영업 담당자이자, 가득 쌓인 서류 더미 속에서 내 집필 계획서를 발견하고 작가로서의 가능성을 높게 평가한 롭 맥컬킨에게도 많은 빚을 졌다. 앞으로도 그와 함께 많은 작업을 할 수 있기를 바란다.

| 차례 |

POWER of CONQUEST

역경의 시작

정서적인 회복력은 잘 알려지지 않은 강한 잠재력이다. 대부분의 사람들은 역경을 극복할 수 있는 자신의 능력을 과소평가한다. 하지만 의외로 사람들은 사소한 장애물에는 쉽게 넘어지면서 어려운 장애는 비교적 잘 극복하며, 역경에 놀라울 정도로 적응한다.

그렉 휴즈는 잠에서 깨어 자리에서 일어났다. 막 머리를 빗으려 할 때, 오른쪽 다리에 심한 통증이 느껴졌다. 전에도 가끔씩 근육 경련이 있었지만, 운동을 많이 하는 편이 아니었기 때문에 심각하게 생각하지 않았다. 하지만 이날 아침에는 허리를 펼 수 없을 만큼 통증이 심했다.

그렉은 몸을 약간 앞으로 숙여 아픈 부위를 문질러보려고 했지만 숨을 제대로 쉴 수 없을 만큼 가슴을 강하게 짓누르는 듯한 통증이 몰려왔다. 심장 발작이라고 생각한 그렉은 아스피린 두 알을 먹고 아내 루스에게 119에 전화해달라고 했다. 몇 분 후 구급 요원들이 도착했을 때 흉통(胸痛)은 어느 정도 가라앉은 상태였다.

그래도 환자의 안전에 대해 철저하게 교육받은 구급 요원들은 병원으로 가자고 했다. 심장이 뛰는 것과 거의 같은 속도로 오른쪽 넓적다리의 통증이 심해지고 있었기에 그렉은 그들의 말에 따랐다. 이송 중에 다리 통증이 더 심해지자, 구급 요원들은 모르핀을 복용시켜도 된다는 의사의 허락을 받았다. 그러나 모르핀 복용 후에도 통증은 가라앉지 않았다.

구급 요원들은 그렉이 살고 있는 단스빌(미시간 주 남중부에 위치한 농업 지대)에서 가장 가까운 병원 응급실로 그를 데려갔다. 침대마다 얇은 커튼으로 가려놓은 응급실에는 네 명의 환자가 누워 있었다. 하지만 의사들은 보이지 않았다. 다리는 이제 누군가가 송곳으로 마구 찌르는 것처럼 고통스러웠다. 그렉은 당장 의사를 불러달라고 호소했지만, 흉통이 가라앉았다는 걸 알고 있는 직원들은 위급한 상황은 아니라는 듯 개의치 않았다. 잠시 후 어머니가 오자 조금 진정되는가 싶더니, 다시 통증이 심해졌다. 그렉은 "다 어디 갔어!"라며 고함을 질렀다. 그때 의사가 와서 모르핀을 주사하자, 그렉은 의식을 잃었다.

그로부터 3주 반 동안 그렉은 의식을 회복하지 못했다.

기나 긴 3주 반

그렉이 혼수상태에 빠져 있는 동안, 루스는 잠시도 남편 곁을 떠나지 않았다. 의사들도 그렉의 다리를 계속 살폈다. 루스는 그동안의 끔찍했던 날들을 떠올렸다.

첫째 날, 그렉의 오른쪽 다리가 검게 변해갔다. 의사들은 다리에 혈액이 충분히 공급되지 않고 있기 때문이라고만 할 뿐, 원인에 대해서는 말하지 않았다. 그러고는 곧바로 다리에 피를 공급하는 중요한 혈관인 오른쪽 대퇴 동맥에 이상이 있는지 알아보기 위해 서혜부(鼠蹊部)를 절개했다. 그러나 동맥에 이상 증상이 발견되지 않아 봉합했다.

둘째 날을 전후로, 그렉의 왼쪽 다리에는 추운 날 맨살로 나다니다가 들어왔을 때 생기는 것과 같은 진홍색 반점이 나타났다. 의사들은 급히 CT촬영을 했는데, 복부 대동맥에서 응고된 덩어리가 발견됐다. 당장 덩어리를 제거해야 했지만, 그렉은 수술을 견뎌낼 수 있을 만한 상태가 아니었다. 다리에선 서서히 괴저가 일어났고, 혈액을 공급하자 그 혈액을 따라 박테리아가 침투했다. 그렉은 세균 감염으로 인해 혼수상태에 빠진 것이다. 즉, 박테리아의 침투로 혈압이 떨어졌으며, 신장 기능이 멈췄다.

담당 의사들은 그렉을 미시간 대학병원으로 이송하는 게 더 낫겠다는 결론을 내렸다. 하지만 구급차로 이송할 경우 시간이 많이 걸려 위험하므로 환자 수송기에 태워야 했다. 15분 후, 항공 구급 팀이 도착해 그렉을 헬리콥터에 태웠다. 헬리콥터의 이륙 직후 그렉의 심장이 멎어, 기내 간호사들이 전기 충격 장치를 이용해 심장을 소생시켰다. 그것은 그날 하루 동안 일어난 네 차례의 심장마비 중 첫 번째였다.

그렉이 대학병원에 도착하자 대기하고 있던 혈관 계통 전문 의료팀은 그에게 대동맥 박리증(Aortic dissection)이 있다는 것을 발견했다. 대동맥 박리증이란 어떤 원인으로 인해 대동맥의 내막이 찢어지면서 내강 안에 있던 혈액이 중막으로 흘러, 이 흘러 들어온 혈액에 의해 대동맥의 벽이 내층과 외층으로 분리되는 현상을 말한다. 그렉의 경우, 대동맥 벽의 내·외부층 사이의 막다른 부분에서 피가 막혀 혈액이 다리로 흐르지 못했던 것이다.

그렉을 처음 만나고 나서 몇 주 후, 나는 평소에 좋아하던 오래된 겨울 양복을 입을 때마다 대동맥 박리증이 생각났다. 양복 안감의 어깨 부분을 연결해주는 솔기가 터져 뜯어졌는데, 양복을 입을 때마다 안감과 바깥 천 사이의 공간으로 팔을 잘못 끼워 손이 양복 안감의 끝이 막힌 부분으로 들어갔기 때문이다. 마치 그렉의 피가 복부 대동맥 안의 막힌 통로로 흘러 들어간 것처럼 말이다. 나는 팔을 빼서 다시 옷을 입으면 되지만, 그렉의 증세는 그리 간단하지 않았다. 혈액이 잘못된 방향으로 흘러 들어가서 응고되어 복부 대동맥의 내벽을 압박하고 통로를 차단해, 다리로 흐를 수 없게 되었기 때문이다.

그렉에게 대동맥 박리증이 있다는 것을 안 의사들은 즉시 그를 수술실로 옮겨, 발의 조직을 떼어내 대동맥에 이식 수술을 했다. 그러나 일곱 차례가 넘는 수술을 하는 도중에 의사들은 그렉의 두 다리,

더 정확하게 말하면 허벅다리를 절반쯤 남겨놓고 그 이하를 절단하지 않으면 안 되었다. 그렉은 목숨을 구했지만 두 다리를 잃었다.

15일 후 혼수상태에서 깨어난 그렉은 자신이 중환자실에 누워 있다는 사실을 깨달았다. 낯선 환경에 있다는 것을 알았을 때 그는 정신이 혼미해서 아무것도 판단할 수 없었지만, 두 다리가 없어졌다는 사실만은 분명히 알았다. 의사들이 다리를 가리키며 루스를 보자, 그녀가 고개를 끄덕이던 모습이 어렴풋이 떠올랐다. 며칠 동안 의식이 오락가락했다는 것도, 또 모든 걸 잃은 것처럼 보였을 때 돌아가신 할아버지가 꿈에 나타나 삶을 위해 싸우라고 강하게 권했다는 것도 기억했다.

그렉처럼 건강한 40대 중반의 사람들이 하루아침에 두 다리를 잃는 일이 흔치 않게 일어나고 있다. 대부분 처음에는 당뇨 같은 만성적인 질병에서부터 시작된다. 이런 병들은 다리의 혈액 공급에 서서히 장해를 일으키는데, 그러다가 어느 날 무언가에 다리를 부딪쳐 가벼운 상처라도 입게 되면 상처 부위에 혈액이 충분히 공급되지 않아 치료가 안 되고, 수 일 내지 수 주가 지나면 감염된다. 환자들은 장기간에 걸친 투병 후 항생제 투여와 통증 치료를 병행하다가, 결국 다리를 절단하는 것 외에는 통증을 완화하거나 감염을 치료할 수 있는 방법이 없다는 사실을 깨닫게 된다. 그들에게 절단은 서서히 진행된 만성적인 병이 가져다주는 최종 결과다.

그러나 그렉의 대동맥 박리증은 갑작스럽게 나타났다. 그래서 그에게는 다리가 없는 삶을 받아들일 마음의 준비를 할 수 있는 시간이 없었다. 다리를 절단함으로써 만성적인 통증과 고통이 덜어졌다는 사실 또한 위로가 될 수는 없었다.

이후 그렉의 삶에는 돌이킬 수 없는 변화가 나타났다. 그는 더 이상 자동차 정비사로 일할 수 없었다. 이따금 숲에서 사냥을 하고 바에 들러 맥주를 마시던 일도 이제는 추억이 되었다.

만약에 당신이 하루아침에 두 다리와 직장을 잃고, 더 이상 좋아하는 취미 생활을 할 수 없게 된다면 어떻겠는가? 사람들에게 이처럼 고통스런 상황에 대해 상상해보라고 하면 대부분은 결코 행복하지 못할 거라고 대답한다. 두 다리가 없이 사느니 차라리 죽음을 택하겠다고 말하는 사람들도 많다.

그렉은 어땠을까? 그는 다시 행복해질 수 있을까?

쾌락의 정체

1970년대에 심리학자 필립 브릭만이 이끌었던 세 명으로 구성된 연구 팀은 집단을 셋으로 나눠 행복 지수를 조사했다. 첫 번째는 복권 당첨으로 지난 한 해 동안 100만 달러(지금으로 치면 수천만 달러)의 수입이 생긴 집단이고, 두 번째는 자동차 사고로 하반신 불구가 됐거나 사지가 마비된 채 살아가고 있는 집단이다. 세 번째는 앞의 두 집단과 같은 동네에 살고 있는 평범한 사람들의 집단이다.

행복 지수의 순위는 당연히 복권 당첨자 집단이 가장 높았고, 그

다음이 평범한 사람의 집단, 마지막이 교통사고에 의한 피해자 집단으로 나타났다. 그런데 한 가지 놀라운 사실은, 이 세 집단에 속한 사람들 사이의 행복 지수에 큰 차이가 나지 않았다는 것이다. 큰 부자가 된 복권 당첨자들의 행복 지수는 평범한 사람들과 별반 차이가 없을 정도였다. 또 평범한 사람들의 지수도 교통사고 피해자들의 지수보다 그렇게 높지 않았다. 브릭만은 이러한 현상을 가리켜 쾌락의 정체(Hedonic treadmill)라 불렀다. 러닝머신 위에서 힘차게 달려봤자 위치가 바뀌지 않는 것처럼, 사람은 환경이 바뀌어도 정서가 같은 상태에 머무른다는 뜻이다.

또한 이러한 현상을, 환경 변화에 대한 사람의 심리적인 적응 방법의 이미지를 나타내는 비유적인 표현으로 정서적인 적응(Emotional a--daption)이라고 부르는 심리학자들도 있다. 예를 들어 밝은 햇빛 아래에 있다가 어두운 실내로 들어가면 일시적으로는 잘 보이지 않다가 곧 새로운 환경에 적응할 수 있도록 동공이 확장된다. 몸 역시 비슷한 방법으로 춥거나 더운 날씨에 적응한다. 13도인 9월의 오후 날씨가 쌀쌀하게 느껴지는 이유는 사람의 몸이 여름의 온도에 적응되어 있기 때문이다. 똑같은 13도라도 3월 달에는 따뜻하다고 느끼는 것 또한 이러한 이유 때문이다.

이러한 비유는, 사람의 시신경이 주위의 빛에 빠르게 적응하는 것처럼 정서도 새로운 환경에 적응하면 정상으로 돌아온다는 사실을 시사한다.

행복 지수는 사람들이 말하는 것과 일치하는가?

미시간 대학의 재활 병원에서 그렉 휴즈를 처음 만난 것은, 그가 혼수상태에서 깨어난 후 일반 병동으로 옮겼을 때였다. 나는 사람들이 새로운 장애에 직면할 때 나타나는 현상에 대해서 연구하고자, 의과대학의 물리 치료 및 재활 의학과 과장인 제임스 레너드 박사와 함께 병원을 돌고 있었다. 거기에서 창고 붕괴 사고로 한쪽 팔을 잃은 10대 소년과 척수외상을 입은 몇몇 사람, 그리고 혈관계 질환이 있는 환자와 당뇨병으로 절단 수술을 한 노인 몇 명을 볼 수 있었다.

그렉은 3주 전까지 중환자실에서 죽기 직전의 상태로 있었다는 사실을 인정하기 어려울 만큼 강하고 튼튼해 보이는 점이 다른 사람들과 크게 달랐다. 또한 그는 장애로 인해 낙심하거나 충격에 빠져 있는 재활 병동의 다른 환자들에 비해 비교적 밝았다. 그러나 그렉의 가장 두드러진 특징은 바로 그의 자세였다. 그렉은 두 다리를 잃은 지 얼마 되지 않았음에도 그것을 사소한 장애로 여길 만큼 낙천적이었다. 심지어는 병원 측이 자신한테 물어보지도 않고 잘라낸 다리를 소각시켰다며, 신체의 일부를 잃은 것은 의사들 때문이라고 웃으며 농담했다. 그는 의사들에게 이런 말까지 했다.

"저는 차를 수리할 때 고객에게 차의 고장 난 부분을 보여주지 못하면 돈을 환불해줘요. 그러니 여러분도 제게 환불해주시겠지요?"

그렉을 찾아간 나는 그가 정말 자신의 상황에 순응한 것인지, 아니면 단지 무시하는 것인지 알 수가 없었다. 사실 그렉은 장애가 개인의 삶에 어떤 영향을 미칠 수 있는지를 직접 목격한 사람이다. 그의 작은 아버지는 수십 년 전에 교통사고로 중증 장애자가 되었는데, 브릭만의 연구가 보여준 대부분의 사람들과는 달리 정서적인 면에서 장애를 극복해내지 못했다. 그는 알코올 중독에 빠졌고, 결혼 생활이 파탄에 이르렀다. 어느 날 밤, 참다못한 그렉의 작은 어머니는 술에 취해 자고 있는 작은 아버지의 방에 몰래 들어가 주위에 휘발유를 뿌리고 불을 붙여 그를 태워 죽였다. 당시 꽤 알려진 사건이었다.

그렉의 작은 아버지는 아내를 심하게 폭행했다. 그렉은 작은 아버지의 장애가 너무 심했기 때문에 다른 사람에게 물리적인 폭행을 가하는 것이 불가능했다며 폭력성을 부인했지만, 작은 아버지의 삶이 장애로 인해 파괴되었다는 사실은 인정했다.

그렇다면 그렉은 작은 아버지처럼 살지 않겠다는 것을 증명하기 위해 태연한 척하는 것일까? 사실 다른 사람이 진실로 행복한 줄 어떻게 알 수 있겠는가?

행복 지수 평가하기

나는 만성적인 질병이나 장애를 가진 사람들이 말하는 것처럼 실제로도 행복한지의 여부를 알아보기 위해, 지난 5년 동안 사회과학자와 임상 의료신으로 구성된 연구 팀과 공동으로 조사를 했나. 브릭만의 복권 당첨자에 대한 연구 이후, 전문가들은 사람이 정말 정서적으로 환경의 영향을 별로 받지 않는지에 대해 의문을 제기해왔다. 나 역시 이러한 의문의 답을 찾아보고 싶었다. 그래서 사회과학자들은 인간의 행복 지수를 어떤 방법으로 평가하는지 알아보고자 관련 자료들을 자세히 살펴보았다. 다음의 이야기는 매우 전문적이므로 주의를 기울여 읽을 필요가 있다.

나는 사회과학자들이 사람의 행복 지수를 평가하는 방법으로 다음과 같은 질문을 가장 많이 사용한다는 것을 발견했다. '당신은 자신의 삶에 대해 전반적으로 얼마나 만족하십니까?' 혹은 '당신이 행복하다고 느끼는 순간은 전체 중 몇 퍼센트입니까?'

언뜻 보기에 이런 방법은 쉽게 납득이 가지 않는다. 사람들이 조사원들의 질문에 스스로 불행하다고 대답하지 않을 것이기 때문이다. 그리고 질문에 정직하게 답변하려고 해도, 의식하지 못하는 중에 어떤 것의 영향을 받을 수도 있다. 예를 들면 삶에 대한 사람들의 전반적인 만족도는 비 오는 날에 조사할 때보다 맑은 날에 할 때 더 높게 나타난다. 날씨는 사람의 일시적인 기분에 영향을 주며, 그 기분이 삶에 대한 사람들의 생각에 영향을 미친다. 이 사실은 비 오는 날 사람들에게 질문하면 행복 지수에 대해 매우 부정적인 답변을 듣게 된다는 것을 의미한다.

내 동료이자 미시간 대학교의 심리학 교수인 노르베르트 슈바르츠는 참여자들을 무작위로 선택하여, 그들이 설문에 답하기 전에 복사기 위에서 10센트짜리 동전을 발견하도록 한 적이 있다. 설문 내용은 삶의 전반적인 행복 지수에 관한 것이었는데, 10센트짜리 동전을 발견한 참여자들은 행복 지수를 높게 평가해서 보고했다. 동전을 발견해서 기분이 좋아지자 삶에 대한 만족도를 과대평가한 것이다. 반면에 동전을 발견하지 못한 사람들은 그들에 비해 만족도가 상대적으로 낮았다.

조사원들은 설문 조사를 평가한 결과, 날씨와 동전의 영향을 제외하면 대체적으로 만족할 만한 결론을 얻을 수 있었다. 예를 들면, 얼마나 행복한지에 대한 사람들의 답변이 그들의 얼굴 표정과 대체적으로 일치한다는 사실을 발견했다. 사람들이 행복한 것처럼 보이기 위해 웃을 때는 입만 벌리기 때문에 얼굴 표정이 전혀 기뻐 보이지 않았다. 그러나 진정으로 행복할 때는 눈매가 뚜렷하게 웃으며, 다시 웃을 때도 입과 같이 움직이는, 일명 뒤센 미소(Duchenne's smile; 19세기의 위대한 내과 의사인 기욤 뒤센의 이름에서 명명된 것으로, 가장 많이 알려진 근위축증인 뒤센형 근위축증 역시 그의 이름에서 유래됐다)라는 것을 보였다. 조사원들은 사람들에게서 행복한 감정을 유도해 그들의 얼굴 표정을 분석함으로써 뒤센 미소인지를 확인했다. 그리고 행복하다고 보고한 사람들이 뒤센 미소를 더 잘 보인다는 사실을 발견했다. 그렇다면 나는 항상 행복하다고 말한 그렉 휴즈의 말을 믿어야 했을까?

만약 어떤 남자가 자신의 체중이 73킬로그램이라고 말했는데 그의 아내는 82킬로그램이라고 말했다면, 그를 체중계 위에 올려놓고 확인하면 된다. 그러나 행복하다고 말했다면, 그 말의 사실 여부를 어떻게 알 수 있는가? 이때는 그를 행복 지수를 나타내는 저울 위에

올려놓고 사실 여부를 확인하는 것이 불가능하다. "아, 오늘의 행복 지수는 7이군요. 행복 지수를 높이기 위해 노력해야겠습니다."라는 식으로 말이다.

내겐 그렉이 스스로 평가한 행복 지수에 반박할 수 있는 방법이 없었다. 그래서 사람이 역경에 직면한다는 것이 무엇을 의미하는지에 대해 깊이 연구해야 했고, 역경을 통해 더욱 강해질 수 있다는 게 사실인지 확인할 증거가 필요했다. 나는 사람들의 정서적인 회복력에 대한 비밀을 밝혀내야 했다.

역경에 대한 반응

나는 지난 15년 동안 1차 진료 기관을 운영하면서, 심각한 역경에 처한 수천 명의 환자들을 접했다. 지금은 앤 아버 재향군인 병원에서 환자들을 진료하고 있는데, 고혈압이나 당뇨병, 폐기종, 난청, 발기부전, 심장병 혹은 전쟁시의 부상으로 인한 만성 통증 환자가 대부분이다. 나는 이 환자들을 진료하면서 사람이 역경에 대처하는 법에 대한 통찰력을 깨닫게 되었다. 또한 많은 사람들이 역경에 긍정적인 태도와 굳은 각오로 대응하여 놀라운 회복력을 보인다는 것을 알게 되었다.

그러나 그런 회복력은 자연적으로 얻을 수 있는 게 아니라는 사실도 깨닫게 되었다. 많은 사람들이 삶의 역경과 싸우고 있으며, 그

중에는 투쟁에 패하여 인생의 실패자가 되는 경우도 있다. 모든 사람이 다 역경에 정서적으로 잘 대응하는 것은 아니다. 그 예로, 척수 외상 환자들의 자살율은 정상인의 7배 이상이다. 게다가 그런 사람들이 행복을 발견하기 위해서는 오랜 세월 동안 노력해야 한다.

정서적인 회복력은 잘 알려지지 않은 강한 잠재력이다. 대부분의 사람들은 역경을 극복할 수 있는 자신의 능력을 과소평가한다. 이에 나는 앞으로 논의할 주제들을 통해, 정서적인 회복력을 높일 수 있는 몇 가지 비결들을 다루고자 한다. 그러면서 사람들이 사소한 장애물에는 쉽게 넘어져도 어려운 장애는 비교적 잘 극복하며, 역경에 놀라울 정도로 적응한다는 사실을 보여줄 것이다. 그리고 그렉 휴즈와 같은 사람들이 직면한 특별한 종류의 역경을 극복하기 위한 투쟁에 대해서도 이야기할 것이다.

장애를 극복하기 위한 그들의 투쟁을 통해 정서적인 회복력을 인식하고 그것을 실천하며, 생활 방법을 개선시키는 법을 배울 수 있을 것이다. 역경은 다른 어떤 것을 추구하는 데 지나치게 바쁘거나 방황하는 사람들을 인생의 중요한 목표에 집중하게 함으로써 보다 강하게 만들어준다. 지금까지 심각한 역경과 싸워보지 않은 사람들도 마찬가지다.

POWER of CONQUEST

상상의 한계

사람들은 행복이 환경에 좌우된다고 확신하면서도, 실제로 환경에 얼마나 적응할 수 있는지에 대해서는 생각하지 않는다. 그러나 사람에게는 본능적으로 적응에 대한 개념이 있다. 그것의 원리에 대해서는 전혀 알지 못할지라도 말이다.

사라 레조트의 신장병은 독감 증세 비슷하게 시작됐다. 당시 사라는 58살이었는데, 그전까지 아팠던 적이 별로 없는, 한마디로 건강 체질이었다. 그런데 그해에는 유난히 독감 증세가 오래 가기에 별 의심 없이 1차 진료 기관을 찾았고, 신장 기능 장애 초기라는 진단을 받았다.

사라는 1차 진료 기관의 소견서를 들고 신장 전문의를 찾아갔다. 전문의는 혈액 검사와 엑스선 촬영, 초음파 검사, 신장에 대한 생체 검사까지 실시한 다음에 그녀의 병명이 혈관염(혈관의 염증을 가리키는 일반적인 명칭)이라는 결론을 내렸다. 그러나 사라에게는 일반적인 혈관염의 증상들이 전혀 없었다. 낭창이나 쇼그렌 증후군(Sjogrens syndrome; 눈과 입이 마르는 만성 자가면역 질환), 결절성 다발동맥염(Periarteritis nodosa; 전신의 중·소 동맥에 괴사성 혈관염이 발생하여 다양한 증상을 나타내는 질환) 같은 증세가 전혀 없었던 것이다. 마치 암에 걸렸는데, 폐암인지, 유방암인지, 결장암인지 알 수 없는 것과 비슷했다. 정확한 진단이 내려지지 않은 상태에서 사라에게 프레드니손(Prednisone; 부신 피질 호르몬제)이나 화학 약품인 이무란 같은 비전문적인 약들이 처방되었다. 그것은 사라의 얼굴을 빵처럼 부풀어오르게 만들었고, 90살은 된 것처럼 느끼게 했다. 사라는 매일 성실히 약을 복용했지만 신장은 계속 악화되었다. 그렇게 3년이 지나자 투석 치료를 받아야 했다.

끔찍한 투석

생명을 유지하기 위해 1주일에 세 번씩 투석을 받는 건 어떤 느낌일까? 혈액 속의 칼륨 농도가 위험 수치에 이를까봐 과일과 채소를 마음껏 먹을 수 없다면? 몸이 부을까봐 물도 양껏 마실 수 없다면?

나는 지금까지 투석 치료를 원하는 환자를 본 적이 없다. 투석 치료가 필요한 환자들은 대부분 오랫동안 신장 질환을 앓고 있는, 그 외에 마땅한 치료 방법이 없는 사람들이다. 하지만 그들조차도 투석 치료 대신에 약을 복용하려고 한다.

이런 삶이 불행할 거라고 생각하는 사람들은 신장 질환자들만이 아니다. 우리 연구 팀이 건강한 사람들에게 말기 신장 질환이 있다고 가정해보라고 했을 때, 그들은 깨어 있는 시간 자체가 불행일 것이라고 대답했다. 또한 투석 치료를 받지 않기 위해 무슨 노력이든 할 거라고 말했다. 적지 않은 수의 사람들이 차라리 죽는 게 더 낫겠다고 대답했다.

투석 치료를 받는 게 생각만큼 불행하지 않다고 말한 집단은 실제로 투석 치료를 받고 있는 사람들이었다. 연구 팀이 환자들에게 행복을 느낄 때와 보통일 때, 우울할 때의 비율에 대해 말해달라고 했을 때, 그들은 대부분의 시간이 행복하며 우울할 때는 전체의 20 퍼센트도 안 된다고 했다. 이 결과는 건강한 사람들과 거의 차이가 없었다. 달콤한 과일 파이를 한 조각도 먹을 수 없는 사람들이 과연 건강한 사람과 똑같이 행복할 수 있을까?

행복 지수에 대한 보고 대비 실제 기분

연구 팀은 환자들이 얼마나 행복한지를 직접 확인하기 위해 환자

한 사람 한 사람에게 PDA(개인용 정보 단말기)를 줬다. 환자들이 보고한 행복 지수를 실제로 확인하기 위해서였다. 나눠준 PDA는 90분 주기로 소리가 나도록 프로그램화시킨 것으로, 한 주 동안 환자들의 기분에 대한 자료를 수집하는 데 사용되었다.

PDA는 건강한 사람들의 집단에도 주어졌다. 그리고 한 주 동안 같은 질문에 대한 자료 수집이 진행됐다. 'PDA가 울리기 직전에 당신의 기분은 어땠나요? 당신은 얼마나 행복했습니까? 얼마나 불안하거나, 우울하거나, 기뻤습니까?'

사람들이 건강 문제로 정서적인 영향을 받을 수 있는 이른 아침부터 밤늦은 시간까지 빠짐없이 조사해, 그들이 말한 것처럼 실제로도 행복한지의 여부를 파악하려고 한 것이다.

사라 레조트는 그 PDA 연구에 참여한 환자 중 하나였다. 나는 신장 질환이 그녀의 삶에 어떤 영향을 주고 있는지에 대해 상세히 알아보기 위해 조사를 실시한 지 몇 개월 후에 미시간 주의 시골 마을로 그녀를 찾아갔다. 꾸미지 않은 짧은 갈색 머리에 자그마한 체구를 가진 사라는 잘 웃는 매우 활달한 여성이었다. 그녀는 왜소했지만 10년 이상 투병 생활을 한 사람이라고는 믿기 어려울 만큼 괜찮아 보였다.

그녀는 1990년대 초, 처음으로 신장에 문제가 생겼을 때 복막 투석(Peritoneal dialysis; PD)을 받았다고 말했다. 복막 투석은 복벽(腹壁)에 튜브를 주입해 혈액 속에 있는 노폐물을 걸러내고, 다시 신선한 혈액을 몸에 공급하는 치료법이다. 복막 투석 간격은 4시간으로, 4

시간 후에는 반드시 1.5리터의 깨끗한 투석액을 몸속에 주입해야 한다. 그녀는 이 과정을 하루에 네 차례나 겪었다. 한 번 채우고 배출시키는 데만 1시간이 걸리므로, 하루 동안 총 네 차례의 치료를 받기 위해서는 중간에 몇 시간 정도밖에 자유 시간이 없었다. 하지만 사라는 복막 투석을 받았던 삶에 대해 조금도 불평하는 기색 없이 솔직하게 이야기했다.

"복막 투석을 받을 때는 전혀 움직일 수가 없었어요. 몸속에 물이 차 있어 종종 임신한 것 같은 느낌이 들었고, 위의 압박감 때문에 대부분의 시간 동안 심한 가슴앓이를 했지요. 복막 투석을 받을 때는 삶을 4시간 단위로 구분해요. 복막 투석액을 교체할 때까지 그 정도의 시간을 기다려야 하기 때문이에요. 저녁 식사를 하거나 영화를 한 편 보기 위해 나가는 것은 가능하지만, 두 가지 모두를 동시에 하는 것은 불가능했지요."

사라는 약 2년 동안 복막 투석을 받았으며, 반복적인 삶에 비교적 잘 적응해나갔다. 몸이 부어오른 듯한 느낌과 지속적으로 가슴이 쓰린 증상에도 익숙해졌다. 그녀는 4시간을 주기로 반복되는 새로운 생활 방식에도 적응했다. 하지만 신장 질환이 있다는 사실이 싫었기 때문에 신장 이식을 받길 원했다. 1996년에 의료진은 사라의 아홉 자녀 중에 앤이 신장 제공자로 적합하다는 것을 알아냈다. 그토록 원하던 신장 이식 수술이 가능해졌다.

"다행히 앤의 신장에는 이상이 없었는데, 수술에 큰 문제가 생겼어요. 이식 수술을 받은 신장이 즉시 기능을 하지 못한 거예요. 무슨 일이 있었는지 정확히 알 수는 없지만, 깨어나보니 일반 병실이 아니라 중환자실이었어요. 그곳에서 얼마나 오래 있었는지는 기억할 수 없지만 어쨌든 중환자실에서 나왔고, 그때부터는 투석 치료를 받지 않아도 될 만큼 괜찮아졌죠. 그때 저는 많이 아팠지만 행복했어요. 하지만 의사들은 제 크레아티닌(Creatinine; 신장 기능의 활동 수치를 평가하는 노폐물) 수치가 여전히 높다고 말하더군요."

의사들은 사라가 다시 투석 치료를 받게 되는 건 시간문제일 거라고 했다. 그 후 3년 동안 사라는 자신 안에 있는 딸의 신장이 기능을 멈추지는 않을까 항상 불안해하며 투석 치료를 받지 않은 채 살았다.

신장 질환은 진행 속도가 매우 느리기 때문에, 대부분의 환자가 건강 변화를 거의 의식하지 못하는 와중에 서서히 악화된다. 건강한 사람의 경우 크레아티닌 수치가 대체로 1 수준에 머물며, 신장을 하나 제거해도 여전히 1 수준이다. 남아 있는 신장 하나만으로 모든 노폐물을 정화할 수 있기 때문이다.

반면, 크레아티닌 수치가 1에서 2로 증가한다는 것은 노폐물 수치가 정상치의 2배가 된다는 뜻으로, 신장이 절반밖에 기능하지 못하고 있다는 것을 의미한다. 노폐물 수치가 2배로 증가한다니 아주 무섭게 들리지만, 이때까지 아무런 증상도 나타나지 않는 것이 일반적이다. 실제로 대부분의 사람들은 크레아티닌 수치가 2배 이상 증가할 때까지 투석 치료를 받지 않는다.

한동안 사라의 크레아티닌 수치는 3~4 주위를 맴돌았다. 일반적인 상황이었다면 의사들은 최후까지 기다려보자고 했을 것이다. 그러나 사라는 상황이 심상치 않았다. 그녀는 신장 이식을 받고 2년 후부터 체중이 줄고 혀가 희게 변했는데, 그 원인은 복용하던 거부 반응 방지약으로 인해 야기된 진균 감염 증상으로 추측됐다. 의료진이 감염 치료를 하는 데도 꽤 오랜 시간이 걸렸다. 사라는 그때까지 사과 소스 한 숟가락, 빵 한 조각을 먹는 데도 마치 자갈을 삼키는 것 같은 고통을 느껴야 했다. 사라의 체중이 계속 줄고 백혈구의 수가 증가하자, 의사들은 장염으로 판정을 내렸다. 의사들이 사라에게 항생제인 겐타마이신(Gentamicin)을 집중 투여함으로써 감염은 치료됐지만, 안타깝게도 그녀의 새로운 신장이 손상을 입었다. 그 후부터 크레아티닌 수치가 서서히 올라갔다. 결국 사라는 다시 투석 치료를 받아야 했다.

설상가상으로 다시 투석 치료를 받기 시작한 지 2주 후, 사라의 장에 구멍이 뚫렸다. 그녀는 원인도 모른 채 다시 중환자실로 이송됐고, 중환자실을 나올 무렵에는 복부 밑으로 30센티미터를 절개하고 인공 항문 주머니를 달아야 했다.

사람들은 투석 치료를 받는 상상만으로도 굉장히 비참함을 느낀다. 배변이 불가능해 복벽 밑에 플라스틱 인공 항문을 단 채 살아가는 것에 대해서도 비슷하게 느낄 것이다. 그런데 투석 치료에다 인공 항문까지 달고 살아야 한다면 대부분의 사람들은 차라리 죽겠다고 말할지도 모른다. 사라는 당시의 심정에 대해 이렇게 고백했다.

"회복을 기다리며 병원에서 끔찍한 한 달을 보냈어요. 퇴원해서 집으로 왔지만 크게 나아진 것은 없었지요. 차를 몰고 한 주에 세 번씩 투석 치료 센터에 가야 했어요. 인공 항문 형성술 때문에 처음에는 굉장히 어려웠지요. 혼자서는 인공 항문 주머니를 교체할 수도 없었는데, 남편이 정성스럽게 해줬어요. 그 당시에 저는 이런 상태로 과연 앞으로 얼마나 더 살 수 있을지 의문이 갔어요. 모든 게 무너져 내리는 것처럼 보였지요. 낙심해서 투석 치료를 포기할까도 생각했고, 의사에게 투석 치료를 중단할 경우 얼마나 더 살 수 있냐고 물어보기도 했어요. 의사는 2주 이상 살 수 없을 거라더군요. 그래서 저는 딸이 아이를 낳을 때까지라도 투석 치료를 계속받기로 했어요."

그때 사라의 둘째 딸은 첫 아이를 임신 중이었는데, 그 사실이 사라에게 좀더 오래 살고자 하는 동기를 부여했다. 그 사이에 사라는 오랜 병원 생활로 잃었던 기력을 차츰 회복해갔다. 아프기 전까지 스포츠 센터에서 체육 강사로 활동했던 사라는 프로그램 하나를 직접 맡기로 했다. 또 선반에 가득 쌓인 책들을 읽는 데 장해가 된 백내장 제거 수술도 했다. 마침내 사라는 자신이 점차 안정되고 있음을 깨달았고, 투석을 포기하는 문제에 대해서는 더 이상 생각하지 않게 되었다. 1년 후, 사라는 결장루 복귀술을 위해 병원을 찾았다.

만약 당신이 사라가 투석 치료 센터로 걸어가고 있는 모습을 처음 보았다면, 그녀가 신장 질환뿐 아니라 다른 병까지 앓으면서 고통받는 것에 대해 매우 안타까워했을 것이다. 그러나 사라의 생각은 달랐다.

'내 문제는 신장 질환뿐이야. 인공 항문 형성술로 인한 고통은

이제 끝났어.'

　그렇다면 투석 치료를 받는 사라의 삶은 어땠을까? 사라에게 자신의 전반적인 정서에 대해 평가해달라고 했을 때, 그녀는 연구에 참여한 대부분의 환자들처럼 깨어 있는 시간이 대개 행복하다고 대답했다. 사라의 경우, 지난 날 병 때문에 훨씬 더 고통스런 시간을 보냈다는 사실을 감안해보면 충분히 가능한 답변이었다.

　그런데 사라의 이야기는 우리가 신장 질환자들의 삶에 대해 생각할 때 고려해야 할 매우 중요한 사실을 상기시켜주었다. 그것은 대부분의 신장 질환자들이 다른 건강상의 문제를 함께 갖고 있다는 점이다. 그중 가장 일반적인 것이 심장병, 시력 상실, 동맥경화로 인해 발과 다리에 손상을 입는 것이다. 우리의 연구에 참여해 삶이 매우 행복하다고 응답한 투석 치료 환자들 중 대부분은 신장 기능 상실 외에도 감당해야 할 건강상의 다른 문제들이 있었다. 그런데도 말하는 것처럼 실제로도 그렇게 행복한 것일까? 이제 PDA의 기록을 살펴보자.

　PDA에서 자료를 다운받았을 때, 우려했던 대로 환자들은 자기들의 기분에 대해 지나치게 과대평가했다는 사실을 발견했다. 그들이 진정으로 기쁜 시간은 연구원들에게 말했던 것처럼 전체의 40퍼센트가 아니라 20퍼센트에 지나지 않았다.

　하지만 나는 환자들이 자신의 불행한 모습을 감추기 위해 연구원들에게 거짓말을 했다고는 믿지 않는다. 그보다는 전반적인 정서를 평가하기 위해 지난주에 대해 떠올렸을 때, 좋았던 기억이 더 쉽게 떠올랐기 때문일 것이다.

과학은 우리가 어떤 현상을 설명하기 위한 이론을 개발하여 그것이 다른 상황에도 적용될 수 있는지의 여부를 실험할 때 매우 재미있어진다. 예를 들어 잊을 수 없을 정도로 기뻤던 순간에 대한 기억이 과장되었다면, 매우 안 좋았던 시간에 대해서도 과대평가를 할 것이다. 그리고 우리는 이 가설이 사실임을 발견했다.

투석 치료 환자들은 정서적으로 아주 나쁜 상태가 6퍼센트라고 대답했지만, 실제 경험한 바로는 1퍼센트에 불과했다. 이러한 사실은 환자들이 정서적으로 행복한 상태에 대해서도 과대평가했다는 이론을 뒷받침해준다.

우리는 이러한 논증을 통해, 건강한 사람들 역시 정서적으로 매우 좋을 때와 그렇지 않을 때에 대해 과대평가할 수 있다는 결론을 내렸다. 그리고 그것이 사실임을 발견했다. 건강한 사람과 아픈 사람 모두 자신이 경험한 매우 좋은 순간과 나쁜 순간에 대해 실제와 다르게 보고했기 때문이다. 이처럼 PDA 연구법은 사람들이 자신의 정서를 정확히 이해하지 못한다는 사실을 보여주었고, 실제 정서와 그들이 말한 것을 비교하는 데 대단히 유용한 수단이 되었다.

그렇다면 PDA 연구를 통해 발견한 두 집단의 행복 지수에 대해 알 수 있었던 것은 무엇일까? 두 집단의 사람들은 정서적으로 행복한 상태가 전체 시간의 약 3분의 2라고 평가했다. 여기에는 정서적

34

으로 매우 좋은 상태와 보통 수준의 상태가 포함된다. 문제는 그들이 매우 만족한 상태에 대해 과대평가했다는 것이다. 그렇다면 그들의 대답은 잘못된 것일까?

그렇지 않다. 투석 치료 환자들이 보고한 행복 지수는 건강한 사람의 행복 지수와 거의 차이가 없었는데, 염려와 불안에 대한 지수도 마찬가지였다. 물론 그들은 대부분의 시간이 행복하다고 답변할 때, 그 말이 무슨 뜻인지 정확히 알고 있었다.

투석 치료 환자가 행복하다고 생각하기 어려운 이유는 무엇인가?

일반 사람들은 투석 치료 환자들의 삶이 불행할 거라고 생각했다. 그렇게 생각하는 이유는 무엇일까?

사람들은 잘 알지 못하는 상황에 대해 상상할 때, 새로운 환경에 영향을 받을 것이라는 생각은 무시한 채 삶의 변화에만 지나치게 신경을 쓴다. 심리학자들은 이러한 현상을 가리켜 '초점 두기 착각(Focusing illusion)'이라고 말한다.

예를 들어 당신이 관심을 가진 비슷한 두 대학교 중 한 곳을 택해야 하는 고등학교 3학년이라고 가정하자. 그런데 한 대학교는 북쪽의 중서부에, 다른 대학교는 남부 캘리포니아에 있다. 당신은 어느 대학을 선택하는 게 더 만족스러울 거라고 생각하는가?

대부분의 사람들은 1년 내내 일광욕을 즐길 수 있는 캘리포니아에 있는 대학을 더 선호할 것이다. 그러나 심리학자인 데이비드 슈케이드와 다니엘 카너먼이 캘리포니아와 중서부에 있는 대학생들의 행복 지수를 조사했을 때는 차이점을 발견할 수 없었다. 두 지역의 학생들이 느끼는 행복 지수는 동일했다.

대부분의 학생들은 캘리포니아와 중서부의 대학 생활을 비교할 때, 정서에 영향을 줄 수 있는 대학 생활의 다른 부분들은 무시한 채 가장 두드러진 차이인 기후에 초점을 집중시킨다. 중서부 지역의 학생들은 캘리포니아에서의 삶을 상상할 때 해변 파티와 수영복 차림으로 돌아다니는 동급생들을 먼저 연상한다. 캘리포니아의 학생들은 중서부에 대해 상상할 때 산악 지대가 없는 평탄한 자연 환경과 파카를 입은 여학생들의 모습을 떠올린다. 그러나 대학 생활은 수영복 차림이나 파카 복장과는 거의 상관이 없다. 학생들은 캘리포니아나 중서부 지방을 막론하고 대부분 축구 경기와 음악회를 즐기며, 유기화학 실험과 아침 8시에 실시되는 시험을 위해 공부에 몰두한다. 좋은 날씨가 낮 시간의 대부분을 밖에서 보내는 사람들에게는 긍정적인 영향을 줄지 몰라도, 실제로는 사람의 정서에 큰 영향을 주지는 않는다.

이러한 초점 두기 착각은, 질병과 장애에 대한 사람들의 사고방식에도 영향을 끼친다. 예를 들어 대부분의 사람들은 하반신 마비 환자에 대해 상상할 때 휠체어에 의지하는 삶이나 좋아하는 것을 즐길 수 없는 게 어떤지에만 초점을 둔다. 그들은 하반신 마비에 영향을 받지 않는 삶의 다른 영역들, 즉 텔레비전 쇼를 보거나 훌륭한 대화를 하거나 맛있는 음식을 먹는 것에 대해서는 생각하지 않는 것이다.

투석 치료 환자에 대해 생각할 때도 마찬가지다. 투석 센터에 있지 않는 나머지 150시간은 무시한 채, 주사 바늘과 피가 가득 찬 튜브, 한 주에 12시간씩 몸에 투석기를 부착하는 것에만 초점을 두지, 환자들이 투석 치료 센터에서 경험하게 될 사회적인 관계는 무시한다.

초점을 분산시키는 것은 도움이 되는가?

이러한 결과에 고무된 동료 연구원들과 나는 사람들이 장애를 가진 삶에 대해 상상할 때 초점 두기 착각을 없앨 수 있는지의 여부를 알아보기 시작했다. 우리는 장애가 삶에 미치는 영향에 대해 더 폭넓게 생각하도록 하기 위해 사람들의 초점을 분산시키는 방법을 시도했다.

예를 들면, 하퇴절단으로 인한 하반신 장애 때문에 받을 부정적인 영향에만 지나치게 신경 쓸 걸 염려해, 그런 장애가 노동과 정서, 가정생활 등 삶의 광범위한 영역에서 어떤 영향을 미치게 될지 생각해보라고 했다. 그러자 예상했던 대로 장애에 대한 사람들의 부정적인 견해가 약화되었다. 한 가지 놀라운 사실은 그러한 시도 후 참여자 중 두세 사람은 장애를 오히려 더 부정적으로 보았다는 것이다. 장애를 가진 삶에 대해 편협하게 생각하면 할수록 더 부정적이었다.

사람들은 신장 질환이나 척수 장애 환자들의 삶이 불행할 거라고 상상하면서 질병이나 장애로 인한 정신적인 고통이 매우 오래 지속되리라고 과대평가하지만, 지금까지 살펴본 것처럼 그러한 환자들의 대부분은 행복하게 살고 있다. 사실 그런 상황에 놓인 사람들의 삶이 실제로 어떨지에 대해 보다 정확하게 생각해보는 건 쉬운 일이 아니다.

내가 신장 질환자들이 행복한 삶을 살아가는 비결에 대한 통찰력을 얻고자 사라 레조트를 찾아간 때는, 그녀가 우리의 PDA 연구에 참여한 지 3개월이 지나서였다. 다시 만났을 때 그녀는 투석 치료를 받고 있지 않았다. 그녀는 PDA 연구가 끝나고 나서 두 달 후에 또 한 번의 신장 이식을 받았는데, 이번에는 가족이 아닌 다른 사람에게서 장기를 기증받았다. 그 덕분에 그녀의 건강은 과거 10년 동안의 어느 때보다도 호전되어 있었으며, 전에 비해 활달하고 낙천적이었다. 나는 사라의 삶이 나아진 것이 무엇보다 기뻤지만, 장기간 동안 투병 생활을 했음에도 그처럼 행복할 수 있는 방법이 여전히 궁금했다. 그래서 그녀가 투석 치료를 받았던 당시의 삶에 대해 그다지 긍정적인 기억을 갖고 있지 않다는 사실을 알았을 때 매우 놀랐다.

사라는 내게 "투석 치료를 받은 기간은 사실 잃어버린 세월과 다름없었지요."라고 말했다. 당시 그녀는 줄곧 40분 동안 차를 몰고 투석 센터에 가서 3시간 이상 투석 치료를 받은 다음, 다시 운전해

집에 돌아왔다고 설명했다. 그러다 보면 오전 시간이 모두 지나가므로, 간단히 점심 식사를 한 다음에 낮잠으로 운전과 힘든 투석 치료를 하느라 녹초가 된 몸의 피로를 풀었다고 했다. 그러나 사라에게 가장 힘든 것은 치료 후 몰려온 탈진할 듯한 기분이었다. 건강한 신장은 하루 24시간, 7일 동안 쉬지 않고 혈액을 걸러낸다. 하지만 사라는 한 번에 약 3시간씩 1주일에 세 번, 즉 9~10시간씩 투석 치료를 받았다. 정상적인 신장이 한 주, 즉 168시간 동안 할 것을 그것으로 대신한 것이다. 만약에 신장이 정상적으로 기능했다면, 사라의 신장은 요소(尿素) 같은 노폐물을 계속 배출시키며 칼륨 수치와 체액의 균형을 서서히 조절했을 것이다. 그러나 사라의 경우에는 투석 치료 사이에 칼륨 수치가 상승하고 체액과 노폐물이 증가했으므로, 투석기를 통해 혈액 속에 있는 것들을 모두 배출시켰을 때 사라는 마치 자신의 내부를 세차한 것처럼 상쾌한 기분을 느꼈을 것이다. 그래서 투석 센터를 다녀온 후 사라가 극도로 피로감을 느낀 것은 놀랄 일이 아니었다.

14년 동안 열한 차례나 임신했고, 아홉 명의 건강한 자녀를 출산한 사라에게 피로는 결코 새삼스런 경험이 아니었다. 전기 기사인 남편은 대가족을 부양하기 위해 많은 시간을 일했는데, 그것은 사라 또한 날마다 열한 사람의 아침과 점심, 저녁 식사를 마련하는 일로 바쁘게 살았다는 것을 의미한다. 사라는 하루에도 몇 번씩 나오는 빨래와 해도 해도 끝이 없는 집안일로 쉴 틈이 없었다. 그녀는 어린 자녀들을 키우느라 9년 동안 한밤중에도 자다가 깨야 했다. 또한 약

13년 동안 아이들의 기저귀를 갈아주었는데, 가장 궁금한 것은 빨대가 달린 컵 하나 없이 14년 동안 아이들을 어떻게 키웠을까 하는 것이었다. 그녀는 내게 "선생님은 제가 신장의 기능 상실에 대비한 준비가 얼마나 잘되었는지 아시겠지요."라며 농담을 했다.

반대로 그녀는 투석 치료를 받지 않은 날들에 대해서는 훨씬 좋게 묘사했다. 그러나 투석 치료를 받지 않는 날에도 정상적인 생활은 거의 불가능했다. 신장 기능을 상실한 사라는 하루에 1.5리터 이상의 물을 마실 수 없었다.

"투석 센터에서 치료받는 환자들은 모두 투석 치료를 하는 사이에 지나치게 많은 양의 물을 마셔서 한 주에 한두 차례는 핀잔을 듣는 것 같더라고요. 불과 1.5리터밖에 안 되는 양인데도 말이지요."

이제 마음껏 물을 마실 수 있게 된 사라는 뒤뜰에 앉아 책을 읽을 때도 아이스티를 입에서 떼지 않는다. 재미있는 소설 두 장을 읽을 뿐인데도 물을 1.5리터 이상 마신다.

투석 치료가 사라의 반복되는 일상생활에 어떤 영향을 주었는지에 대해서는 알 수 있었지만, 그것이 그녀의 전반적인 정서에 어떤 영향을 주었는지에 대해서는 여전히 알 수 없었다. 사라는 "투석 치료를 받는 것은 정말 싫었어요. 비참하게 느껴질 정도였으니까요."라고 말했다.

비참할 정도였다? 사라에 대한 자료를 갖고 있던 나는 그녀의 말에 놀랐다. 나는 사라가 투석 치료를 받는 동안 행복했다고 알고 있었다. 적어도 그녀가 PDA를 몸에 지니고 다니는 동안은 그렇게 말했다는 것을 기억하고 있었다. 그래서 사라에게 그 사실을 상기시켰다.

"네, 선생님 말이 맞습니다. 그러나 선생님께서 아시다시피, 다른 투석 치료 환자들과 달리 제게는 이식을 받을 수 있다는 희망이 있었어요. 만약에 그런 희망이 없었다면 행복할 수 있었을지 모르겠습니다."

사라는 전에 2~3년 정도는 기다려야 될 거라고 예상했던 신장 이식을 생각보다 훨씬 빨리, 불과 몇 달 후에 받았다. 나는 사라에게 그렇게 오래 기다려야 하는 이식 수술 대기자 명단에 오른 것이 그녀를 정말 행복하게 해주었는지 물어보았다. 사라는 질문에 답변하지 않았지만, 그러한 희망이 그녀에게 행복의 중요한 열쇠가 된 것만은 사실이었다. 불과 몇 분 전까지 투석 치료를 받았던 삶에 대해 설명했다는 것을 잊을 만큼 그녀는 그때의 행복했던 감정에 빠졌다.

신장 이식을 받기 전의 불행했던 기억에 대해 궁금해진 나는 인공 항문 형성술을 받았을 때에 대해 물어보았다. 사라는 결장루 복귀술이 불가능했다면, 행복을 되찾지 못했을 거라고 대답했다.

사라는 희망이 정서적인 회복력의 중요한 비결이 됐다고 다시 한번 힘주어 말했다. 그렇다면 그것은 무엇에 대한 희망이었을까? 사라는 그때의 상황에 대해 이렇게 회상했다.

"한번은 너무 아파서 담당 사회 복지사에게 고통을 호소했어요. 그녀는 '그것은 당신이 영적으로 새로워지고 있기 때문입니다.' 라고 말하더군요. 아마 제 영혼은 그때 새롭게 태어났을 겁니다."

기억이 가진 불확실성

지금까지 말한 것처럼, 건강한 사람들은 병에 걸릴 경우의 행복 지수에 대해 낮게 평가하는 경향이 있다. 그런데 나는 사라 레조트를 만났을 때 또 한 가지의 잘못된 견해를 발견했다. 그때까지 약 10년 동안 투석 치료를 간헐적으로 받아온 그녀는, 신장 질환이 있었던 때에 대해 지나칠 정도로 부정적인 생각을 갖고 있는 듯한 인상을 주었다. 그래서 나는 사라가 병이 있음에도 행복할 수 있었던 비결에 대한 통찰력을 얻지는 못했지만, 그녀가 그때의 행복 지수를 본능적으로 최소화시켰다는 사실을 발견했다. 이제 새로운 신장 이식 수술에 성공한 사라는 행복한 삶을 누리고 있었다. 사라는 자신이 전보다 훨씬 행복하다는 확신을 갖고 있었다.

사라 레조트는 남다른 정서를 가진 사람이 아니다. 사람들은 행복이 환경에 좌우된다고 확신하면서도, 실제로 자신이 환경에 얼마나 적응할 수 있는지에 대해서는 생각하지 않는다. 이러한 점을 고려했을 때, 사라의 기억이 얼마든지 잘못될 수 있다는 사실을 알 수 있었다.

나는 PDA 연구를 통해, 사람들은 병이 미칠 영향에 대해 강한 직감을 갖고 있으며, 그것이 정서적으로 삶을 인식하는 자세에 영향을 준다는 사실을 이미 알고 있었다. 일례로 투석 치료 환자들에게 만약에 신장병을 앓지 않았다면 어땠을지 상상해보라고 했는데, 건강한 사람들이 누리는 것보다 훨씬 행복한 상태에서 항상 기쁘게 살았을 거라고 대답했다. 그러나 이 같은 평가가 나온 이유는, 삶이 바뀌더라도 정서는 그다지 변하지 않는다는 사실을 사람들이 모르기 때문이다.

사라와 대화하던 나는 신장 이식을 기다리고 있던 환자들에게 '신장 이식을 성공적으로 마친다면 1년 후의 삶이 어떨 것인지'에 대해 질문했던 연구가 생각났다. 인터뷰한 신장 이식 대기 환자 중 대부분은 실직 상태였는데, 신장 이식을 받은 후에는 좋은 직장에 취직하겠다고 답변했다. 그들 중 대부분은 다른 지역에 가면 투석 센터를 찾아야 한다는 번거로움 때문에 1년에 3~4일도 여행을 하지 못했다. 그들은 신장 이식이 잘되면 1년에 5~6주는 여행을 하겠다고 말했다. 신장 이식 대기 환자들은 수술을 성공적으로 마친 후에 삶의 모든 영역에서 엄청난 발전이 있을 거라고 예측했다.

하지만 그들의 삶은 예상의 절반만큼도 발전이 없었다. 그들은 1년에 평균 6일밖에는 여행하지 못했다. 그리고 정규직에 복귀하기보다는 파트타임 직에 취직한 사람이 많았다. 그러나 신장 질환에 적응한 것처럼 신장 이식에도 정서적으로 잘 적응했다.

또 하나의 예가 있다. 동료 연구원들과 나는 지난 5년 동안 미시간 대학교에서 인공 항문 형성술을 받은 환자들을 상대로 그들의 행복 지수와 살아가는 모습을 알아보고자 조사를 했다. 그런데 우리가 조사한 사람들 중 절반 정도가 재수술을 통해 인공 항문 형성술에서 벗어난 상태였다. 하지만 그들은 환경적인 개선에도 불구하고 인공 항문을 그대로 지니고 있는 사람들보다 행복하지 않았다. 그러나 인공 항문이 정서에 장기적으로 지대한 영향을 미칠 거라고 생각한 점은 동일했다. 전에 인공 항문을 지니고 살았던 사람들은 당시의 불행했던 기분을 생생히 기억하고 있었다.

기억 상실과 오인, 기분

환경이 자신의 정서에 어떤 영향을 주었는지에 대해 잘못 기억하는 현상은 질병이나 장애에만 국한되지 않는다. 이런 현상은 삶의 전반에 걸쳐 나타난다. 예를 들면 대부분의 성인은 선거를 통해 좋아하는 후보에게 투표를 했거나, 최소한 그를 지지한 경험을 갖고 있다. 하지만 자신이 지지하는 후보가 선거에 패할 경우, 그것이 장기적으로 정서에 미칠 영향에 대해서는 대부분 통찰력을 갖고 있지 않다.

조지 W. 부시가 앤 리차드를 상대로 텍사스 주의 주지사 후보로 출마했을 때, 리차드를 지지하는 사람들은 부시가 승리하면 비참해질 거라고 생각했다. 그러나 선거가 끝난 지 한 달이 지나자 리차드의 지지자들은 선거 전과 똑같이 행복한 상태로 돌아갔으며, 생각했던 것과 달리 부시를 좋아하게 됐다. 만약에 사람들이 이전에 있었던 선거가 끝나고 난 후에 어떤 기분이었는지 정확하게 기억하고 있다면, 부시의 승리로 끝난 선거가 정서적으로 가져다줄 결과에 대해 과대평가하는 일은 없었을 것이다. 즉, 인간의 기억은 믿을 만한 것이 못 된다.

그렇다면 직면한 환경에 대한 생각을 개선하도록 사람들을 도와주는 것이 가능할까? 연구 팀은 사람들에게 질병이나 장애로 인한 정신적인 고통이 시간이 지나면 어떻게 변할지 생각해보라고 했는데, 시간이 지나면서 이에 대한 생각도 바뀐다는 사실을 발견했다.

연구 팀은 만약 하반신 장애자가 된다면 행복 지수가 어떻게 변할지에 대해 상상해보라고 했다. 그리고 최근 6개월 동안 일어난 불행한 사건에 대해 생각해보라고 했다. 그들은 시간이 지남에 따라 정서적으로 더 강해질까, 약해질까? 그런 사건은 장기적인 관점에서 생각했던 것보다 정서적으로 많은 영향을 줄까, 적은 영향을 줄까? 그들은 하반신 장애가 시간이 갈수록 자신을 더 강하게 만든다고 생각할까, 약하게 만든다고 생각할까?

연구 팀은 몇 가지 질문을 한 후, 다시 한 번 하반신 장애자가 된다면 행복 지수에 나타나게 될 변화에 대해 상상해보라고 했다. 그러자 극적인 변화가 생겼다. 가장 최근에 일어난 불행한 사건에 대해 생각한 후에 예상한 행복 지수는 전에 비해 훨씬 높게 나타났다.

아무리 격렬한 고통일지라도 시간이 지나면 전반적으로 약해진다는 사실을 사람들은 잘 알고 있다. 사람들에게 척수외상을 입었다고 가정하고 한 주, 한 달, 1년 후의 정서에 대해 상상해보라고 하면, 시간이 지나면서 극적인 변화가 나타날 거라고 예상하는 것처럼 말이다. 사람들은 환경에 대한 적응 현상이 나타난다는 것을 알지만, 그것에 대해 생각해보라고 권하지 않는다면 대부분 깊이 생각해보지 않는다.

사라 레조트에게 투석 치료를 받던 시절에 대해 생각해보라고 했을 때, 그녀는 투석 치료의 영향을 받은 삶의 영역에만 초점을 두었다. 그것은 앞에서 말한 초점 두기 착각과 동일한 것으로, 극복하기가 매우 어렵다. 그녀는 투석 치료를 받는 삶에 적응했다는 사실을 전혀 인식하지 못하는 것처럼 보였다. 그래서 사라에게 정서적인 회복력에 대해 생각해보라고 했다. 사라가 불행했던 시절을 회상하며 만약 신장 이식에 대한 희망이 없었다면 삶을 유지해나가지 못했을 거라고 안타까워했을 때, 그녀에게 신장 이식이 불가능했다면 어떻게 했을지 생각해보라고 했다. 그녀는 자신의 상황에 대해 즉시 재평가를 했다.

"무엇이라고 딱히 말할 수는 없지만, 그것을 극복하기 위한 방법을 찾고자 노력했겠지요."

사람에게는 본능적으로 적응에 대한 개념이 있다. 그것의 원리에 대해서는 전혀 알지 못할지라도 말이다.

사라는 신장 질환을 가진 삶이 어떤지에 대해 앞으로 내가 평생을 통해 배우게 될 것보다 더 많은 것을 알고 있다. 그러나 장기간의 경험을 통해서 얻은 지식에도 불구하고, 그녀 역시 우리와 똑같이 잘못된 기억과 상상의 덫에 빠질 가능성이 있다.

투석 치료를 받는 사라의 삶은 어땠는가? 나는 사라가 이 질문에 답변하는 것이 결코 쉽지 않을 거라고 생각했다. 만약에 사라가 투석 치료를 받았을 당시를 녹화해서 보여주었다면, 그녀는 그때의 정서에 대해 보다 정확한 보고를 할 수 있었을 것이다. 하지만 그것이 효과가 있을지는 의문이다. 있다 해도, 누가 그런 것을 녹화해두겠는가? 자신이 양치질하고 설거지하는 모습을 보면서 정말 비참했다고 생각할 사람이 누가 있을까?

사라 레조트는 대단히 훌륭한 여성이다. 그녀는 고된 역경을 거쳤음에도 긍정적인 인생관을 간직하고 있으며, 새로운 신장 이식 수술에서 완전히 회복되면 다른 사람을 위해 보다 많이 선행을 하려는 계획을 갖고 있다. 지금 68살인 그녀는 지난 10년 중 가장 좋은 건강 상태를 유지하고 있으며, 하루 빨리 밖으로 나가 다른 사람을 위해 좋은 일을 할 날을 손꼽아 기다리고 있다.

나는 모든 건강 문제와 싸워서 극복한 사라를 존경한다. 그리고 그녀의 새로운 목표들이 반드시 성취되기를 기원한다. 아울러 그녀가 꿈꾸고 있는 사회봉사 활동에 어떠한 어려움도 일어나지 않기를 바란다. 나아가 그녀의 새로운 신장이 나빠진다거나, 다른 질병이 생겨 꿈을 실현하는 데 장애가 생기지 않기를 간절히 바란다.

행복 : 환경인가, DNA인가?

환경과 행복이 직접적인 관련이 없는 이유는 환경이 행복의 중요 요인이 아닌 데다, 사람의 정서는 극단적인 경우를 제외하고는 행운이나 불행보다 보이지 않는 인격에서 비롯되기 때문이다.

9살이던 제이 슈라이너는 아버지가 폭우 때문에 강을 건너는 것이 위험하다고 말렸는데도 강 건너에 두고온 낚싯대를 가지러 가겠다며 고집을 부렸다. 전에도 강을 수백 번은 건너봤기에 웬만한 비 정도는 문제가 되지 않는다고 생각했던 것이다.

하지만 예상치 못한 일이 일어났다. 강을 중간쯤 건넜을 때 제이는 그만 미끄러지면서 몸의 중심을 잃었고, 발이 바닥에 닿지 않자 순간적으로 공포를 느꼈다. 제이는 물속에 빠지지 않으려고 필사적으로 몸부림치며 도와달라고 외쳤다. 그 소리를 들은 아버지는 재빨리 물속으로 뛰어들었다. 하지만 그도 제이와 함께 물살에 휩쓸렸다. 둘은 강한 급류에 휘말려 하류로 떠내려가다가 강기슭에 이르렀지만, 여전히 발이 바닥에 닿지 않았다. 그때 제이는 이웃 사람들이 구조할 준비를 하고 있는 것을 발견했다. 제이가 손을 뻗어 구명대를 잡자 사람들이 잡아당겨주었다.

그러나 제이의 아버지는 아무도 구해주지 못했다. 아버지는 그날 고집 센 아들의 목숨을 구하려고 물속에 뛰어들었다가 익사했다.

제이는 아버지가 세상을 떠난 지 50년 이상이 지난 지금까지 평탄한 삶을 살지 못했다. 어렸을 때는 비행 청소년이 되어 학교 안팎에서 많은 문제를 일으켰고, 모든 사람에게 쓸모없는 인간이라는 비난을 받았다.

한동안은 불행에서 벗어난 것처럼 보이기도 했다. 대학 졸업 후 증권 회사에 취직한 그는 메리 로우란 여자를 만났다. 메리와 결혼해 세 자녀를 둔 제이는, 어느 날 자신이 도시 외곽의 잔디가 깔린 정원에서 아이들과 함께 뛰어놀고 있다는 걸 깨달았다.

제이는 다시 삶의 보금자리를 잃었다. 결혼 생활에 금이 간 것이다. 자녀들도 성장하면서 가족이 매년 스키를 즐기기 위해서 갔던 서부의 산악 지대로 이주해갔다. 막내가 서부로 갈 때 아내마저 떠남으로써 결혼 생활은 깨졌고, 그는 혼자 남게 되었다.

제이는 다시 평온함을 찾고자 부단히 노력했다. 직장에서는 열심히 일하고, 식사는 친구들과 함께 동네 근처 식당에서 해결했다. 한 번은 식당에 갔다가 메리 베스라는 매력적인 여자를 만났는데, 그녀는 제이에게 자기의 이름을 불러도 좋다고 했다. 몇 년 후 두 사람은 결혼했고, 59살의 제이는 행복한 삶을 되찾았다.

그러나 불행은 다시 찾아왔다.

결혼한 지 두어 달이 지날 무렵, 그는 목이 눌리는 듯한 압박감을 느꼈다. 그래서 1차 진료 기관을 찾았는데, 의사는 제이의 갑상선이 예사롭지 않다는 것을 발견했다. 갑상선 혈액 검사 결과는 정상이었지만 흉곽 엑스레이 촬영 결과, 척수 근처의 목 위쪽으로 커다란 폐 종양이 퍼져 있음이 발견됐다. 담당 의사들은 엑스레이 검사와 조직 검사 결과를 보더니, 제이에게 치료가 불가능한 폐암에 걸렸다고 설명해주었다. 더구나 화학 요법에 의한 치료도 효과를 볼 수 없을 뿐만 아니라, 수술 요법도 종양의 확산 속도를 조금 늦추는 것 외에는 도움이 되지 않는다고 말했다. 방법은 오직 수술을 통해 생명을 2년 정도 연장시키는 것뿐이었다.

결국 제이 부부는 12시간 동안 척수와 주변의 신경을 건드리지 않으면서 폐를 가능한 많이 제거해야 하는 힘든 수술을 견뎌낼 수 있을지 불안해하며 펜실베이니아 대학 병원으로 갔다.

제이가 수술실에서 보낸 12시간이 메리에게는 12주가 지난 것처럼 길게 느껴졌다. 마침내 수술이 끝났고, 그녀가 남편 곁에 있는 것이 허락되었다. 두 사람은 신경이 손상되지 않은 상태로 수술을 마쳤다는 것에 안도했다.

하지만 그들의 안도감은 잠시뿐이었다. 수술 후 불과 몇 시간 만에 제이의 운명은 다시 바뀌었다. 그 변화가 긍정적인 결과를 가져올지, 더 부정적인 결과를 가져올지 아무도 장담할 수가 없었다. 현미경으로 제이의 종양을 확인한 의사들이 폐암이 아니라 척삭종이라고 판단한 것이다. 척삭종이란 태생기의 척삭유산조직으로부터 발생하는 악성 종양이다.

제이가 자궁 안에 있을 때 뼈세포나 신경세포, 또는 그 밖의 다른 것으로 발전했어야 할 태생기의 세포가 변하지 않은 채 그대로 척수 주위에 잔존하고 있었다. 그것이 최근 10년 동안 아주 느린 속도로 자라기 시작하면서 목 부위로 올라와 목에 있는 신경으로 침입했고, 뇌 쪽으로 번지고 있었다. 의사들은 척삭종이 척수를 자극해 목 이하를 마비시키거나 뇌에 혈액 공급을 차단하여 치명적인 뇌졸중을 일으킬 수도 있다고 했다. 그런데 그렇게 되기까지 얼마나 걸릴지는 알 수 없었다.

그것은 굉장히 희귀한 병이었기 때문에, 치료에 도움을 받기 위해 제이는 전문가를 찾아 전국을 떠돌아다녀야 했다. 그러나 전문가들조차도 척삭종의 치료에 대해 잘 모르고 잇었다. 그들의 조언은 하나같이 생명 유지를 위해 필요한 기능들이 멈추는 것을 지연시키라는 것뿐이었다.

행복은 환경에 좌우되는가?

우리는 행복이 때로는 환경에 의해 좌우된다는 사실을 경험을 통해 잘 알고 있다. 상사에게 칭찬을 받으면 행복을 느낀다. 삽으로 눈을 치우다가 갑자기 허리 근육에 경련이 생기면 고통스러워한다. 만약 허리가 아파 집에 들어갔는데 배우자가 포옹하고 싶다고 말한다면 어떨까? 이처럼 황당한 상황은 기분을 크게 바꾸어놓기도 한다.

위와 같은 사실을 잘 알고 있는 건강한 사람들은 만성적인 병이나 장애가 생기면 불행해질 거라고 생각한다. 독감이나 발가락을 다치는 것처럼 단기간에 치료될 수 있는 통증도 얼마나 고통스러운지 알기에, 장기간 동안 건강에 문제가 생긴다면 고통이 길어질 거라고 판단한다.

그러나 우리는 앞 장에서 대부분의 사람들은 환경이 장기간에 걸쳐 미치게 될 정서적인 영향에 대해 과대평가한다는 사실을 알았다. 사람들은 따뜻한 봄이 되면 기분이 한층 좋아지고, 그 기분이 계속 유지될 거라고 예상한다. 하지만 샌디에이고 같은 곳에서 생활하면 햇볕이 강하게 내리쬐는 날씨를 자연스럽게 받아들이게 될 것이다. 또한 좋아하는 농구 팀이 NBA 결승전에서 처음 우승하면 열광하지만, 연속해서 세 번 우승하면 기쁨이 크게 줄어드는 것을 볼 수 있다.

나는 신규 임용된 교수들이 정년 보장을 받기 위해 연구 생활에 몰두하는 것을 많이 봤다. 하지만 연구에 의하면, 정년 보장이 교수의 장기적인 행복에 큰 영향을 주지는 못한다. 정년 보장에 실패할 경우 일시적으로는 불안해하지만 곧 회복된다. 이처럼 환경과 정서와의 관계는 단기적으로는 강한 영향을 주지만, 시간이 지나면서 크게 약해진다. 전문가들 중에는 이와 같은 사례들을 예로 들며 장기적인 관점에서 환경이 사람의 정서에 미치는 영향은 적다고 주장하는 사람들이 있다.

또한 수많은 사건과 다양한 환경에 둘러싸인 인간의 삶에서 행복에 장기적으로 큰 영향을 미치는 것은 몇 가지 사건뿐이라고 주장하는 전문가들도 있다. 교수들은 정년 보장에 실패하면 몹시 불안해하지만, 그것이 훨씬 유리한 조건의 대학에서 일할 기회가 되기도 한다. 첫 번째 직장에서는 여러 자녀를 보살핀다거나 저서를 출판하는 데 시간을 바칠 만큼의 여유가 없었을지도 모르나, 시간이 지나고 다른 조건들이 충족된다면 두 번째 직장에서도 행복을 느끼게 될 것이다. 또한 정년 보장을 받았음에도 만족하지 못하는 사람도 있고 실패했어도 행복한 사람들이 있는 것처럼, 사람의 정서는 극단적인 경우를 제외하고는 인격에서 비롯된다.

사실 행복에서 환경이 차지하는 역할이 어느 정도인지 파악하기란 쉬운 일이 아니다. 그렇다면 제이 슈라이너처럼 큰 불행을 겪은 사람들은 환경이 원인이었던 것일까, 아니면 처음부터 다른 사람보다 덜 행복한 체질로 태어난 것일까? 행복 중에서 환경으로 인한 것은 어느 정도이며, DNA에 의한 영향은 얼마나 될까?

행복의 연쇄반응

과학자들은 사람의 정서가 DNA에 의해 결정되는지 알아보는 과정에서 불변성에 대해 살펴볼 수 있었다.

인간이 DNA를 매년 바꾼다는 것은 불가능한 일이다. 그러므로 DNA가 사람의 정서에 영향을 준다고 가정했을 때, 그것은 평생 동안 계속된다는 결론을 내려야 한다. 실제로 연구가들은 오랫동안 사람의 정서에 대해 연구하면서 정서 중 많은 부분이 변하지 않는다는 사실을 발견했다. 30대 때 다른 사람들보다 행복 지수가 높은 사람은 40대와 50대, 60대가 돼서도 같은 경향을 보인다. 하지만 이러한 불변성이 인간의 행복이 유전적인 영향을 많이 받는다는 걸 증명할 수 있을까?

여기에서 제이 슈라이너의 생애를 살펴보도록 하자. 그는 어린 시절에는 아버지의 죽음 때문에, 그 후에는 힘든 결혼 생활 때문에, 지금은 척삭종 때문에 불행한 삶을 살고 있다. 제이의 삶이 다른 사람들에 비해 불행한 원인은 계속된 나쁜 환경 탓으로 볼 수 있다.

그러나 제이 슈라이너의 사례는 환경적인 일들이 우연에 의해 개별적으로 일어나지 않으며, 무작위적이지 않다는 것을 보여주고 있다. 연구가들이 오랫동안 사람들을 조사한 결과, 30대에 행복한 사람은 불행한 사람에 비해 30~40대 사이에 좋은 일이 많았다는 사실을 알 수 있었디.

고등학교 때 주목받는 사람은 어른이 돼서도 사람들에게 호감을 산다. 고등학교를 자퇴한 사람은 대학 졸업자에 비해 보수가 높은 직장을 구하기가 어렵다. 실직자는 직장 생활을 계속하는 사람보다 결혼 생활이 힘들고, 건강상 어려운 문제를 많이 겪는다. 이처럼 좋은 환경은 좋은 환경을, 나쁜 환경은 나쁜 환경을 가져오는 순환 과정이 반복된다.

성향은 환경에 어떤 영향을 주는가?

성경에 '……는 ……를 낳고 …….' 라는 구절이 반복되어 기록된 이유는 무엇일까?

헬싱키 대학교의 심리학 교수인 산나 에로넨은 어떤 사람이 다른 사람에 비해 좋은 환경을 누리는 이유는 그의 보이지 않는 성향 때문이라고 믿었다.

에로넨은 이 믿음을 증명하고자, 한 그룹의 대학생들에게 TV를 보고 있는 여자의 모습이 그려진 만화를 보여줬다. 만화에는 '캐롤은 선생님께 과제물을 제출해야 한다는 것을 알고 있다.' 라는 말이 쓰여 있었다.

에로넨은 학생들에게 만화에 나오는 여자가 앞으로 무엇을 할지 말해보라고 했다. 그리고 다음 컷에서 여자가 과제물을 제출하고 평가를 받았다는 것을 말해주고는, 일어난 사건에 대해 설명해보라고 했다. 일부 학생들은 만화의 주인공이 과제물이 아주 어려운 경우가 아니면 제출할 만큼 열심히 노력하며 머리가 뛰어나다는, 대체적으로 긍정적인 견해를 보였다. 다른 학생들은 여자가 과제물이 아주 쉬울 때만 간신히 제출하고 노력하지 않으며 TV만 보는 멍청이라는, 일관되게 부정적인 평가를 했다. 이 결과를 기초로 한 에로넨의 연구는, 모호한 장면의 만화에 대한 해석에서 사람들의 견해가 다양하게 나타날 수 있다는 사실을 보여주는 것 외에는 별다른 관심을 받지 못했다.

하지만 에로넨의 연구는 오늘날 굉장한 주목을 받고 있다. 왜냐하면 에로넨이 연구를 한 지 5년 후에 학생들의 삶에서 일어난 행복한 사건과 불행한 사건의 수를 비교한 결과, 만화 주인공에 대해 긍정적인 평가를 한 학생들의 경우 그러지 않은 학생들보다 긍정적인 사건이 많았고, 부정적인 사건은 적다는 것을 발견했기 때문이다. 에로넨은 만화 주인공에 대한 학생들의 평가에서 겉으로 드러나지 않은 성향과 학교 과제물을 끝내기 위해서는 TV를 보지 않아야 한다는 것처럼 일상적인 문제에 직면했을 때 어떻게 대처할지에 대한 태도가 암시됐다고 보았다. 이처럼 단순한 사고력 측정을 통해 나타난 학생들의 태도가 향후 5년 뒤에 그들의 삶을 예견해줄 드러나지 않은 성향을 보여주었다.

에로넨의 연구는 사람의 성향이 그가 경험하는 환경에 영향을 준다는 것을 보여준다. 만약에 이것이 사실이라면, 제이 슈라이너와 같은 사람들이 불행한 상황을 겪는 이유에 대한 새로운 설명이 필요하다. 그들에게 비극적인 사건이 일어나는 원인은 불행한 환경의 반복이 아니라 환경을 좌우하는 성향이며, 불행을 초래하는 유전자를 갖고 태어났다는 뜻이기 때문이다.

그러나 에로넨의 연구에 대해서는 더 자세히 살펴볼 필요가 있다. 그녀는 5년 동안 학생들에게 일어난 행복한 사건과 불행한 사건의 수를 계산할 때 학생들의 진술에만 의존해 좋은 것과 나쁜 것으로 분류했다. 하지만 학생들이 동일한 만화에 대해 제각기 다르게 해석했다는 점을 감안하면, 비슷한 사건을 경험했더라도 얼마든지 다르게 해석할 수 있지 않겠는가? 대학 졸업 후에 하게 된 초임 회계사 직을 재미있게 생각하는 사람들이 있는가 하면, 달갑지 않게 생각하는 사람들이 있는 것처럼 말이다. 이러한 질문에 답하기 위해서는 긍정적인 사람과 부정적인 사람의 반응 방법은 동일한 상황에서도 놀라운 차이가 있다는 것을 보여주는 심리학자 소냐 류보미르스키의 연구에 대한 고찰이 필요하다. 또한 인간의 성향과 환경 사이의 상호 관계에 대한 깊이 있는 연구가 필요하다.

환경에 대한 다른 반응

대학교에 입학원서를 제출하고 나서 발표된 합격자 명단을 봤을 때를 회상해보자. 그 대학에 대한 당신의 평소 생각과 명문대인지 아닌지에 상관없이, 합격 여부는 그날 하루 동안 당신의 기분을 좌우했을 것이다. 그 후 당신이 졸업한 고등학교에 대한 인상에 영향을 주는 좋은 이야기와 나쁜 이야기가 적힌 우편물이 도착했을 때, 당신의 태도는 어땠을까?

류보미르스키는 대학교에 지원하기 전과 지원한 후의 학생들의 태도에 대해 연구한 결과, 학생들의 보이지 않는 성향이 합격 여부에 반응하는 태도와 합격됐거나 불합격된 학교에 대한 인식에 영향을 미쳤다는 것을 발견했다. 그녀는 일반 사람보다 훨씬 더 행복하거나 불행한 학생들을 선택해 연구 대상으로 삼았는데, 긍정적인 학생과 부정적인 학생은 자신의 환경을 해석하는 태도에서 현저한 차이를 보였다.

자세한 예를 들어 살펴보도록 하자. 긍정적인 한 학생이 처음에 선택한 프린스턴 대학에 불합격하자 살고 있던 주의 최고 명문 대학에 입학하기로 했는데, 그곳이 '고향 대학'이라고 가정하자. 두 학교에 대한 그의 견해에는 어떤 변화가 나타났을까?

프린스턴 대학과 고향 대학에 대한 그의 학문적인 평가에는 아무런 변화가 없을 것이다. 그러나 두 학교의 비학문적인 영역에 대한 그의 견해는 바뀌게 될 것이다. 그는 고향 대학의 생활이 프린스턴 대학에 비해 훨씬 더 재미있다는 사실을 발견할 것이다.

이번에는 위와 똑같은 상황에 놓였지만 부정적인 학생의 경우를 가정해보도록 하자. 그 역시 긍정적인 학생과 마찬가지로 고향 대학에 대해 전보다 좋게 평가하겠지만, 그곳의 학문적인 수준은 낮게 평가할 것이다. 반면에 프린스턴 대학에 대해서는 지금까지 생각해온 것처럼 재미있고 학문적인 면에서 철저하며, 자신은 들어갈 수 없는 이상적인 학교라는 생각을 계속할 것이다.

류보미르스키의 연구를 통해 긍정적인 학생들은 합격과 불합격을 모두 자신의 자긍심을 높이는 쪽으로 해석했다는 것을 알 수 있다. 그들은 불합격한 이유가 학교의 높은 성적 기준 때문이라고 확신하며 자긍심을 보호했고, 대신 학교 생활은 재미없었을 거라고 생각함으로써 실망감을 축소시켰다. 하지만 부정적인 학생들은 합격과 불합격을 모두 자긍심을 높이지 못하는 쪽으로 해석했다. 그들은 자신이 합격한 학교는 성적 기준이 낮다고 생각하며, 스스로 의식하지 못하는 와중에 계속 불행의 늪으로 빠져들었다.

자긍심과 행복의 관계

긍정적인 사람들은 부정적인 사람들과 같은 상황을 경험해도 해석하는 방법이 크게 달랐다.

그런데 자존심과 관계가 없는 상황이라도 서로 다르게 해석했을까?

류보미르스키는 그것에 대해 알고자 또 다른 실험을 했다. 그녀는 사람들에게 여러 종류의 디저트 사진을 보여주고 가장 좋아하는 것부터 순서를 정하라고 했다. 그러고는 각각의 사람들이 두 번째나 세 번째 순위로 정한 디저트를 주었다. 그 후 디저트가 그들의 태도에 어떤 영향을 미칠지를 흥미롭게 지켜보았다.

가장 좋아하는 세 가지 디저트의 순서를 치즈 케이크와 아이스크림, 바나나 크림파이로 정한 긍정적인 사람과 부정적인 사람에 대해 살펴보도록 하자. 류보미르스키는 긍정적인 사람은 바나나 크림파이를 받았을 때 대체적으로 그것의 순위를 전보다 더 높인다는 걸 알았다. 하지만 부정적인 사람은 오히려 순위를 낮췄다. 긍정적인 사람은 세 번째 순위의 디저트를 받았을 때 부정적인 사람에 비해 만족도가 높았으며, 실망스런 부분에 대해서도 놀라울 정도로 긍정적인 반응을 보였다. 또한 그것을 호의적인 관점에서 재평가했다. 그와 반대로, 부정적인 사람은 받지 않은 다른 디저트에 대한 평가마저 낮췄다.

　포도를 따먹기 위해 뛰어갔으나 먹는 게 불가능해지자 그것이 상했을지도 모른다고 생각한 이솝 우화의 여우처럼, 부정적인 사람은 어떤 것을 하기도 전에 미리 나쁘게 생각한다. 이런 사고는 첫 번째와 두 번째의 디저트도 생각했던 것만큼 맛이 좋지 않을 거라고 판단함으로써 세 번째 디저트를 받았을 때의 실망감을 감소시킨다는 점에서 훌륭한 방어망처럼 들릴지도 모른다. 그러나 세상을 바라보는 견해를 왜곡시킬 수도 있다.

　류보미르스키가 실험을 마쳤을 때 부정적인 사람들은 모든 디저트를 전보다 더 낮게 평가했다. 하지만 긍정적인 사람들은 여전히 호의적이 평가를 유지했다. 이처럼 상한 포도에 대한 선입견과 같은 부정적인 사고는 삶에서 기쁨을 빼앗아, 사람들을 불행하게 만든다.

　내가 여기에서 디저트에 대한 연구를 소개한 이유는 긍정적인 사람과 부정적인 사람이 자존심과 무관한 상황에서 실망했을 때 어떻게 반응하는지를 보여주기 위해서였다. 그렇다면 이런 것이 실생활에도 적용될까?

류보미르스키는 긍정적인 사람과 부정적인 사람이 우연한 사건을 자존심과 관련지어 생각하는 것에 차이를 보이는지 궁금했다. 그녀는 디저트의 연구를 통해 이 가정에 대한 실험을 계속했다. 그런데 이번에는 디저트에 대한 최종적인 판단을 하기 전에 사람들 중 절반에게는 '나는 누구며, 어떤 사람이 되기 위해 노력하고 있는가?'에 대해 생각해보라고 하고, 나머지 절반에게는 캘리포니아의 지형에 대해 생각해보라고 했다.

실험을 통해 발견한 것은 무엇일까? 캘리포니아의 지형에 대해 생각해보라는 말 때문에 집중력이 분산되자, 부정적인 사람들은 긍정적인 사람들과 똑같이 행동했다. 그들은 세 번째로 좋아하는 디저트를 받았을 때도 그것을 포함한 상위 3개의 디저트에 대해 긍정적인 생각을 계속 유지했다. 이 결과는 부정적인 성향의 사람들이 기대에 못 미치는 상황을 경험했을 때 다른 생각으로 정신이 분산되지 않는 한은, 그것을 자신을 반영하는 수단으로 해석한다는 것을 암시한다.

그렇다면 긍정적인 사람들에게 나타난 결과는 어땠을까? 그들은 캘리포니아의 지형에 대해 생각해보라고 했을 때, 이전의 연구에서 보인 것과 똑같은 반응을 보였다. 그러나 자기 성찰을 한 부정적인 사람들은 이전 연구와 마찬가지로 디저트에 대한 순위를 더 낮췄다.

누구에게 구애받지 않고 스스로 생각할 수 있었던 긍정적인 사람들
은 우연하게 겪은 실망감 때문에 자존심에 타격을 받지 않았다. 그
러나 부정적인 사람들은 '내가 언제나 그렇지!' 라는 식으로 생각하
는 경향을 보였다.

나는 '행복의 원인은 환경인가, DNA인가?' 를 물으며 이 장을 시
작했다. 류보미르스키의 연구를 통해서 봤을 때 환경적인 원인 때문
이라는 것은 설득력이 약하다. 그에 반해, 사람의 성향이 환경을 해
석하고 반응하는 방법에 영향을 준다는 것은 더 분명해졌다.

긍정적인 성향의 의미

나는 지금까지 사람의 성향과 행복 사이의 관계에 대해 논하면
서, 성향의 정확한 개념에 대해서는 구체적으로 언급하지 않았다.
심리학자들은 지난 30여 년 동안 사람의 성향을 이해하고 규명하
는 데 큰 발전을 이루었다. 성향은 매우 복잡한 것이며, 성향 심리
학은 책의 몇 페이지로는 자세히 설명하는 게 불가능할 만큼 방대
한 주제다. 그러나 사람이 역경에 반응하는 방법에 대해 알기 위해
서는, 성향에 대한 심리학자들의 개념을 이해하는 것이 대단히 중
요하다.

심리학사들은 성향에 내해 일반인들이 갖고 있는 개념과 기본직
으로 동일한 개념에서 연구를 시작한다. 사람들 중에는 소심한 사람

이 있는가 하면, 사교적인 사람, 낙천적인 사람, 비관적인 사람도 있다. 우리는 어려서부터 다른 사람보다 고집이 세거나, 활동적이거나, 사회성이 뛰어나거나, 도량이 넓은 사람이 있다는 것을 안다. 그런데 이런 특징들은 일반적으로 변하지 않는다. 그래서 어떤 사람이 성인이 되어 다른 종교로 개종했다는 말을 들을 때는 놀라지 않으면서, 사교적인 사람이 갑자기 은둔했다는 말을 들으면 놀란다.

심리학자들이 처음에 성향 유형에 대한 연구를 시작했을 때는 잠재적인 성향 목록을 만드는 데 일상적인 언어들을 사용했다. 목록에 기록된 성향들은 사교형, 명랑 쾌활형, 열정형, 강한 의지형, 협동형, 감정 표현형 등을 포함해 약 이백 가지였다.

성향 심리학자들은 이런 특징들을 평가하는 방법을 개발했다. 그것에 기초해 사람들 중에는 남보다 명랑하고 쾌활한 성격을 추구하는 것에 초점을 두는 사람들이 있으며, 그 성향이 지속적이라는 것을 입증할 수 있었다. 일례로 30대 때 낙관적인 성향으로 많은 동기 부여를 받은 사람은 50대가 돼서도 그 성향이 평균을 넘는다.

그런데 성향과 행복 사이의 상호 관계에 대해 이해하려 할 때, 이백 가지나 되는 특징 사이에서 상대적인 영향을 무시하고 연구하는 것은 불가능했다. 그래서 심리학자들은 특성들을 더 작은 단위로 세분화시킬 수 있는지 알아보려 했다. 그들은 인자 분석법을 통해 특성들을 한 단위로 만들고, 어떤 성향들이 모여 하나를 형성하는지를 통계적인 면에서 알아보았다. 그리고 각기 다른 자료들과 특징에 따른 분류를 통해 사람의 성향을 나누는, 다섯 가지의 대표적인 성향 유형이라는 가장 일반적인 방법을 만들어냈다.

모든 통계학적 분석에서 유추되는 다섯 가지의 대표적인 성향 유형은 다음과 같다.

1. 외향형－인간관계가 대체적으로 폭 넓고 적극적이다.
2. 친절형－인간관계가 신실하고, 협동심이 뛰어나다.
3. 신중형－충동을 억제하는 능력과 환경 적응 능력이 뛰어나다.
4. 신경 과민형－정서적으로 부정적인 면이 강하다.
5. 경험에 대한 개방형－지적인 능력과 창의성 같은 자질을 포함하며, 다섯 가지 특성 중 논쟁의 여지가 가장 많은 성격이다.

열거한 다섯 가지의 대표적인 성향 유형은, 처음에는 각 특징 사이에 큰 차이가 없다는 통계에 따라 분류되지 않은 채 하나의 범주에 포함되었다. 그러나 수많은 연구를 통해 자주 바뀌는 사람의 기분과 달리 성향적인 특징은 비교적 오랫동안 지속된다는 것이 입증되었다. 그리고 원하는 직업이나 사귀는 친구들의 수, 우정의 깊이 등은 성향적인 특징을 반영한다는 것이 여러 연구를 통해 확증되었다.

이러한 연구 결과는 우리의 연구 목적과도 부합했다. 예를 들어 외향적인 성향이 강한 사람은 그렇지 않은 사람에 비해 행복한 기분을 자주 느낀다. 반면에 신경 과민형의 사람은 그렇지 않은 사람에 비해 부정적인 감정을 자주 느낀다. 경험에 개방적인 사람은 광범위한 경험을 기꺼이 수용하므로, 부정적인 감정과 긍정적인 감정을 보통 사람보다 자주 겪는다. 그들은 활동적이며 좋고 나쁜 것을 직접 경험한다.

사람의 성향에 따라 똑같은 상황이라도 감정에 미치는 영향은 크게 다를 수 있다. 가령 똑같은 양의 물이 든 컵을 받았을 때 어떤 사람은 물이 절반 차 있다고 생각하지만, 절반이 비었다고 생각하는 사람도 있다.

이처럼 성향이 각기 다른데도, 사람들은 질병과 장애에 대해 생각할 때 성향이 행복 지수에서 차지하는 역할을 쉽게 망각한다. 중병이나 장애에 대해 상상할 때는 마치 환경에 의해 행복이 결정되는 것처럼 자신이 비참해질 거라고 추측하면서 말이다.

그러나 질병이나 장애처럼 환경적인 원인에 의해 초래되는 고통에 반응할 때 성향은 중요한 역할을 한다. 예를 들어 심장동맥우회술을 받은 사람들 중에도 낙천적인 사람은 비관적인 사람에 비해 경과가 훨씬 좋다. 유방암 진단을 받은 여성의 성향은 병에 대처하는 방법에 큰 영향을 준다.

제이 슈라이너처럼 되기

제이 슈라이너처럼 되면 어떨지 상상해보자.

9살 때 아버지를 잃었고, 20여 년을 함께 살아온 가족은 4,800

킬로미터나 떨어진 곳에 살고 있으며, 자신은 의사들이 병명의 철자조차 제대로 못 쓸 만큼 희귀한 병의 말기 상태에서 어떻게 대처해야 할지 고민하고 있다.

지금까지 미국에서 척삭종 진단을 받은 환자는 천오백 명도 안 된다. 아마 의사 중에 이 병에 걸린 환자를 진료한 사람은 거의 없을 것이다. 척삭종은 제약 회사조차 치료 방법 개발에 거의 관심을 기울이지 않을 만큼 희귀하며, 임상 실험에 참여할 사람을 찾는 것은 불가능할 정도다.

희귀병은 매우 무섭다. 사람들에게 두 가지의 중병 중 한 가지에 걸렸다고 상상해보라고 하면 희귀병에 대해 훨씬 더 불안해할 것이다. 잘 알지 못하는 병이 더 두렵기 때문이다.

그래서 제이 슈라이너처럼 되면 어떨지 상상해본다는 것은 결코 쉬운 일이 아니다. 분명한 건 척삭종에 걸렸다는 사실이 엄청난 두려움을 준다는 것이다. 나 또한 제이의 마음이 어땠을지 상상해보려 했지만 실감할 수 없었다. 다만 지금까지 내가 경험한 가장 고통스런 감정의 2~4배는 더 될 거라 상상해보니 조금이나마 이해가 됐다. 하지만 내 상상이 제이의 감정을 이해하는 시작 단계나 될 수 있을까?

철학자 토머스 나겔은 오래전에 박쥐에 대한 상상을 일으키는 에세이를 썼다. 그는 많은 이론을 제시했지만, 결국 인간이 박쥐의 삶을 상상한다는 것은 불가능하다는 결론을 내렸다. 인간이 상상할 수 있는 것은 고작 나무에 거꾸로 매달리고, 오감이 없으며, 곤충을 잡아먹기 위해 한밤중에도 날아다니고 싶은 강한 욕망에 사로잡힌다는 게 전부다.

물론 제이 슈라이너는 박쥐보다 우리와 더 많은 공통점을 갖고 있다. 우리는 제이처럼 되면 어떨지에 대한 상상을 이끌어내기 위해서 필요한 기본적인 개념을 갖고 있다. 하지만 아무도 제이가 될 수는 없다.

앞에서 살펴본 바에 의하면, 사람의 성향은 유리한 환경과 불리한 환경을 구분하여 반응하는 데 대단히 중요한 역할을 한다. 그러면 제이는 척삭종에 걸린 후의 삶을 어떻게 받아들였을까?

제이는 살아오면서 경험한 다른 절망적인 상황에 대응한 것과 똑같은 방법을 취했다. 충분한 대화와 늘 긍정적인 자세로 말이다.

사실 제이는 내가 지금까지 만난 가장 행복한 사람들 중 하나였다. 그에게서는 긍정적인 에너지가 넘쳐흐르며, 그의 주위에는 마음으로 의지하는 친구가 많다. 심리학적인 용어로 표현하면 그는 대단히 외향적인 사람이다. 만약 제이가 낯선 사람들이 가득한 장소에 가게 된다면, 하룻밤 사이에 적어도 몇 명의 친구는 사귈 것이다. 그가 교제 외의 다른 목적을 위해 대화를 하기 때문이 아니라, 모든 사람에게 진정한 관심을 보이기 때문이다.

언젠가 제이가 오래된 돌로 지은 주거 단지인 그의 동네를 구경시켜주었을 때, 그에 대해 조금이나마 알 수 있었다. 우리는 한창 수리 중인 집을 보러 갔는데, 집주인은 제이의 방문을 기뻐하며 실내로 안내했다. 방을 하나하나 구경하는 동안 제이는 집주인과 농담을 나누었다. 2층 침실에서 창문을 달고 있는 두 명의 인부와 마주치자, 제이는 그들이 사용하는 자재와 다른 방에서 본 몇 가지 재미있는 작업에 대해 대화를 나눴다. 집을 나설 때 그는 이미 새로 두 명의 친구를 사귄 상태였다.

그 집에서 나오자 제이는 내게 보여주기로 약속한 또 다른 집으로 갔다. 집주인과 그의 아버지는 실내에서 전기 공사를 하고 있었는데, 우리를 보자 하던 일을 멈추고 집을 구경시켜주었다. 나는 이날 이웃에 대한 제이의 관심과 친절에 크게 감동받았다. 그래서 제이의 집에 도착했을 때는 그와 친하다고 생각되는 이웃 전부를 만났다는 생각이 들었다.

제이의 집에 도착했을 때 그의 아내는 외출했다가 막 돌아온 상태였다. 제이보다 20살 정도 어린 메리는 늘씬한 데다 경영학 학위가 있으며, 뛰어난 유머 감각까지 갖춘 매우 호감이 가는 사람이다. 그에 비해 제이는 뒤꿈치를 들고 서야 겨우 평균 신장으로 보이며, 양어깨가 떡 벌어진 뚱뚱한 몸집이다. 메리는 제이를 존경할 만한 사람이라고 생각했지만, 외모로는 전혀 매력을 느끼지 못했다. 하지만 그녀 또한 제이의 성향에 쉽게 마음이 끌렸다. 메리는 제이가 이혼한 후 친구들과 자주 들른 식당에서 관리인으로 일했는데, 그가 항상 웃는 얼굴인 데다 함께 식당에 오는 사람들이 대부분 저녁 시간을 화기애애하게 보냈기 때문에 관심이 갔다. 그녀는 남자 친구에게서 러브레터가 오면 그의 마음을 파악하기 위해 편지를 봐달라고 할 만큼 제이와 편한 사이가 됐다.

제이는 천부적으로 낙천적인 성향의 사람으로, 환경에 영향을 거의 받지 않으며 언제나 좋은 기분을 유지한다. 역경을 이겨내는 그의 정서적인 회복력은 자연스럽고 항상 일정하다.

그런데 제이의 낙관적인 태도가 느리고 지속적으로 진행된 척삭종으로 인해 심각한 시험을 받게 되었다. 중요한 신경이나 혈관을 건드리지 않고 종양을 완전히 제거하는 게 불가능했기에, 제이는 수술에서 회복된 뒤에도 방사선 치료를 열심히 받아야 했다. 그렇게 힘든 치료 과정을 마쳤음에도 척삭종에 대해 예측할 수 있는 건 아무것도 없었다. 그것이 얼마나 빠른 속도로 자랄지, 신체의 어떤 중요한 기능에 손상을 입힐지 그 누구도 예측할 수 없었다. 그래서 그는 증권 중개사 일을 계속하고, 가능하면 아내와 많은 시간을 보내야겠다고 생각했다.

그러나 종양은 곧 재발되었다. 몇 달 후, 척삭종이 척수에서 시작되는 지각 신경의 주위를 감싸 격렬한 통증이 시작되었다. 어떤 때는 통증이 멈추지 않고 지속되었다. 마치 달궈진 불 위에 손을 올려놓은 것처럼 오른손 안쪽에서부터 타는 듯한 뜨거움이 느껴졌고, 자세를 왼쪽으로 돌릴 때마다 오른쪽 어깨가 심하게 아팠다. 어쩌다가 무심코 몸을 움직일 때도 한 쪽 팔에 전기 충격을 가하는 것 같은 통증이 느껴졌다. 종양은 제이의 교감 신경에까지 침투해 왼쪽 눈이 아래로 처졌고 눈동자는 초점을 잃었으며, 얼굴 반쪽은 놀란 표정처럼, 다른 반쪽은 졸린 표정처럼 일그러졌다. 또한 운동 신경까지 손상되어 근육이 서서히 파괴되었고, 오른팔의 기력이 약해졌다. 제이는 공포에 휩싸였다. 강한 의지력으로 통증을 무시하거나 최소화할 수도 있지만, 의지력만으로 약해진 기력이나 신체 손상을 감당하는 것은 무리였다.

결국 그는 담당 신경외과 의사에게 전화를 걸어 증상에 대해 설명했다. 의사는 제이가 오랫동안 참았다가 전화한 것에 대해 심하게 질책하며, 종양 조직을 제거하는 수술을 다음 날 다시 했다. 두 번째 수술로 통증은 가라앉았지만, 기력은 여전히 회복되지 않았다. 그러자 제이는 오른손의 근육을 강화하기 위해 주머니 속에 부드러운 공을 넣고 다니며 주물렀다. 그리고 의사에게서 호되게 질책을 들은 뒤부터는 상담하는 것을 절대 미루지 않았다. 한 가지 안타까운 사실은, 제이에게는 그동안 말기 종양으로 인해 야기된 여러 증상에 대해 의사들과 상담할 수 있는 기회가 충분히 있었는데 그것을 놓친 것이다.

제이는 10년 이상을 척삭종으로 고생했으며, 지금까지 열한 차례나 신경외과 수술을 받았다. 그에게 병과의 싸움은 이제 하나의 주기가 되었다. 수술을 받기 위해 병원에 입원했다가 집으로 돌아가 잠시 회복되면, 다른 새로운 증상이 나타나 의사에게 보고하는 과정이 주기적으로 일어났다. 의사는 통증 완화에 도움이 되는 마취약을 사용하면서, 수술해야 할 상황이 될 때까지 상태를 모니터로 체크했다. 그러다가 때가 되면 제이는 다시 외과 수술을 받기 위해 펜실베이니아 대학교로 가는데, 세 번째 수술을 성공적으로 마친 데 큰 역할을 한 마취 전문의는 그때마다 지난번에 사용한 것과 동일한 마취제를 쓰겠다며 그를 안심시켰다.

제이 슈라이너의 대처법

제이는 통증과 외형 변화, 마비 현상에 어떻게 대처했을까? 종양으로 인해 수명이 단축되고, 수십 년을 메리와 함께 보내기로 계획했던 것이 수포로 돌아간 것에 어떤 자세로 임했을까?

나는 제이와 함께 시간을 보내면서 그가 행복한 이유 몇 가지를 알 수 있었다. 어떤 면에서는 제이의 절망적인 상황이 그가 어려움을 극복하는 데 오히려 유리하게 작용했다고 생각한다.

그 혹독한 시련이 처음 시작됐을 때, 제이는 척삭종으로 인해 2~3년, 짧게는 2~3개월 안에 죽을지도 모른다고 생각했다. 만약 10년 전에 그들에게 물었다면 제이가 오랫동안 살 거라고 가정하여 앞으로의 계획을 강조했을 것이다. 하지만 이제는 제이가 10년 이상 살 거라고 믿지 않았다. 그래서 두 사람은 많은 시간을 함께 보내려고 노력했다. 제이의 종양이 언제라도 신체의 중요한 부분에 침투할 수 있다는 사실을 아는 그들은 마치 시간을 누군가에게서 잠시 빌려오기라도 한 것 같은 절박함을 느꼈다.

제이는 메리와 함께 시간을 보내기 위해 조기 퇴직할 만큼 물질적인 손실을 기꺼이 감수했다. 그리고 깊은 신앙과 자녀들의 도움 역시 회복력에 큰 도움이 되었다.

그러나 이러한 요인들이 제이의 회복력에 기여했다고 확신할 수는 없다. 나는 제이가 행복한 이유가 메리 때문인지, 신앙 때문인지, 통장에 있는 돈 때문인지 확실히 알 수가 없다. 그러나 한 가지 분명한 사실은 사회적, 영적, 재정적인 요소가 많은 사람들에게 큰 도움이 된다는 것이다.

따라서 앞으로 다루게 될 주제들을 통해 사람들이 역경을 물리치는 데 도움이 되는 여러 가지 요인에 대해 살펴보고자 한다. 그러나 어떤 것이 대부분의 사람들에게 옳다고 해서, 그것이 모든 사람에게 적용되는 것은 아니다. 신앙이 사람들의 회복력에 효과가 있는 것은 사실이지만, 누구에게나 적용되는 것은 아니다.

그래서 나는 만약 메리가 없었다 해도 다른 친구나 친척들이 그녀의 자리를 채워줬을 거라고 생각한다. 또한 제이에게 돈이나 신앙이 없었다 해도, 어려움을 극복할 수 있는 다른 방법을 찾았을 거라고 생각한다. 이것은 제이가 환경의 영향을 받지 않는 사람이라는 것을 의미하는 게 아니다. 낙천적인 성향인 제이가 환경에 쉽게 굴복했을지에 대해 갖는 의문이다. 그는 불행에 빠지는 것을 방치할 성격이 아니기 때문이다.

본성, 교육, 성향

제이 슈라이너의 예를 통해 볼 수 있는 것처럼, 환경과 행복의 관계는 사람의 태도와 성향에 의해 좌우될 수 있다. 제이와 똑같은 상황에 처한 사람들 중에는 다른 사람과 대화도 하지 않으며 인생의 남은 마지막 몇 달 또는 몇 년을 불평만 하며 보내는 사람도 있을 것이다. 그러나 제이는 고통과 장애에도 불구하고 대부분의 건강한 사람들보다도 더 행복한 나날을 보냈다.

하지만 제이의 이야기만으로는 천성적으로 행복한 사람과 불행한 사람의 차이에 대한 원인을 알 수 없다. 그것은 낙천주의자와 염세주의자, 외향적인 사람과 내향적인 사람이 있는 이유를 설명해주지 못한다. 인생의 초기 환경이 인간의 성향적인 특징을 형성할까, 아니면 DNA가 사람의 성향을 좌우할까?

영화 '대역전(Trading places)'에는 돈 많고 나이가 지긋한 두 남자가 클럽 라운지에 앉아 인생을 결정하는 것이 유전적인 원인인지, 환경적인 원인인지에 대해 토론하는 장면이 나온다. 그들은 논쟁에 대한 해답을 얻기 위해, 거리에서 구걸하는 거지 에디 머피와 부자로 태어나 돈 많은 증권 투자가가 된 댄 애크로이드의 처지를 서로 바꾼다. 영화 속의 에디 머피는 2~3주면 어떤 일이든 숙달할 수 있는 사람이었다. 그러나 학자들은 이 영화를 본성과 교육 사이의 관계에 대한 논쟁을 해결해주는 증거로 인정하지 않았다. 그래서 본성과 교육에 대한 뜨거운 논쟁은 계속되고 있다.

이러한 논쟁은 극단적인 입장을 고수하는 사람들 때문에 결론이 나지 않는, 순전히 소모적인 것이 될 수 있다. 어떤 견해는 인간을 자유 의지가 없는 물리 법칙의 노예로 간주한다. 이러한 주장은 창의성은 헛된 망상이며 윤리는 시간 낭비라고 여기는데, 인간은 창의성과 도덕성이 있는 존재로 규정되었다는 점에서 설득력이 없다.

또 다른 극단적인 견해는 인간을 환경의 산물로 보는 것이다. 이 이론에 의하면, 소년이 소녀에 비해 거친 것을 좋아하는 이유는 테스토스테론이 그들의 두뇌 발달에 영향을 주거나 성장해가면서 남자와 여자 사이에 관심사가 달라지기 때문이 아니라, 성장기 때 부모를 포함한 모든 사람에게서 다르게 대우받기 때문이다. 이러한 사고는 자녀를 개방적이고 성적 구별이 없는 사람으로 키우기 위해 최선을 다했으나 아들은 남성적인 것만을, 딸은 여성적인 것만을 좋아하는 것을 알게 된 부모들에게 큰 실망감을 줄 수 있다.

만약에 내가 여기에서 두 가지 극단적인 견해의 중간 입장을 취한다면, 매우 진부한 이론이 될 것이다. 정작 문제는 중간 입장을 어떻게 설정하느냐 하는 것이다. 인간의 성향 중에서 태어날 때부터 정해지는 것은 어느 정도이며, 2살 때까지, 그리고 그 후에 변화 가능한 것은 얼마나 될까? 2살이 되면 장차 행복 지수가 높게 나타날 사람이 명확히 드러날까? 초등학교 6학년 때 불행한 학생은 성인이 돼서도 계속 불행할까? 만약에 당신이 운전면허를 딸 나이가 됐는데도 행복하지 못하다면, 행복을 추구하는 데 어떤 문제가 있는 것일까? 성향과 행복 지수 사이의 관계에서 이 질문들은 매우 중요하다.

일란성 쌍둥이의 행복 지수

일란성 쌍둥이의 행복 지수에 대한 연구는 위의 질문들에 대한 해답을 찾는 한 가지 방법이 될 수 있다. 일란성 쌍둥이는 수정된 난

자가 둘로 나뉘어 거의 동일한 DNA를 가진 두 사람이 태어나는 것이다. 행복 지수와 개인의 성향이 유전적인 원인에 기인한다면, 일란성 쌍둥이는 기질과 성향이 서로 비슷해야 한다.

실제로도 그렇다. 함께 자란 일란성 쌍둥이는 행복 지수가 매우 비슷하다. 쌍둥이 중 한 사람의 행복 지수가 대부분의 시간 동안 높으면, 다른 사람도 그렇다. 이러한 유사성이 행복 지수가 유전적인 요인에서 기인한다는 것을 입증할까?

그렇지는 않다. 일란성 쌍둥이가 기질적인 면에서 비슷한 현상을 보이는 이유는 그들이 성장기 때 똑같은 환경에서 비슷한 양육 과정을 경험하기 때문이다. 즉, 같은 학교와 동일한 이웃, 똑같이 엄격하거나 관대한 부모 밑에서 자라기 때문이다.

그렇다면 같은 환경에서 자란 일란성 쌍둥이의 행복 지수가 다른 형제들의 행복 지수보다 더 비슷하다면 어떨까? 그것은 유전적인 요인이 성향에 영향을 준다는 것을 뜻할까?

그렇지만은 않다. 일란성 쌍둥이에게서 비슷한 현상이 나타나는 이유는 그들이 특별한 조건에서 자라기 때문이다. 쌍둥이는 같은 시각에 출생하는데, 이것은 그들의 성장에 영향을 줄 수 있는 중요한 잠재적인 요소가 된다.

첫 번째 아이는 다음에 태어나는 아이들이 거의 받지 못하는 관심을 1년 혹은 그 이상 동안 집중적으로 받는다. 나중에 태어나는 아이는 성장기 때 손위 형제들과의 사이에서 첫 번째 자녀가 겪지 못한 관계를 경험하게 된다. 그러므로 시간적인 동시 성장은 일란성 쌍둥이가 비슷한 성향을 보이는 원인이 될 수 있다.

또한 쌍둥이는 대부분의 다른 형제들은 경험하지 못하는, 그들이 똑같은 행동을 하도록 만드는 특수한 상황에 놓인다. 수유기 때 어머니는 두 아이에게 동시에 젖을 먹여야 한다. 게다가 쌍둥이는 모든 것을 함께 나눠야 한다. 그래서 일란성 쌍둥이와 다른 형제들을 비교하는 것은, 사람의 행동에서 DNA의 역할을 이해하는 데 도움이 되지 않는다.

이번에는 똑같은 환경에서 자란 일란성 쌍둥이와 이란성 쌍둥이를 비교했는데, 일란성 쌍둥이의 행복 지수가 이란성 쌍둥이의 행복 지수보다 더 비슷하다는 사실이 밝혀졌다고 가정하자. 그렇다면 유전적인 요인이 사람의 행복에 영향을 준다는 증거를 발견한 걸까?

꼭 그렇지만은 않다. 부모들이 일란성 쌍둥이를 이란성 쌍둥이와 다른 방식으로 키울 수도 있기 때문이다. 일란성 쌍둥이를 둔 부모는 그들을 똑같이 키우는 경향이 있다. 예를 들면, 똑같은 옷을 입힌다든가 해서 말이다. 일란성 쌍둥이의 부모는 아이들이 같은 성향을 갖고 있다고 추측하는데, 그런 추측이 자녀 양육 방법에 영향을 준다. 만약 유전적인 요인이 사람의 성향에 상대적으로 미치는 영향에 대해 알기를 원한다면, 같은 환경에서 자란 일란성, 이란성 쌍둥이를 서로 떨어져서 자란 일란성, 이란성 쌍둥이와 비교해볼 필요가 있다.

그 결과는 어땠을까?

일란성 쌍둥이의 한 쪽이 부정적인 기질의 사람일 경우, 다른 한

쪽도 같은 가정환경에서 자랐는지의 여부와 상관없이 부정적인 사람일 가능성이 높다. 개인의 성향과 관련해서도 마찬가지다. 즉, 당신의 일란성 쌍둥이가 외향적일 경우, 당신이 태어나자마자 부모와 떨어져 공동체 기관에서 자랐다 할지라도 외향적일 가능성이 높다.

전문가들에 의하면, 사람들에게서 나타나는 다양한 행복 지수 중 50퍼센트가 유전적 요인에 의해 설명이 가능한 반면, 가정환경적인 원인은 20퍼센트에 불과한 것으로 추론된다. 그들이 정상적인 부모 밑에서 자랐든 아니든 말이다. 그런데 이러한 수치는 성향적인 특징에 있어서도 그대로 나타난다. 즉, 당신의 자녀가 활달하고 외향적이라면, 당신이 부모의 역할을 잘했기 때문이 아니라 타고난 DNA 때문일 가능성이 높다.

당부의 말

이러한 유전적인 결정론이 부담스러운가?

그렇게 생각할 필요는 없다. 삶을 불행에서 행복으로 반전시킨 사람들도 있기 때문이다. 사실 50퍼센트란 수치는 평균을 나타내는 것으로, 유전적인 요인 때문에 행복 지수에 영향을 받지 않는 사람이 50퍼센트나 된다는 것을 상기시켜준다.

행복과 불행, 나태와 근면은 처음부터 결정되는 것이 아니다. 인간은 유전적인 요인에 의해 특정하게 행동하고 생각하는 성향을 갖고 태어나지만, 그것들은 얼마든지 극복할 수 있다. 일란성 쌍둥이 중 한 사람이 다른 사람보다 훨씬 더 행복하다고 느끼는 것은 이러한 사실을 입증해준다.

또한 부모로서 한 모든 역할이 자녀의 미래를 형성하는 데 20퍼센트밖에 영향을 주지 못한다는 것 때문에 아쉬워해서도 안 된다. 20퍼센트란 수치는 가정환경이 자녀의 행복 지수에 미치는 평균적인 영향을 말하며, 부모의 자녀 양육 방식에 차이가 거의 없는 사회에서 나타난다. 부모들 중에는 엄격한 사람도 있고 자녀와 많은 시간을 함께 보내는 사람도 있지만, 이러한 차이점이 행복한 자녀를 불행하게 만들거나 외향적인 자녀를 내향적으로 변화시킬 만큼 큰 영향을 주는 경우는 거의 없다. 그러나 양육 방법이 자녀의 관심사나 신념, 종교의 선택 등 많은 방면에 걸쳐 영향을 주는 것은 사실이다. 천주교 신자인 부모 밑에서 자란 자녀가 성인이 되어 천주교 신자가 되는 이유는 천주교적인 유전자를 갖고 태어났기 때문이 아니다.

그러나 흔치 않게 부모의 양육 방식이 자녀의 성향과 기질 형성에 큰 영향을 미치는 경우도 있다. 예를 들어 부모가 하루 18시간 동안 다락에 가두어놓는다면 자녀는 유전적인 요인에 상관없이 불행한 어른으로 자란다. 이처럼 행복한 DNA를 가진 자녀라도 환경적인 요인에 의해 굴복될 수 있다.

쌍둥이에 관한 연구를 통해 밝힌 결과에는 내가 빌스키 효과(The Bilski effect)라고 부르는 것 또한 고려되지 않았다. 나는 고등학생 때 일란성 쌍둥이로 키가 크고 잘 생겼으며 똑똑한 짐 빌스키, 데이브 빌스키 형제와 축구를 했다. 빌스키 형제는 뛰어난 축구 선수였고, 여학생들에게 매우 인기 있었으며, 언제나 낙천적이었다. 빌스키 형제는 서로 다른 환경에서 자랐더라도 둘 다 지성과 운동 능력을 겸비했을 것이다. 그리고 낙천적인 기질을 갖고 태어난 그들은 행복 지수도 똑같이 높았을 것이다.

빌스키 효과를 이해하기 위해서는, 빌스키 형제 중 하나가 키가 크고 강한 것이 멋있는 외모로 간주되지 않는 문화에서 자라, 오히려 이상한 사람으로 여겨져 따돌림을 당했다고 상상하는 것이 요구된다. 만약 그랬다면 그런 행복 지수를 계속 보여줬을 거라고 확신할 수 없다. 즉, 쌍둥이에 대한 연구가 말하는 50퍼센트란 수치는 대부분의 쌍둥이들이 같은 환경에서 공유하는 부분들을 고려하지 않은 것이며, 그들이 서로 다른 가정환경에서 자랐을 때도 그건 마찬가지다. 그러나 유전적인 요인에 의한 지성이나 뛰어난 외모, 운동 능력은 다른 사람들이 그를 대하는 방법에 영향을 준다. 그러므로 DNA가 인간의 행복 지수나 성향에 끼치는 영향력에 대한 수치는 50퍼센트를 훨씬 밑돌 것이다.

우리가 알아야 할 불변의 진리 중 하나는 인생이 불공평하다는 것이며, 그중 가장 큰 요소가 DNA라는 사실이다. 따라서 유전적으로 행복하고 지적이며 낙천적이고 사교적인 사람이 있는가 하면, 그와 정반대인 사람도 있다.

제이 슈라이너의 삶을 통해 본 것처럼 사람의 성향은 극단적인 환경을 극복할 수 있게 한다. 고통이나 장애는 우리를 불행하게 만드는 원인이 될 수 없다. 그러나 제이의 이야기는 어떤 상황이든 독립적으로 존재하지 않는다는 사실 또한 상기시켜준다.

척삭종 환자에게도 살아야 할 이유는 있다. 나는 앞에서 제이가 행복한 이유가 재산이나 신앙 혹은 헌신적인 두 번째 아내 덕분이라고는 하지 않았다. 그러나 만약 이런 것들이 없다면, 아마 제이는 환경에 쉽게 굴복했을 것이다.

인간은 환경을 극복할 수 있으며, DNA에 갇힌 존재가 아니다. 역경에 직면했을 때 다른 사람을 통해 자신의 DNA를 바꿀 수는 없다. 어려운 상황을 극복하고 정서적인 회복력을 되찾기 위해, 자신의 경제적, 영적, 지적 그리고 사교적인 능력을 모두 동원해야 할 때도 있다.

지금까지 우리는 유전적인 요인이 사람의 정서에서 차지하는 중요한 역할에 대해 살펴보았다. 앞으로는 어려운 문제들을 극복하기 위해 자신의 능력을 극대화하는 데 활용할 수 있는 비유전적인 요소들에 대해 살펴보려고 한다.

역경에 대한 대응

객관적으로 봤을 때 불행한 사람이 다른 사람보다 행복해하는 역설적인 상황이 나타나는 이유는, 그들이 자신에게 일어날 수 있었던 더 불행한 상황에 생각의 초점을 두기 때문이다.

그렉 휴즈는 혼수상태에서 깨어난 지 몇 주가 지나도 두 다리를 잃은 것에 좌절하지 않았고, 오히려 정서적으로 더 안정되었다. 문병 온 친구와 친척들은 그를 측은하게 바라보았지만, 그렉은 그들을 안심시켰다. 그는 좌절하지 않고 꿋꿋하고 지혜롭게 살아가는 길을 택했다.

그렉의 빠른 회복력의 비결은 무엇이었을까? 앞 장의 이론에 기초했을 때 그렉이 행복할 수 있었던 이유는 긍정적인 성향의 DNA를 갖고 태어났기 때문이라고 할 수 있다.

하지만 DNA가 유리하게 작용한 게 분명하다 해도, 그것만으로는 그렉이 빨리 행복을 되찾은 비결을 설명할 수 없다. 또한 그렉의 회복력을 심리적인 면역 체계 때문이라고 생각해서도 안 된다.

만약 심리적인 면역 체계가 구체적인 형체를 가진 것이라면, 과학자들이 그것의 기능에 대한 비밀들을 밝혀냈을 것이다. 과학자들은 면역 체계를 통해 백혈구가 외부의 항원에 대항해 항체를 생산해 낸다는 사실을 발견했다. 또한 항체의 화학적 구조에 대한 연구를 통해 항체가 어떻게 항원을 소멸시키는지 보여주었다.

오늘날까지 심리적인 면역 체계에 대한 이해가 전무한 주된 이유는 환경적인 원인으로 야기되는 정서와 관련된 항원과 싸워서 물리칠 수 있는 정서적인 항체가 없기 때문이다. 심리적인 면역 체계처럼 눈에 보이지 않는 것은, 외적인 요인만으로는 어려운 환경을 극복할 수 없다는 것에 대한 좋은 증거가 된다.

우리는 뇌의 어떤 신경 단위가 행복을 발견하는 사고를 자극하는지 모른다. 또한 어떤 사람에게 나타나는, 다른 사람보다 마음의 상처에서 속히 회복되도록 작용하는 화학적 연쇄반응을 이해하지 못한다. 그러므로 그렉 휴즈의 긍정적인 DNA는 그가 가진 훌륭한 인생관의 원인이 아니다.

DNA는 행복의 직접적인 원인이 아니며, 간접적인 영향만 줄 뿐이다. 유전 암호를 지정하고, 사람의 성격과 기질에 자극을 주어 뇌의 전달 작용에 영향을 미치는 단백질을 통해서 말이다. 그러나 아직까지 사람으로 하여금 행복을 발견하게 만드는 세포 활동을 일으키는 단백질을 지정하는 DNA 조직이 어떤 것인지 밝혀내지 못했다. 하지만 우리가 행동을 이해하기 위해 뇌세포와 분자의 역할을 반드시 알아야 하는 것은 아니다.

사람의 정서에 대해 보다 깊은 통찰력을 얻기 위해서 세포와 분자에 대한 상세한 설명이 필요한 경우도 있다. 예를 들어 당신이 맨발로 숲 속을 돌아다니다 날카로운 조각을 밟았다고 하자. 당신은 아파서 소리를 지르며 파편 조각을 제거한 다음, 발을 주무르고는 차에서 신발을 꺼낼 것이다. 이때 과학자들이 당신의 행동을 설명하기 위해 시도할 수 있는 것에는 여러 단계가 있다. 과학자들은 파편 조각으로 초래된 화학적인 과정에 대해 설명하면서 신경 생리학적인 통증에 초점을 둘 수 있을 것이다. 또는 DNA가 어떻게 통증 신경 단위와 통증 섬유질을 대뇌 피질의 정확한 부위에 연결시켜주는 기전(起電)을 일으켰는지 설명할 수 있을 것이다.

그러나 신경 단위 단계든 DNA 단계든, 과학자들은 당신이 다치고 나서 한 행동의 이유를 밝히기 위해 최선을 다했을까? 당신이 상처 부위를 청결하게 관리하고, 상처가 더 이상 깊어지지 않게 예방하고 싶다고 말했다면 행동에 대한 설명이 훨씬 더 쉽지 않았을까?

과학자들은 인간의 행동을 모든 단계에서 이해하길 원한다. 그러나 복잡한 활동에 대한 세부적인 분석이 우리가 일회용 밴드를 붙이는 것과 같은 단순한 결정을 좀더 효과적으로 하는 데 도움이 된다는 증거는 없다.

나는 똑같은 이유에서, DNA의 어떤 부분이 그렉의 회복력을 높이는 단백질을 생성시켰는지를 쉽게 알아낼 거라 생각하지 않는다. 또한 그런 지식이 내가 그렉의 태도를 이해하는 데 도움이 되리라고 기대하지도 않는다. 그러나 다른 측면에서 최소한의 시도를 하는 것은 얼마든지 가능하다.

나는 의과대학을 다닌 지 3년째가 되던 해에 두 달 동안 재활 병원에서 일하며 재활의 도전적인 면에 대해 처음 알게 되었다. 나는 물리 치료사들이 친절한 말로 환자를 격려하고 부드럽게 마사지하며 상처 부위를 닦아주고 운동을 시키는 아늑한 장소를 상상하며 병원에 도착했다. 그러나 재활 병원이 군대의 신병 훈련소와 매우 흡사하다는 사실을 알게 되었다.

그렉은 하루 평균 6시간씩 재활 치료를 받았다. 물리 치료를 받는 것은 부드럽게 마사지를 받거나, 기분 좋게 느껴지는 시간이 아니었다. 그렉은 두 다리가 없는 상태에서 스스로 생활하는 법을 익히기 위해 배워야 할 것이 많았다. 무엇보다도 팔의 힘을 길러야 했는데, 2주 반 동안 혼수상태로 있으면서 팔이 매우 쇠약해졌기 때문이다. 막 의식을 회복했을 때는 혼자서 머리조차 빗을 수 없었다.

그렉이 독립적인 삶을 살기 위해서는 스스로 침대에서 나와 휠체어를 탈 수 있을 만큼 팔의 힘을 강화시킬 필요가 있었다. 그 외에도 스스로 몸을 움직이기 위해 다른 동작들을 익혀야 했다. 의자에서 침대로 몸을 옮긴다거나, 의자에 앉았다가 화장실에 간다거나, 트럭이 있는 곳으로 가는 동작 등이었다. 물리 치료사들은 그렉이 힘든 기술들을 익히도록 돕는 데 많은 시간을 바쳤다. 그들은 그렉이 한가지 기술을 익힐 때마다 격려의 박수를 쳐주고는 쉴 틈도 없이 다음에 해야 할 것을 알려주었다.

두 다리의 상처 부위를 청결하게 관리하는 치료도 매일 해야 했다. 또한 혼자서 옷을 갈아입는 것과 같은 기술을 익히는 작업 요법에도 시간을 들였다. 그는 식사와 수면 시간, 친구나 가족들과 대화하는 시간을 제외하고는 모든 시간을 물리 치료와 상처 관리, 작업 요법을 하는데 바쳤다.

그렉은 새로운 장애를 신체적으로 극복하는 법을 배우기 위해 모든 정신적인 힘을 동원해 힘든 하루하루를 이겨냈다.

역경을 극복하기 위한 능력 동원하기

앞에서 언급한 사건으로 돌아가도록 하자. 날카로운 조각으로 인한 통증은 당신의 혈류 속에 아드레날린과 코르티솔 같은 스트레스 호르몬을 생성시키므로 심장 박동수와 혈압 상승을 야기한다. 이러한 스트레스 호르몬은 일시적인 소화 장애와 배변 장애를 초래하고,

면역 체계의 기능 장애를 가져올 수도 있다. 당신은 이처럼 치명적인 생리 기능의 저하를 막기 위해 모든 능력을 동원할 것이다. 통증을 이겨내기 위해 온 신경을 써서 다리에 상처가 난 이유를 알아볼 것이다. 당신이 발에서 조각을 제거한 후 상처 난 부위를 씻어낼 때야 비로소 스트레스 호르몬의 수치가 정상으로 돌아올 것이다. 당신은 신발을 신고 나서도 더 이상 날카로운 조각이 없는지 세심한 주의를 기울일 것이다.

사람은 불행한 일을 당하면 사태를 극복하기 위해 자신이 가진 모든 능력을 동원한다. 당면한 사태를 개선시키고 유사한 상황의 재발을 막기 위해 온 관심을 다 쏟는다.

부정적인 정서는 적극적인 행동을 요구한다. 사람은 배가 고프면 먹을 것을 찾는다. 분노를 느끼면 상대방의 머리채를 잡아뜯거나, 분한 감정을 떨쳐버리기 위해 할 수 있는 모든 방법을 생각해낸다. 하지만 긍정적인 정서는 집중력과 열정적인 행동을 유발하는 일이 거의 없다. 행복을 느낄 때는 그 이유에 대해 궁금해하거나 덜 행복해질 수 있는 방법을 생각하지 않고 그저 즐기기만 한다.

이것은 매우 중요한 사실이다. 부정적인 정서는 우리에게 각별한 주의를 요구한다. 여러 사람이 함께 찍은 사진을 보면 누구나 행복한 표정이 아니라 화난 표정에 먼저 주의를 기울인다. 인간에게는 자신을 위협하는 것을 경계하고 반응하는 본능이 있다. 예를 들면, 사람들은 남을 평가할 때 부정적인 정보에 더 많은 주의를 기울인다. 그리고 위험한 상황을 생각할 때는 비슷한 수준의 이익을 누리는 것보다 손실을 피하는 것에 더 많은 관심을 기울인다. 사람이 부정적인 것에 세심한 주의를 기울이는 이유는, 인식 능력을 동원해 고통스런 감정을 떨쳐버리기 위해서이다.

사람들은 부정적인 것에 주의를 집중시킨 후에 때때로 그것을 효과적으로 다루는 데 유용한 비판적인 사고를 한다. 기분이 좋지 않을 때는 기분이 좋을 때보다 부정적인 사건에 대한 정보를 더 철저하게 탐구하며, 원인을 규명하는 데도 매우 비판적인 평가를 한다. 또한 나쁜 감정이 재발되는 것을 사전에 피하기 위해 방법을 찾아내려고 노력한다. 날카로운 조각을 밟아서 생긴 통증 때문에 많은 주의를 기울이는 것처럼, 고통스런 감정은 사람이 그 상황을 피하기 위해 노력하는 계기가 된다.

많은 운동선수들이 경기에 이겼을 때의 기쁨보다 졌을 때의 고통이 더 크다고 말한다. 이처럼 부정적인 정서는 유익한 동기 부여가 될 수도 있다.

나쁜 일이 일어났을 때

부정적인 것에 대처하기 위해 생리적이고 인식적인 능력을 동원할 때, 의식에는 일대 변화가 일어난다. 인간에게는 주의를 집중해 이러한 위협에 반응하고 모든 생리적인 능력을 동원하는 깃이 필요할 때가 있다. 그럴 때는 맞서 싸우든가 아니면 피해야 한다. 즉각적이고 분명한 조치를 취해야 한다.

그렉의 경우, 안 좋은 사건에 대응하기 위해 모든 능력을 기울인 것이 긍정적인 결과를 가져다주었다. 그는 중환자실 병동에 있을 때 생명을 위협하는 감염을 물리치기 위해 피나는 노력을 했다. 그 후에도 수술을 받을 때마다 생긴 상처를 회복시키기 위해 그런 노력을 기울였다. 혈압을 정상적으로 유지하고 기력을 회복하기 위해서는 몸에서 생산할 수 있는 모든 종류의 스트레스 호르몬이 필요했다.

그렉은 혼수상태에서 깨어났을 때 쇠약해진 몸을 회복시키기 위해 필요한 정신력을 발휘할 수 있었다. 하지만 그렉의 신체적인 재활은 하루 이틀 사이에 끝낼 수 있는 것이 아니었다. 그에게는 몇 달에 걸친 험난한 훈련이 필요했다. 재활 훈련을 마친 그렉은 두 다리를 잃은 것 때문에 받는 신체적인 도전과 가는 곳마다 불가피하게 따라다니는 차별에서 초래되는 심리적인 도전을 평생 감수해야 했다. 그렇다면 그렉의 남은 생애는 어떻게 될까? 사람의 몸에 장기간 스트레스 호르몬이 생성된다면 어떤 현상이 나타날까?

장기간의 긴장 상태로 인한 대가

극도의 긴장 상태가 지속되는 것은 건강에 해롭다. 스트레스 호르몬은 면역 체계를 억제하므로 단기간 동안 긴급하게 필요한 생리적 요소를 공급하는 데는 유익하지만 장기적으로 생성되면 위험하다. 또한 사자 같은 맹수를 만나 도망칠 때는 단시간 내에 혈압과 심박수를 상승시켜 놀라운 행동을 하게 하지만, 심장 발작과 뇌졸중을 조심해야 하는 경우에는 치명적일 수도 있다. 실제로 만성적인 스트레스에 시달리고 있는 사람은 심장병을 비롯해 우울증, 류마티스 관절염, 당뇨병, 위궤양 같은 여러 가지 질병에 걸리기 쉽다.

건강 전문가들은 스트레스와 건강, 마음과 몸 사이의 관계를 규명하지 못했다. 위궤양을 예로 들어보자. 대부분의 질병에 대한 과학적인 근거가 밝혀지기 전에는, 대다수의 내과 의사들이 위궤양과 그와 유사한 질병들, 십이지장 궤양의 원인이 스트레스 때문이라고 쉽게 말했다. 그러나 1970년대와 80년대에 이르러 의사들은 소화기관의 생리에 대해 더 많은 것을 발견해냈다. 그들은 위에서 음식물의 소화를 돕기 위해 많은 양의 산을 분비한다는 사실을 알게 되었다. 그리고 위산의 분비를 억제함으로써 위궤양을 예방하거나 치료할 수 있는 타가메트와 프릴로섹 같은 약을 개발했다.

그러나 이처럼 신기원을 이룬 위궤양 치료제에 치명적인 맹점들이 나타나기 시작했다. 약들은 환자의 염증 치료에 탁월한 효과를 보였지만, 복용을 중단하는 순간 대부분 염증이 재발했다. 전문가들은 환자들이 약 복용을 중단하는 순간에 단순히 높은 위산만이 분비되는지의 여부가 궁금했다. 하지만 환자의 위산 수치를 측정했을 때, 대부분의 환자들에게선 비정상적일 정도로 많은 위산이 분비되지 않는다는 사실을 발견했다. 다만 환자들의 위가 위산을 분비할 가능성이 매우 높다는 사실이 밝혀졌다. 그 이유는 무엇일까?

그 무렵, 위장병에 대한 학술 대회에서 위궤양의 주된 원인은 새롭게 발견된 박테리아라고 확신하는 어느 내과 의사에 관한 이야기가 나돌기 시작했다. 그는 그것을 헬리코박터 파일로리(Helicobacter pylori)라고 명명했으며, 의사들은 그것이 위궤양에 걸린 위 속에 숨어 있다는 사실을 몰랐다고 주장했다. 그의 새로운 주장에 대해 그때까지 위산을 염증의 원인으로 확신했던 내과 의사들은 많은 의구심을 가졌다. 자신의 분야에 대한 타당성이 있는 이론을 갖고 있기에 새로운 이론에 배타적이었던 것이다. 어떤 의사들은 새로운 박테리아가 위궤양을 일으키기보다는 염증이 발생한 후에 환자의 위에서 자라게 되는 게 아니냐는 매우 그럴 듯한 추론을 했다. 박테리아가 궤양이 발생한 자리에서 자랄 거라는 뜻이었다.

　그러자 그 의사는 박테리아를 한 주전자나 마신 후에 심한 위궤양에 걸림으로써 자신의 이론이 사실이라는 것을 입증했다. 이러한 의학적인 업적은 마침내 인정을 받았고, 궤양이 위산 때문에 발병한다는 이론은 더 이상 인정받지 못하게 됐다. 위궤양의 원인이 스트레스 때문이라는 이론 역시 밀려났다. 궤양은 산의 억제제와 항생제로 치료해야지, 정서적인 만성 스트레스에 초점을 두어서는 안 된다는 결론이 났기 때문이다.

　그러나 이야기는 여기에서 끝나지 않는다. 의사들은 다른 사람보다 헬리코박터 파일로리에 쉽게 감염되는 사람이 있는 이유에 대해 의문을 품기 시작했다. 위궤양의 발병에 대한 스트레스 이론이 다시 고개를 들게 되었다. 만성적인 스트레스는 스트레스 호르몬의 상승 효과를 가져와 면역 체계를 떨어뜨림으로써 박테리아균에 쉽게 감염되게 한다는 것이다. 의사들은 스트레스가 위궤양의 발병 원인이 될 수 있다는 주장을 다시 받아들이게 되었다.

내과 의사들은 그 밖의 다른 많은 질병에 대해서도 다시 생각하기 시작했다. 사실 나는 심장 발작과 스트레스에 대한 이론이 짧은 기간 동안 완전히 바뀌는 것을 보았다. 1970년대 말, 내가 고등학생일 때만 해도 대부분의 의사들은 스트레스를 심장 발작의 원인으로 믿고, 심장병을 A형 행동(어느 베스트셀러 책에 의해 처음 사용된 명칭) 탓으로 돌렸다. 하지만 내가 의과대학에 입학한 1980년대 중반까지 A형의 행동이 정확한 원인이라는 사실을 어디에서도 찾아볼 수 없었다. 내 주위는 온통 A형 행동 양식을 가진 사람들뿐이었는데, 교과 과정 어디에서도 A형 행동 양식이 가진 문제점을 찾아볼 수 없었다. 다만 교수들에게 비만인 기업가들이 일찍 죽는 이유는 업무와 관련된 스트레스 때문이 아니라 비만이 원인이라는, 콜레스테롤의 유해성에 관한 강의를 들었을 뿐이다.

내가 의과대학을 졸업하기까지 약 10년에 걸쳐 콜레스테롤과 심장병 사이의 연관성이 분명하게 입증되었다. 여러 차례에 걸친 임상 실험은 콜레스테롤 치료약이 심장 발작의 위험성을 낮출 수 있다는 사실을 보여주었다. 그동안은 스트레스를 심장 발작의 원인으로 보았다.

만성 스트레스

스트레스를 가볍게 취급해서는 안 된다.

연구가들은 몇 가지 새로운 사실을 발견해냈다. 가정이나 직장에서 만성적인 스트레스에 시달리는 사람들은 심장병에 걸릴 확률이 높은데, 그것은 혈압이나 콜레스테롤 수치, 흡연, 운동 부족에 의한 것보다 훨씬 높다. 전문가들은 스트레스 호르몬이 지속적인 상승 상태에 있을 때 사람의 심장에 큰 무리가 간다는 사실을 알게 되었다. 흔치 않은 일이지만, 호르몬 수치의 지나친 상승으로 심장 파열 증후군이라 불리는 급성 심장마비를 일으키는 경우도 있다. 만성 스트레스는 심장에 혈액을 공급하는 소동맥에 자주 혈관 장애를 일으키므로, 관상동맥 계통의 질환을 초래하는 원인이 된다. 한마디로 건강에 매우 유해하다.

그렉 휴즈가 처음 병에 걸렸을 때는 몸을 회복시키는 데 스트레스 호르몬이 대단히 중요한 역할을 했다. 그러나 지금은 두 다리를 완전히 잃었기 때문에, 만약 그가 만성 스트레스 반응을 보인다면 스트레스 호르몬으로 인한 피해가 훨씬 크게 나타날 것이다. 그렇다면 그렉이 스트레스로 인해 분비되는 호르몬을 정상으로 유지하기 위해 할 수 있는 것은 무엇이었을까? 또 그가 정신적인 고통을 최소화하기 위해서 할 수 있는 일은 무엇이었을까?

다행히 그렉은 만성적인 스트레스 요인을 최초로 경험한 사람이 아니다. 가뭄이나 긴 겨울 혹은 친구들과의 경쟁 관계에서 겪는 갈

등을 경험한 사람들은 이미 있다. 스트레스 호르몬의 방출에 의존하지 않고도 만성적으로 부정적인 사건들에 대처하는 방법을 발견할 수 있었던 호모 에렉투스는, 그게 불가능했던 존재들에 비해 발전된 장점을 갖고 있었을 것이다.

낙천적인 사고

사람은 고통에 처하면 고통의 원인을 규명하고(나뭇조각이 통증의 원인이다), 고통의 원인을 제거하기 위한 방법을 찾아내며(조각을 빼내야지), 고통을 사전에 막을 수 있는 방법(다음부터는 꼭 신발을 신어야지)을 강구해내기 위해 모든 인지 능력을 동원한다. 동시에 즉각적인 통증의 완화를 위한 조치들을 한다.

사람이 능력을 동원해 행복한 삶을 되찾기 위해 노력하는 것은 당연하다. 전문가들에 의하면, 사람은 정신적인 고통에 처하면 그것을 최소화하기 위한 방법을 찾아낸다고 한다. 그들은 불행을 잊기 위해 친구와 대화를 하거나 즐거운 활동을 한다. 그러나 이런 것이 불가능할 때는 자신의 불행이 그렇게 심각한 것이 아니라고 스스로 위로할 방법을 찾는다. 예를 들어 상사에게서 핀잔을 들은 사원은 자신으로서는 그것을 더 잘할 수 없었다고 생각하거나, 일의 수준이 떨어진 이유가 동료 식원의 참견 때문이라고 여길 것이다.

또한 기억에 대한 연구에 의하면, 사람은 안 좋은 경험을 기억할 때 심한 고통을 느끼며, 실제로는 그렇게까지 끔찍한 일이 아니었다고 생각하려고 종종 경험을 재해석한다. 사람은 먹구름처럼 어둡게 보이는 것에서 밝은 점들을 추구함으로써 정신적인 고통을 최소화한다.

캘리포니아 샌프란시스코 대학의 보건 심리학 교수인 수잔 포크만 박사는, 1980년대에 사람이 희망을 갖는 게 매우 중요하다는 사실을 발견했다. 그녀는 동료 연구원들과 함께 사랑하는 사람이 에이즈 진단을 받자 직접 간병을 시작한 보호자들을 상대로 조사를 했다. 그녀는 보호자들이 겪는 어려움을 어떻게든 이해하고자 노력했지만, 그들에게서 자신들이 겪은 좋은 일에 대해서는 질문을 하지 않는 이유가 뭐냐는 불만을 듣게 됐다. 대다수의 보호자들에게는 죽어가고 있는 사람을 보살핀다는 것이 정신적, 육체적으로 몹시 지치고 힘든 일이었다. 하지만 그들은 남을 돕는 것은 매우 바람직한 경험이며 자신을 사랑하는 사람과 더욱 가깝게 해주고, 삶에 의미와 목적을 부여해준다고 확신했다.

이러한 유형의 낙천적인 사고는 만성적인 질병이나 장애를 안고 살아가는 사람들 사이에서 널리 나타나고 있다. 척수외상 환자들 중에는 장애로 인해 오히려 인격적으로 더 성숙해졌다고 말하는 사람들이 있다. 암이나 당뇨병, 심장 질환을 갖고 있는 사람들 중에는 병 때문에 삶의 목적이 분명해졌으며, 인생을 보다 더 진지하게 대하게 되었다고 말하는 사람들이 많다. 그러나 이러한 사고는 단순히 절망적인 상황에 대한 재해석에서 비롯된 것이 아니다.

질병이나 장애로 인해 삶이 더 발전된 사람들도 있다. '투르 드 프랑스(Tour de France; 프랑스 전역을 일주하는 사이클 대회)'에서 일곱 번이나 우승한 랜스 암스트롱이 자전거 실력을 최대한 발휘한 때는, 전이 고환암을 앓고 난 후였다. 암스트롱은 긍정적인 생각을 갖고 암을 이겨냈으며, 마침내 7연패를 달성했다.

이번에는 G. L. 알브레히트가 쓴 의학 논문에서 보고된, 칼싸움을 하다가 장애자가 된 어느 청년의 예를 보도록 하자.

18살이었을 때 폭력배가 아주 멋있다고 생각했다. 모든 사람이 그를 우러러보고, 여자를 가까이할 수 있으며, 쉽게 돈을 벌 수 있기 때문이다. 그런데 그 무렵에 싸우다가 칼에 찔렸다. 그 때문에 몸의 한쪽 부분이 마비됐다. 나는 병원의 침대에 누워 폭력배 집단에 들어가는 것이 멋있어 보인 이유가 무엇일까에 대해 생각했다. 집에는 홀어머니와 두 여동생이 있었다. 가족에게는 내 도움과 폭력배와는 전혀 다른 모범적인 가장이 필요했다. 그래서 나는 다시 공부를 시작해 검정고시를 통해 고졸 학력을 취득했다. 그리고 지금은 어머니를 도와드리며, 여동생들이 폭력배와 어울리지 않고 학교 생활을 충실히 할 수 있도록 해주고 있다.

매일 치료를 받느라 바쁘게 보낸 그렉 휴즈는 낙천적인 사고에 의존해서 정신적인 고통을 최소화하지는 않았다. 적어도 그때까지는 두 다리를 잃은 것으로 인해 삶이 나아졌다고 생각할 수 없었기 때문이다. 하지만 그렉은 몇 주 만에 혼수상태에서 깨어났을 때 절단된 다리에 대해 지극히 작은 장애일 뿐이라고 말했고, 정신적인 고통을 최소화시킬 수 있는 방법에 대해 이미 알고 있었다. 그는 친구와 가족들을 만나 대화하고 치료에 몰두하고 과거에 집착하지 않음으로써 고통을 최소화시켰다. 그의 노력은 이것으로 그치지 않았다. 병원으로 그렉을 찾아간 나는, 그가 심리학자들이 가정법적 사고(Counterfactual thinking)라고 부르는 것을 하는 걸 보고 깜짝 놀랐다. 그는 자신에게 일어난 것보다 더 불행한 일이 일어났을 경우에 대해 깊이 생각했는데, 이것은 그에게 매우 긍정적인 결과를 가져다 주었다.

가정법적 사고의 부정적인 측면

가정법적 사고가 불행한 상황을 경험한 사람이 행복을 찾는 데 꼭 유익한 것만은 아니다.

한 가지 예를 들어보자. 두 사람이 공항으로 가고 있다. 그런데 두 사람 모두 나쁜 교통 상황 때문에 예상했던 것보다 30분 늦게 도착했다. 첫 번째 사람이 예약한 비행기가 정시에 떠났다고 했을 때, 그는 출발 시간보다 30분 늦은 것이다. 비행기를 놓친 게 아쉽다 해도 가정법적 사고를 한다면 그는 큰 위로를 받을 수 있을 것이다. 반면에 두 번째 사람이 예약한 비행기는 5분 전에 이륙했다. 두 번째 사람은 교통 신호에 걸려 가까스로 목적지에 이르지 못했거나, 공항을 향해 출발하기 전에 5분 동안 케이티 쿠릭(미국의 유명한 앵커)이 진행하는 뉴스를 본 것에 대해 생각하며 후회할 수 있다.

미네소타 바이킹스 팀의 열렬한 팬인 나는 가정법적 사고로 인한 나쁜 결과 때문에 여러 번 낭패를 보았다. 그것은 1998년의 전국미식축구(NFC) 선수권 대회에서 대다수의 사람들이 쉽게 이길 수 있을 거라고 생각한 애틀랜타 팰콘스 팀과의 경기 때 가장 심했다. 경기는 예상했던 것과 달리, 점수 차가 크게 나지 않았다. 양 팀이 팽팽하게 맞선 가운데 4쿼터를 불과 몇 초 남겨놓은 상태에서 바이킹스 팀이 필드 골 지역으로 들어갔고, 플레이스 키커인 개리 앤더슨이 경기에서 이길 수 있는 볼을 찰 준비를 하고 있었다. 앤더슨은 시즌 내내 필드 골을 다 실축했는데, 이번에는 골대에서 매우 가까운 지점이었다. 하지만 앤더슨의 킥이 크로스바를 훨씬 빗나가는 바람에 경기가 연장전으로 들어갔다. 애틀랜타가 공을 잡고 필드 골 지역으로 돌진해 들어갔다. 미식축구 경기에서의 연장전은 단판 승부제이므로 애틀랜타가 필드 골을 찰 경우 경기에 이겨 슈퍼볼에 진출하고, 바이킹스는 패하게 된다. 나는 플레이스 키커가 공을 차기 위해 준비하고 섰을 때 차마 그 장면을 볼 수가 없었다. 그때 아내 폴라가 방으로 들어와 TV 화면에서 눈을 돌리는 내 모습을 보았다. 내가 상황을 설명해주자, 아내는 서서 TV 화면을 지켜보았다. 공이 공중으로 올라가자 폴라는 환호성을 질렀다.

"와, 빗나가고 있어! 키커가 실축했어. 잘못 찼다고!"

얼굴을 돌려보니 공이 크로스바를 훨씬 빗나가고 있었다.

그런데 알고 보니 이 화면은 몇 분 전에 개리 앤더슨이 필드 골을 실축한 장면을 다시 보여준 것이었다. 폴라는 재생 화면을 보고 있다는 사실을 전혀 몰랐다.

몇 분 후, 애틀랜타 팔콘스의 필드 골 키커가 골포스트 중앙으로 정확히 공을 찼고, 경기에 패한 바이킹스 팀 선수들은 운동장에 털썩 주저앉았다.

2년 후, 바이킹스는 NFC 선수권 대회에서 뉴욕 자이언츠를 쉽게 이길 거라고 예상했다. 그러나 다시 슈퍼볼 진출이 좌절됐는데, 이번에는 큰 점수 차로 경기가 싱겁게 끝났다. 1쿼터가 끝날 때쯤 바이킹스의 패배가 확실해졌다. 이로써 내가 응원하는 팀은 한 번도 슈퍼볼 진출의 기회를 차지하지 못했다.

객관적으로 보면 뉴욕 자이언츠와의 경기보다 애틀랜타 팔콘스와의 경기에 더 만족했어야 한다. 슈퍼볼에 진출할 수 있는 필드 골의 상황까지 가는 명장면이 연출됐기 때문이다. 그러나 스포츠팬이라면 어떤 경기가 수년 동안 내게 커다란 아쉬움을 남겼을지 쉽게 짐작할 수 있을 것이다.

이처럼 가정법적 사고가 생각을 더 부정적으로 만드는 경우는 적지 않다. 자동차 사고로 척수외상을 입은 두 사람을 예로 들어보자. 한 사람은 평소에 다니던 길로 출근했다. 다른 한 사람은 아무 생각 없이 다른 길을 택해 출근했다. 두 사람 중에 누가 더 장애에 대해 부정적인 견해를 갖게 될 거라고 생각하는가?

두 사람 모두 교통사고를 피할 수 있었던 방법들에 대해 생각한다는 것은 어렵지 않게 예상할 수 있다. '5분만 일찍 집에서 출발했으면…….' 하고 말이다. 그러나 평소 가지 않던 출근길을 택한 사람이 더 심한 아쉬움에 시달릴 것이다.

가정법적 사고는 더 불행한 일이 일어날 수도 있었다는 생각을 하게 함으로써 위로가 되기도 한다. 부상 때문에 자신을 원망하는 척수 장애자들은 일반적으로 부상이 우연에 의한 것이라고 생각하는 사람들에 비해 더 행복하다. 과속 운전으로 척수외상을 입은 사람에게 가정법적 사고(좀더 천천히 운전했더라면)는 고통을 더 가중시킬 수도 있지만, 적어도 그는 사고가 일어난 이유를 알고 있다. 그는 세상에 원인 없는 사고는 없다는 사실을 보다 더 쉽게 이해하게 될 것이다. 하지만 원인불명의 희귀병으로 척수가 마비된 사람은 어떨까? 그는 세상이 자신의 능력으로는 어떻게 할 수도 없고 예상치도 못할 유해한 사건들로 가득하다는 생각에 사로잡힐 것이다.

그렉은 뜻밖의 불행한 일을 당했다. 하지만 그는 세상이 납득할 수 없는 잔인한 것들로 가득한 이유에 대해 궁금해하며 자포자기 상태에 빠지지 않았다. 오히려 자신의 현재 상황에 대해 좋게 생각하는 가정법적 사고를 하며 삶에 대한 긍정적인 태도를 보였다. 그는 네 번이나 심장이 멈췄다는 사실을 되새기면서 살아 있다는 자체만으로도 다행이라고 여겼다. 2주 반 동안이나 혼수상태였음에도 뇌에 심한 손상을 입지 않은 것에 안도의 숨을 내쉬었다. 만약에 그런 일이 없었다면 의사의 정확한 진단이 늦어 다리를 절단한 것에 대한 원망에 사로잡혔을 것이다. 하지만 그는 가까스로 목숨을 구함으로써 더 불행한 사건이 일어날 수도 있었다는 가정법적 사고에 집중해, 아프지 않았을 경우보다 더 행복한 삶을 누리게 되었다고 여겼다.

관점의 차이

상황을 호전시킬 수 있었던 방법들에 집착하면 불행해지는 것과 마찬가지로, 삶이 더 나빠질 수 있는 상황들에 초점을 둘 때는 가정법적 사고가 사람들을 행복하게 만들 수 있다. 객관적으로 봤을 때 불행한 사람이 다른 사람보다 행복해하는 역설적인 상황이 나타나는 이유는, 그들이 더 불행한 상황에 생각의 초점을 두기 때문이다.

올림픽 경기에 출전한 선수 중에 은메달이나 동메달을 딴 선수들의 말과 얼굴 표정에 대해 연구한 빅토리아 메드벡의 심리학 연구팀은 이러한 사실을 잘 입증했다. 객관적으로 보면 은메달을 딴 선수가 동메달을 딴 선수보다 더 기뻐해야 한다. 그러나 메드벡의 연구에 의하면, 동메달리스트는 메달권 밖으로 밀려나지 않은 것에 안도하는 반면, 은메달리스트는 금메달을 놓친 것에 대해 아쉬워하는 상향적인 가정법적 사고에 사로잡혀 있었다. 얼굴 표정도 동메달리스트가 훨씬 밝았다.

자신이 간신히 면한 불행에 초점을 집중한 그렉 휴즈는 동메달리스트와 같은 견해를 갖고 있었기에, 현재 불행하다고 생각하지 않았다.

상대적인 비교 사고로 고통을 최소화하기

그렉이 재활 병원에서 보낸 시간은 상황이 지금보다 더 안 좋을 수도 있었다는 것에 대해 생각할 수 있는 충분한 기회가 되었다. 병원에는 최근에 장애를 갖게 된 사람들이 많았다. 그들 중 대부분은 한 쪽 다리를 잃었거나 무릎 이하만 절단되는 등 그렉에 비해 장애 정도가 덜했다. 하지만 그렉은 재활 병원에 있는 자신보다 더 불행한 환자들, 예를 들면 다리를 쓸 수 없는 데다 척수외상까지 입은 사람들을 생각함으로써 정서적인 고통을 최소화했다. 그는 "그들은 다리가 있어도 다시 걸을 수 없지만, 저는 의족을 하면 한 번에 한두 시간은 충분히 걸을 수 있어요."라고 말했다.

또한 그는 자신과 달리 장애를 정서적으로 극복하지 못하는 사람들을 보고 보다 긍정적인 생각을 가질 수 있었다. 이것은 매우 놀라운 형태의 순환 논법이다. 자신이 장애를 가진 다른 사람들보다 행복하다는 사실을 안 그렉은 그것으로 인해 더 행복할 수 있었다. 다른 사람들을 통해 자신의 고통을 최소화시킬 수 있는 뛰어난 통찰력을 가졌던 것이다.

토머스 캐시는 여대생들에게 여자들의 사진을 보여준 후 평가를 내리게 함으로써, 다른 사람들과의 상대적인 비교 사고가 사람의 정서에 영향을 준다는 것을 보여주었다. 캐시는 일부 학생들에게는 평범한 외모를 가진 여자들의 사진을, 다른 학생들에게는 매우 아름다운 여자들의 사진을 보여주었다. 그리고 사진 속의 여자에게 어떤 매력을 느꼈는지 물어보았다. 예상대로 아름다운 여자의 사진을 본 학생들은 호감을 적게 느꼈다.

그러자 캐시는 세 번째 그룹의 학생들에게 똑같이 아름다운 여자들의 사진을 보여주고, 그 여자들이 프로 모델이란 것을 암시하기 위해 사진 속에 캘빈 클라인 같은 브랜드 네임을 무작위로 써서 붙였다. 그러자 학생들은 굉장한 호감을 느꼈다. 그들은 모델이므로 당연히 아름답다고 생각했고, 상대적인 비교 사고를 하지 않았다.

이러한 현상은 한 가지 중요한 질문을 제기한다. '사람은 역경에 직면했을 때 어떤 사람들을 적절한 동료 집단으로 생각할까?' 하는 것이다. 지금까지의 연구에 의하면, 사람은 자신보다 못하다고 생각하는 사람과 비교하는 경향이 있다. 국소유방암 환자는 자신을 유방암이 전이된 사람과 비교한다. 무릎 이하가 절단된 사람은 무릎 이상이 절단된 사람과 비교한다. 만약 하향적인 상대 비교가 불가능하다면, 자신보다 위중한 가공의 환자를 상상해낼 만큼 그것에 강하게 집착하는 경향을 보인다.

그러나 사실 자신보다 더한 가공의 환자를 상상해내는 것이 필요한 경우는 거의 없다. 유명한 소설가인 레이놀즈 프라이스(그는 제이 슈라이너를 제외한, 미국에 있는 천오백 명의 척삭종 환자 중 한 사람이다)는 암으로 인한 고통과 장애에 시달릴 때 일부 시간을 재활 병원에서 보냈다. 그는 곧 자신의 상태가 처음에 생각했던 것보다 나쁘지 않다는 사실을 깨달았다.

4주 동안 나와 같은 처지에 처했거나 나보다 더 심하게 고통받는 사람들과 대화를 나누며 가장 중요한 것들을 얻었다. 전체 환자 수는 약 스무 명 정도였는데, 80대의 노인과 뇌졸중에 걸린 젊은 치과의사, 당뇨병으로 한 쪽 다리를 잃은 중년 여인, 유방암이 척추까지 전이되어 두 다리를 쓸 수 없게 된 나이가 지긋한 여성, 자살하려고 총으로 자신의 심장을 쐈으나 척수를 관통시킨 젊은 여성, 외도를 목격한 아내가 총으로 척추를 쏴서 두 다리가 마비된 건장한 체격의 젊은 남자까지 있었다. 그런데 그곳에는 모든 사람들의 관심을 끄는 귀여운 소녀가 있었다. 소녀는 아버지의 재혼을 축하하기 위한 수영 파티에서 오빠가 실수로 목을 밟아 장애자가 된, 가엾은 14살의 환자였다. 내가 재활 병원을 퇴원할 무렵, 소녀는 목을 조금 돌리고 엄지손가락을 간신히 움직일 수 있었다. 몇 달 후 나는 소녀가 거의 차도가 없으며, 계속 그곳에 있다는 말을 들었다.

레이놀즈 프라이스의 경우 나는 비교 사고가 두 가지 측면에서 유익했다고 생각한다. 하나는 재활 병원에 입원해 있던 다른 환자들이 레이놀즈 프라이스가 자신들보다 더 불행하다고 여길 수도 있었다는 사실이다. 예를 들어 당뇨병으로 다리를 잃은 여자는 프라이스의 척삭종을 가장 비참한 비극으로 느낄 수도 있다. 외도를 하다가 발각되어 척추 장애자가 된 젊은 남자는 프라이스의 진행성 손상 종양

보다 비교적 비진행성인 자신의 장애가 훨씬 낫다고 여겼을 것이다.

평균 이상

그렉 휴즈와 레이놀즈 프라이스는 재활 병원에 입원해 있을 때 주변 상황을 주의 깊게 살피고는, 대부분의 환자들보다는 자신이 더 행복하다는 결론을 내렸다. 다른 환자들도 똑같은 상황을 관찰하고는 동일한 결론을 내렸을 것이다.

실제로 사회 심리학자인 셸리 테일러는, 자신의 사회적인 위치가 실제보다 더 낮다고 착각하는 사람들이 어느 정도 더 행복하다고 믿고 있다. 그들은 자신의 능력이나 신체적인 외모, 그 밖의 전반적인 행복 지수에 대해서 과도하게 긍정적인 견해를 가진 사람들이다.

대부분의 사람들은 자신의 업무 수행 능력이 다른 사람보다 월등하다고 평가한다. 그리고 말기의 질병에 시달리고 있는 많은 환자들은 자신의 생존 가능성이 평균치보다 높다고 믿는다. 자신의 운전 실력이 다른 사람보다 뛰어나다고 생각하는 사람도 있는데, 이것은 여러 차례 자동차 사고를 낸 사람들도 마찬가지다.

또한 사람들은 미래에 대해 비현실적일 정도로 낙관적인 견해를 갖고 있다. 대다수의 대학생들은 자신이 졸업 후에 평균치보다 높은 만족도를 누리는 직장 생활을 하게 될 거라고 생각한다. 결혼한 부부들은 이혼할 확률이 평균치를 훨씬 밑돌 것이라고 확신한다. 그리고 많은 사람들이 알코올 중독이나 암, 알츠하이머병에 걸리지 않을 거라고 믿고 있다.

자기 자신 속이기

많은 사람들이 자기 자신에 대해 실제보다 과대평가를 하며, 미래에 불행이 닥치지 않을 거라는 착각에 빠지는 이유가 무엇일까? 물론 그것에는 "너는 뛰어나기 때문에 장차 부족한 것 없는 삶을 살게 될 거야."라고 누차 말한 어머니들에게 어느 정도 책임이 있다. 그러나 보다 중요한 원인은 자신의 유치하고 어리석은 사고에 있다. 이것은 실제 입장에 대해 보다 정확한 평가를 제공해줄 자료를 수집하고 분석하는 데 장애가 된다. 예를 들어 사람들이 운전자로서의 자신을 평가하는 방법에 대해 살펴보자. 운전자로서의 나를 평가할 때, 교통 법규를 위반하는 운전자들을 본 것만 생각하므로 세상이 온통 나쁜 운전자로만 가득한 것처럼 느낀다. 그런 세상에서 나는 보통 운전자들보다 나을 수밖에 없지 않은가?

그러나 나는 교통 법규를 위반하지 않고 훨씬 조심스럽게 운전하는 수백, 수천 명의 운전자들이 있다는 사실은 기억하지 않는다. 내가 운전 능력을 과대평가하는 것은 다른 사람들의 운전 습관에 대한 기억이 잘못되있기 때문이다.

사람은 나쁜 경험에 대해 생각하는 것을 좋아하지 않는다는 점에서 선택적인 기억 또한 긍정적인 착각에 빠진다. 삶에서 행복한 것과 불행한 것 중 전반적으로 어떤 게 더 많았냐는 질문을 받으면 좋았던 것을 훨씬 더 쉽게 떠올림으로써 자신에 대한 평가를 왜곡한다.

나는 신입 연구원들에게 조언할 때 종종 이런 실수를 한다. 내가 신입 연구원일 때는 보고서를 작성하는 데 훨씬 많은 시간이 걸렸고 연구 지원금에 대한 제안을 계속 거절당했다는 사실을 잊고는, 그들이 그러는 이유를 이해하지 못한다. 나는 직장 생활 초기의 모든 고통스러웠던 순간들을 잊고, 좋았던 것들에 대해서만 지나치게 과장된 기억을 갖고 있다.

선택적인 해석 역시 자신에 대해서 긍정적인 착각에 빠지게 하는 데 큰 역할을 한다. 나는 고등학교 시절에 선생님이 자기 평가에 대한 설문지에 답하라고 했을 때 그런 해석을 했다. 친구인 존 허프는 내가 내 운동 능력이 반에서 5퍼센트 안에 들어간다고 평가한 것을 보고는 폭소를 터뜨렸다. 그는 미식축구의 쿼터백이자 뛰어난 하키 선수였다. 반면에 나는 축구와 농구 같은 비인기 종목의 운동(미네소타 주에서는 농구가 비인기 종목이다)이나 하는, 61킬로그램밖에 안 되는 약골이었다. 그의 입장에서 봤을 때 나는 어느 모로 보나 학급에서 상위 5퍼센트 안에 들어갈 수 있는 사람이 아니었다. 하지만 나는 운동 능력을 민첩성과 정확한 몸동작을 의미하는 것으로 생각했을 뿐, 미식축구 경기에서처럼 강한 태클을 견뎌낼 수 있는 능력 같은 것은 무시했다. 농구 팀에서 파워 포워드를 맡은 사람은 학급에서 덩크슛을 할 수 있는 사람이 몇 명일지에 대해 생각했을 것이다. 따라서 5퍼센트 이상의 사람들이 각자 자신의 기준에 따라 학급에서 상위 5퍼센트 안에 들어간다고 생각했을 것이다.

대부분의 사람들이 평균치보다 행복하다고 생각하는 이유도 동일한 방식으로 설명이 가능하다. 자신이 다른 사람들에 비해 정서적으로 행복한 기분을 자주 느낀다고 생각하기 때문이다. 남들보다 행복한 기분을 느끼는 빈도수가 적지만 자신이 행복하다는 사람들은, 다른 사람들보다 더 중요하고 의미 있는 목적을 추구하고 있다고 생각한다. 즉 행복이란, 자신이 보통 사람보다 더 낫다고 생각하는 것이 이론적으로 얼마든지 가능한 매우 애매한 개념이다.

나의 운동 능력 평가 사건은 긍정적인 견해에 대한 다른 예도 된다. 사람들은 보통 다른 사람보다 더 잘할 수 있는 운동을 택한다. 나는 고등학교 때 미식축구를 피했는데, 다른 운동들에 비해 남들보다 잘할 수 있는 가능성이 거의 없었기 때문이다.

사람들은 자신이 갖고 있는 특별한 장점에 기초해 운동이나 대학에서의 전공, 직업을 선택한다. 나는 시각 예술에 굉장한 매력을 느끼지만, 직선 하나 제대로 그리지 못하는 내가 그 직업을 택했다면 아마 굶어 죽었을 것이다. 대학교 때 미술 관련 과목을 통과(Pass)와 실패(Fail)로만 학점이 결정되는 미술사로 택한 것도 결코 우연이 아니다.

이처럼 사람은 자신이 비교적 잘할 수 있는 것에 마음이 끌리게 되어 있다. 그렇게 할 때 자신의 능력에 대해 더 만족한다. 가장 잘

할 수 있는 일을 발견하는 것은 행복의 요인이 된다.

또한 사람들은 다른 사람에게서 좋은 평가를 들으면 액면 그대로 받아들이지만, 부정적인 평가를 들었을 때는 그것을 어떻게든 폄하할 수 있는 방법을 찾으려 한다. 어떤 일에서 실패할 것 같다는 생각이 들 때는 스스로 실패를 자초할 수 있는 행동을 함으로써 자존심이 상하지 않도록 변명을 늘어놓는다. 나는 고등학생 때 데이트를 신청했다가 거절 당해도, 못생긴 외모 때문이라고는 생각하지 않았다.

이런 잘못된 견해는 자신에 대한 오류를 범하는 원인이 되지만, 역경의 상황에서 끝까지 자존심을 잃지 않고 상황이 그렇게 나쁘지 않다는 것을 스스로 확신하기 위한 방법을 찾게 한다.

평균 이상은 꼭 좋은 것인가?

그렉 휴즈는 자신이 일반 환자들보다 낫다고 믿고 싶었지만, 그렇다고 자신보다 못하다고 생각되는 사람들과 어울리고 싶지는 않았다. 사람은 자신보다 못한 사람과 교제하고 싶어 하지는 않는다.

심리학자인 빅키 헬게슨과 셸리 테일러는 암 환자들과의 면담을 통해, 그들 중 대다수가 그보다 나은 사람과 시간을 보낼 때도 그보다 못한 암 환자들에 대해 생각한다는 사실을 발견했다. 그들은 한때 같은 상황이었지만 화학 요법을 통해 완치되었거나, 골수 이식을 통해 양호해진 환자들과 교제하는 것을 특히 좋아했다. 이런 환자들은 자신의 암도 치료될 수 있다는 희망을 주었다. 반대로, 암이 전이된 사람들은 자신도 그렇게 될 수 있다는 불안감을 줬기 때문에 어울리고 싶어 하지 않았다.

지금까지의 고찰을 통해 알 수 있듯이 상대적인 비교와 행복 지수 사이에는, 가까이 하지 않는 사람들과는 비교하면서 비교되길 꺼려하는 사람들과는 어울리는, 쉽게 이해할 수 없는 관계가 존재한다. 하지만 그런 관계는 지금까지 설명한 것보다 훨씬 더 이해하기 어려운 부분이 있다. 그리고 하향적 상대 비교가 사람을 꼭 행복하게 만들지는 않는다. 일례로 1980년대의 연구에 의하면, 인간 면역결핍 바이러스(Human immunodeficiency virus; HIV)에 감염된 사람들은 자신을 에이즈(HIV 바이러스로 인한 면역 체계의 약화로 나타나는 병; AIDS)에 걸린 환자와 하향 비교했을 때 더 불행을 느꼈다. 그런 비교가 인간 면역결핍 바이러스 감염이 치료 불가능하게 되었을 때의 비참한 운명을 상기시키는 동기가 되었기 때문이다. 즉, 하향 비교는 사람들이 비교 대상자보다 나은 상태를 계속 유지할 거라는 신념을 갖고 있을 때만 효과가 있다.

이것은 매우 중요한 사실이다. 만약 인간 면역결핍 바이러스에 감염된 환자들이 병을 극복할 수 있다고 굳게 믿었다면, 에이즈에 걸린 사람들에 대해 생각하는 게 꼭 불행하지는 않았을 것이기 때문이다. 따라서 상황에 따라 자신에게 적합한 상대 비교의 대상을 정해야 한다.

그렇다면 행복을 찾기 위해서 비교해야 할 대상을 어떻게 알 수 있는가?

　나는 여기에서 분명히 말할 수 있는 것이 있다. 사람들은 사회 심리학에 관한 연구서를 읽고 상대적인 비교에 대해서 분석하기보다는 감정에 따라 생각한다는 점이다. 기분이 좋지 않을 때는 보다 좋게 느낄 수 있는 방법을 찾기 위해 노력한다. 어떤 일에 대한 생각으로 기분이 좋지 않을 때는 다른 것에 대해 생각하려 한다.

행복의 진화적 장점

　사람은 좋은 환경에 있든 그렇지 않든, 현재보다 더 행복해지길 원하는 경향이 있다. 황홀경에 빠질 정도까지는 아니더라도, 좋은 기분의 횟수와 강도가 나쁜 기분을 능가하길 바란다. 그렇다면 많은 사람들이 행복하길 원하는 이유는 무엇일까? 과학자들은 이것에 대한 모든 원인을 진화론으로 돌린다.

　심리학자들은 오랫동안 진화론을 무시해왔다. 이반 파블로프와 같은 행동주의 심리학자들은 개에게 여러 가지 자극을 주어 침을 흘리게 했다. 그들은 엄격한 심리학적 연구를 하기 위해, 동물이 불안감을 느낄 때 생각이나 감정을 외적이고 반복적인 행동을 통해 표현하는 이유에 대해서는 생각하지 않았다. 그러나 생각과 감정에 대한 심리학적인 평가를 통해 심리학을 자연과학이라는 정확성을 요구하는 영역에 포함시킨다는 것은 지나치게 추상적이며 신뢰하기가 어렵다.

　분노에 대해 연구하는 행동주의 심리학자들은 분노 자체에 대해 연구하는 것이 아니라, 비전문가들이 분노라고 부르는 것의 외적인 형태에 대해 연구한다. 개를 막대기로 건드린다면 이를 드러내고 으르렁거릴 것이다. 조금 더 건드리면 공격할 것이다. 행동주의 심리학자들은 개나 쥐, 그리고 흔치 않은 경우지만 사람들이 보여주는 특별한 행동과 관련해, 그렇게 행동하는 이유에 대해서는 고려하지 않은 채 상황에 대해서만 연구한다.

　이러한 접근은 비논리적이다. 행동주의 심리학자들은 개가 어떤 자극에 어떤 반응을 나타내는지에 대한 목록표만 만든다. 그러나 참다운 이해를 위해서는 보다 깊은 단계의 지식이 필요하다. 개의 늑골에 자극을 줄 때보다 눈에 자극을 줄 때 반응이 강하게 나타나는 이유는, 눈에 가한 자극이 더 심한 고통을 주기 때문일까?

　더 깊은 단계의 이론에 들어가면, 고통이 짐승을 경계시키는 중요한 동기가 되는지에 대한 의문을 갖게 된다. 조금 더 깊이 들어가면, 고통에 반응하는 동물은 그러지 않는 동물보다 월등한 생존력을 갖고 있다는 사실을 알게 된다.

　진화론은 생물학적인 지식에서 필수적인 요소다. 사고와 감정의 출처인 뇌 역시 몸의 다른 신체 기관과 마찬가지로 진화의 산물이다. 사고와 감정, 외부로부터의 자극이 이러한 감정을 유발시키는 방법은 모두 진화했다. 인간은 유전자를 재생산하기 위해 분노와 기쁨, 욕심, 질투심 같은 감정을 느끼도록 생물학적으로 창조되었다. 또한 생존을 위해서 필요한 장점과 그것들을 경험하는 인간을 위해 공통적으로 하는 행동이나 감정이 일반적인 것이 되었다는 논리가 성립한다.

성계를 때려보라. 화를 내지 않을 것이다. 분노는 특정한 유기체에서만 진화했는데, 그런 유기체들은 분노로 인해 생존을 위한 장점을 갖게 되었다.

부정적인 기분의 장점

부정적인 기분이 갖고 있는 진화적 장점에 대해 이해하는 것은 어렵지 않다. 부정적인 감정은 사람의 특정한 행동에 초점을 집중하게 한다. 두려움은 피하길 원하게 하고, 슬픔은 울게 하고, 비위가 상하면 구토증이 생긴다. 이러한 감정들에는 분명히 진화된 기능들이 있다. 두려움은 사람에게 생명을 위협하는 상황에서 달아나고 싶은 동기를 주되, 피하는 것이 불가능할 때는 힘을 다해 반격하려는 결단력과 분노를 일으킨다. 그리고 구토증은 몸에 유해한 음식물을 섭취하지 못하게 한다.

이러한 부정적인 감정들은 특정한 것에 대한 거부감이나 두려움, 혹은 분노로 사람들의 주의를 집중시킴으로써 역할을 다한다. 사람은 비위가 상하고 두렵고, 노여운데도 이유를 알 수 없을 때 원인을 찾아내기 위해 정신적인 노력을 한다. 또한 안 좋은 느낌이 드는 사람이 의심스럽게 접근해오거나 어두운 골목길을 혼자 걸어갈 때도 두려움을 느낀다. 이 경우 모두 위험을 피할 수 있는 방법을 찾아내기 위해 열심히 생각한다는 것을 알 수 있다.

당신이 평소에 좋아했던 사람과 첫 번째 데이트를 즐긴 후, 데이트를 했던 길과 같은 곳을 걸어가고 있다고 가정하자. 당신은 기분이 매우 좋겠지만, 그 기분이 데이트와 직접적인 관련이 있지는 않을 것이다. 만약 데이트 때 상대방에게 한 멋있는 말에 생각을 집중시킨다 해도, 당신의 생각은 쉽게 분산될 것이다. 당신의 관심은 새로운 계획이나 부모님에 대한 생각 같은 것에 대해서도 열려 있다. 당신은 어떤 도전도 받아들일 준비가 되어 있다.

앞에서 이미 살펴본 것처럼 좋은 기분은 생존을 위한 장점으로 작용한다. 기분이 좋은 사람은 기분이 그저 그렇거나 나쁜 사람에 비해 뛰어난 적응력과 창의력을 보여준다. 사람은 기분이 좋을 때 집중력과 기억력이 증가하며, 선택의 폭이 다양해진다.

부정적인 감정과 대조적으로, 긍정적인 감정은 사람들에게 행동을 유발시키는 방법이 덜 구체적이다. 일반적으로 기쁨이나 만족 혹은 행복 같은 감정은 특정한 행동을 유발하지는 않는다. 대신 삶의 전체적인 행동에 영향을 미친다. 긍정적인 감정은 사람의 관심 범위를 넓혀주고, 문제 해결 능력을 향상시키며, 인간관계를 잘 유지할 수 있게 한다. 연구가들은 사람들에게 좋은 기분을 유도하면 주변에 보다 많은 관심을 갖게 된다는 것을 발견했다.

사람들에게 지금 당장 하고 싶은 것이 무엇인지 물어보라. 기분이 좋은 사람은 대답할 것이 많은 반면, 나쁜 사람은 하고 싶은 게 거의 없을 것이다.

좋은 기분이 주는 다양한 장점

심리학자와 진화론자들은 긍정적인 유형의 감정에는 일부 진화적인 장점이 있다는 사실을 오래전에 발견했다. 예를 들어 맛있는 음식은 사람을 기분 좋게 해줄 뿐만 아니라, 사람이 생존을 위해 충분한 칼로리를 섭취하게 만든다. 성공적인 데이트는 사람을 기쁘게 하고 다음에도 데이트를 하고 싶은 마음을 갖게 함으로써 그동안 해왔던 행동 중 가장 진화된 것을 하도록 유도할 수 있다. 그러나 좋은 기분이 갖고 있는 진화적인 이점의 많은 부분을 알게 된 것은 최근이다.

좋은 기분은 뛰어난 집중력과 정확한 기억력, 환경에 기꺼이 순응하고자 하는 의지와 빠르고 창조적인 사고를 가져다준다. 사흘 동안 사냥했지만 동물을 한 마리도 잡지 못한 원시인 둘을 떠올려보자. 그들 중 낙관적인 사람은 다음 날은 반드시 먹잇감을 포획할 수 있을 거라고 확신하며 사냥을 포기하지 않을 것이다. 그러나 부정적인 사람은 사냥을 포기하고 굴로 들어가 자신의 불운을 탓할 것이다. 긍정적인 사람은 자기기만이 섞인 비현실적인 낙관주의(먹잇감을 구하는 능력이 다른 사람보다 뛰어나다고 생각하는 것)로 인해 식량을 구할 때까지 사냥을 계속할 것이다. 게다가 좋은 기분은 그가 창조적인 사고를 허심탄회하게 말하게 함으로써 먹잇감을 구할 수 있는 가능성을 높일 것이다(아, 돌로 쳐서 짐승을 잡을 수만 있다면 얼마나 좋을까). 그리고 긍정적이고 외향적인 사람은 부정적이며 내성적인 사람에 비해 사회적인 교제 범위가 넓은 것이 일반적이기 때문에, 사냥에 실패할지라도 고기를 줄 친구가 얼마든지 있을 것이다.

사실 좋은 기분은 장수에도 도움이 된다. 1930년대에 수련 수녀들이 쓴 수필의 분석을 통해 밝혀진 놀라운 증거가 있다.

수필을 분석한 연구가들은 긍정적인 감정을 표현한 수녀들이 그러지 않은 수녀들에 비해 오래 살았다는 사실을 발견했다. 모든 수녀들이 금연·금주하고, 그 밖의 건강에 유해한 요인들을 멀리했다는 점에서 장수의 비결을 다른 생활 습관 때문이라고 하기는 힘들었다. 따라서 긍정적인 수녀들이 오래 산 이유는 행복 지수가 높았기 때문이라는 결론이 나왔다.

정서와 면역 체계에 대한 연구는 장수의 비결에 대한 또 하나의 해답을 제시해준다. 면역 글로빈 A의 상승과 하락 수치가 사람의 기분에 의해 좌우되는 것이 실험에 의해 밝혀졌다. 기분이 나쁠 때는 면역 체계가 약해지므로 감기 바이러스에 쉽게 감염된다. 연구가들은 사람들에게 감기 바이러스에 감염된 공기 입자를 호흡하게 해 의도적으로 감기에 걸리게 한 후 정서를 평가함으로써, 어떤 사람이 감기에 쉽게 걸리는지를 알 수 있었다.

이렇듯 행복은 우리에게 가장 좋은 약이다.

낙관적인 견해의 위험성

사람들은 자신이나 미래에 대해 비현실적일 정도로 낙관적인 견해를 갖고 스스로 행복하다고 생각하는 어리석음을 범한다. 이런 착각은 과연 안전할까?

자신을 잘못 판단하는 것은 대단히 위험할 수도 있다. 낙관적인 견해는 삶을 긍정적으로 바라보게 하지만, 현실을 제대로 인식하는 걸 방해하여 불행한 결과를 가져올 수도 있다.

나는 지금까지 임상 실험을 해오면서, 치료만 받으면 나을 수 있는 환자들이 스스로 병을 물리칠 수 있다고 믿기 때문에 치료를 거부하는 경우를 자주 봤다. 이처럼 잘못된 생각이 어떤 이점을 줄 수 있을까? 암 환자들은 병의 초기 단계 때 호스피스에게 위탁되면 관리를 통해 큰 도움을 받는 것이 가능한데도 대개 임종을 며칠 앞두고 위탁된다. 환자나 의사의 비현실적인 낙관론이 때늦은 위탁자에게 무슨 도움을 주겠는가?

그릇된 긍정적인 태도가 지나칠 때는 매우 위험하다. 어떤 사람이 오토바이를 타고 그랜드캐니언을 뛰어넘을 수 있다는 비현실적인 낙관론에 빠졌다고 하자. 그는 결국 병원의 중환자실이나 시체 보관실로 실려 가는 신세가 될 것이다.

그러나 대부분의 비현실적인 사고는 이처럼 극단적이지 않으며, 그렇다 해도 유해한 경우는 드물다. 많은 사람들이 자신의 운동 능력에 대해 낙관적인 견해를 갖고 있지만, 실제로 운동선수가 되기 위해 학업을 포기할 만큼 무모한 사람은 거의 없다. 암 판정을 받은 환자 중 대부분이 처음에는 생존 가능성에 대해 비현실적일 정도로 긍정적이지만, 그렇다고 해서 치료를 위한 의사의 조언을 무시하는 사람은 거의 없다.

대부분의 착각은 그렇게 해롭지 않다. 그렇다면 사람들이 자신의 소신이 잘못되었다는 것을 깨달았을 때는 어떤 현상이 나타날까? 자신이 생각했던 것과 달리 일반적인 수준을 능가하지 못한다는 사실을 발견한다면 어떤 결과가 나타날까?

낙관적인 태도 유지하기

사람들은 스스로를 속이고 산다는 것을 보여주는 명백한 증거가 있음에도 자신에 대한 낙관적인 환상을 쉽게 떨쳐내지 못한다. 새로운 직장에서 만족할 거라고 확신하며 취업을 하지만, 곧 예전의 직장과 다르지 않다는 걸 알게 된다. 좋은 결과가 있을 거라고 생각해 연애를 시작하지만, 이전의 애인과 마찬가지로 새 애인에게서 마음에 들지 않는 부분을 발견하게 된다. 그런데도 낙관적인 환상의 세계에 계속 머물러 있다. 또한 그것을 유지하기 위해 상황을 유리하게 해석하기도 한다.

사람들은 새로운 것을 시작하기 전에 가졌던 높은 기대를 망각하고는, 자신의 가치관이 잘못됐다는 사실을 절대 인정하려 들지 않는다. 나 역시 비현실적인 낙관주의의 희생양이 되지 않았다면 이 책을 쓰지 않았을 것이다. 저술하는 동안 오프라 윈프리가 책을 선전하고, 뉴욕타임스 신간 안내에 소개되는 모습을 상상했다. 만약 그러지 못한다면 기분이 좋지 않겠지만, 즉시 이 책을 쓴 진정한 목적은 수많은 독자들에게 기쁨을 주는 것이었다거나, 다음 책은 대성공을 거둘 것이라거나, 정말 중요한 것은 책을 내는 일이라는 생각으로 스스로를 위로할 것이다.

상황을 해석하는 융통성의 대표적인 예는, 프로 운동선수들이 경기에 이겼을 때 하느님께 감사하는 것에서 찾을 수 있다. 미식축구 선수가 터치다운을 위해 스크리미지 라인을 넘어 앤드 존으로 돌진해 들어갔다고 가정하자. 그는 무릎을 꿇고 하느님께 감사 기도를 드린다. 하지만 정말로 하느님이 경기 중에 자기편이 되어 터치다운을 기록하게 하셨다고 생각했을까? 만약에 스크리미지 라인에서 공격이 중단됐다면 하느님을 원망했을까? 물론 그렇지는 않다. 그는 하느님이 알 수 없는 방법으로 역사했기 때문에 공격이 중단되었다고 생각하거나, 경기 중에 하느님의 역할에 대해서는 전혀 떠올리지 않을 것이다.

암에 걸렸지만 낙천적인 태도와 식이요법으로 병의 재발을 막을 수 있다고 생각하는 사람을 예로 들어보자. 암이 재발하면 그의 낙천적인 태도는 어떻게 될까? 이런 상태에 있는 많은 환자들은, 식이요법을 하지 않았거나 태도와 행동을 통해 삶의 질을 개선시키지 않았다면 재발이 훨씬 더 일찍 찾아왔을 거라고 믿는다. 그리고 좀더 노력하면 재발을 치료할 수 있을 거라고 믿는 사람이 있는가 하면, 재발이 하느님의 계획이라고 생각하는 사람들도 있다. 볼테르의 소설에 나오는 캉디드처럼, 인간은 불행한 상황에 직면해도 여전히 모든 것이 최선을 향해 가고 있다는 생각에 사로잡힐 수 있다.

그렉 휴즈는 재활 병원에 있는 동안 상황이 자신에게 가장 유리한 결과를 가져다줄 거라고 확신했다. 그는 장애가 있어도 지장을 받지 않을 직업들에 대한 아이디어를 갖고 있었고, 지방의 자동차 경주 대회에 출전하기 위해 자동차의 구조를 바꿀 날을 잡아놓고 있었다. 그렉은 작은 아버지의 모습을 기억하며 가정법적인 상대 비교를 했다. 작은 아버지는 사고를 당한 후 감정을 다스리지 못해 삶이 계속 잘못된 방향으로 나아갔지만, 그렉은 달랐다. 그는 매우 계획적으로 살았으며, 작은 아버지보다 훨씬 효율적으로 장애에 적응해 나갔다. 그는 살아서 사랑하는 아내와 결혼 생활을 계속할 수 있게 된 것에 대해 감사했다.

사람들은 그렉의 삶을 생각할 때 절단된 다리에 초점을 둔다. 하지만 그렉은 자신이 90퍼센트의 사람들보다 더 건강하고 행복한 결혼 생활을 하고 있다고 생각했다. 그의 삶이 어떨지 생각할 때는 그가 한 말들을 기억하라.

POWER of CONQUEST

불확실한 상황

아무리 나쁜 결과라 해도 분명히 아는 것이 불확실한 상태에서 속으로 앓고 지내는 것보다 훨씬 도움이 된다. 나는 아는 것이 힘이며, 불확실성이 주는 정서적인 결과에 대한 인식은 그것에 대처하는 데 도움이 된다고 생각한다.

모든 문제는 매 주마다 열렸던 테니스 경기 때, 스코트 맥클러가 라켓을 두 번이나 놓친 것을 기점으로 시작되었다. 나는 내가 넣은 강한 그라운드 스트로크 때문이라고 생각했지만, 내 공격이 익은 바나나 하나를 간신히 쓰러뜨릴 정도밖에 안 된다는 사실을 알고 있던 스코트는 라켓 때문이라고 여기고는 테이프를 감았다.

그 당시 스코트는 펜실베이니아 대학교에서 의사 겸 과학자로 통하는 사람이었다. 그는 환자를 진료하고, 연구하며, 의대생들에게 강의하고, 전문의 과정을 밟는 학생들을 가르치는 1인 4역을 감당했다. 매우 바쁘게 지냈지만 그 와중에도 운동하는 시간을 꼭 냈다. 병원에서 한 주에 100시간을 일하며 보낸 전문의 실습 기간에도 보스턴 마라톤에 두 번이나 참여했다.

운동에 대한 스코트의 열정은 굉장했다. 그는 실험실에서 나와 조깅을 하거나 테니스를 치는 것을 하루도 빠뜨리지 않았다. 그래서 나는 그가 다음에 있을 두 차례의 테니스 경기를 취소했을 때 상당히 놀랐다. 스코트가 사람들 앞에서 날 이긴 것에 대해 큰소리치며 자랑한 이후에 내가 그를 다섯 차례나 완패시키며 연승 행진을 하고 있었기 때문에, 처음에는 또 지는 것이 두려워서일 거라고 생각했다. 그러나 다음에 그를 만났을 때는 그런 말을 할 수 있는 상황이 아니었다.

그것은 스코트를 도와 환자들이 약물 의존을 극복할 수 있게 한 연구원을 펜실베이니아 대학교의 교수로 채용하는 문제를 논의하기 위한 저녁 식사 자리였다. 비록 스코트를 놀릴 수 있는 기회는 없었지만, 대단한 영향력을 가진 스코트의 아내 린과 처음으로 함께 시간을 보낸 밤이었다. 린은 무릎 상처에 관한 연구로 세계적으로 인정받은 물리 치료사이며, 스코트처럼 학문과 운동에 모두 뛰어난 사람이었다. 다만 열정에 비해 유머 감각이 부족했다. 스코트가 언제나 사람들을 즐겁게 하고 농담을 하는 데 뛰어난 반면, 린은 그렇지 못했다.

첫인상의 오해

저녁 식사를 하고 나서 며칠 후, 린이 유머 감각이 없고 스코트가 질까봐 겁을 먹었다고 생각한 내 판단이 얼마나 잘못되었는지를 깨달았다.

스코트는 나와 함께 캠퍼스를 거닐며 테니스를 할 수 없었던 진짜 이유를 털어놓았다.

"피터, 내게 악성 근육다발수축 증세가 있네."

근육다발수축이란 미세한 근육다발이 지속적인 굴곡 운동을 일으켜 불수의근(不隨意筋; 의지와 관계없이 자율적으로 움직이는 근육)이 수축되는 현상이다. 스코트는 내게 팔을 보여주었는데, 마치 피부 바로 밑에서 근육이 파도를 일으키고 있는 것처럼 보였다. 근육다발수축 증세는 파킨슨병에 의한 떨림 현상이나 유전적인 원인에 의한 것보다는 훨씬 약하나, 악성이 되면 이 증상들보다 치명적이다. 왜냐하면 루게릭병으로 발전해가는 거의 확실한 단계이기 때문이다.

스코트는 결심한 듯 털어놓았다.

"피터, 나는 루게릭병에 걸린 것 같네. 지금도 눈썹을 움직이는 근육부터 발가락을 움직이는 근육에 이르기까지, 몸속의 모든 골격

근이 죽어가고 있네. 팔과 다리의 미세한 근육 경련도 계속되는 중이라, 머지않아 음식물을 삼키고 캠퍼스 안을 걸어 다니는 것은 물론, 코를 푸는 것도 불가능하게 될 걸세."

나는 스코트의 증상 때문에 마음이 매우 무거웠다. 그날 저녁 식사 때도 두 사람이 스코트의 건강 문제로 불안감에 사로잡혀 있다는 사실을 조금도 눈치 채지 못했다. 약간 부자연스런 분위기를 느꼈지만, 스코트가 루게릭병에 걸렸을 거라고는 상상도 못 했다.

만약 스코트가 암에 걸렸다고 말했다면 충격을 받기는 해도, 어떤 종류의 암이고 몸에 얼마나 많이 퍼졌으며 어떤 치료 방법이 있을지 궁금했을 것이다. 암은 적어도 초기에는 수술이나 약물 요법을 통해 치료가 가능하기 때문에, 환자들에게 치료할 수 있다거나 진행 속도를 늦출 수 있다는 희망을 준다. 그러나 루게릭병은 효과적인 치료 방법이 없기 때문에, 발병 후 5년이면 근육이 약해져 숨을 쉴 수 없는 상태가 되어 대부분 사망한다. 어떤 사람은 더 일찍 죽는다. 루게릭에게서 처음 병의 증상이 나타난 것도 그의 나이가 36살밖에 안 됐을 때였는데, 그는 그로부터 3년이 지나기 전에 죽었다.

그날 캠퍼스를 거닐던 나는 친구가 죽어가고 있다는 사실이 도저히 믿기지 않았다. 악성 근육다발수축이란 사실도, 그것이 루게릭병으로 발전할 수 있다는 것도 믿고 싶지 않았다. 그런 일은 절대 일어날 수 없다고 생각했다.

불확실성 다루기

빛이 희미하게 들어오는 교실 안으로 들어가 갑자기 눈을 크게 떠보라. 1분이 지나지 않아 물체가 다시 선명하게 보일 것이다. 감기에 걸린다면 불과 몇 시간 안에 면역 체계의 모든 능력이 동원되어 한 주 안에 낫게 될 것이다.

하지만 희귀병이나 장애가 생겼을 때는 정서적인 회복이 생각처럼 빠르지 않을 것이다. 심리적인 면역 체계는 당신이 다시 행복을 느끼기까지 몇 주 이상의 기간을 필요로 할 것이다. 그렉 휴즈 같은 사람은 불행을 감기 바이러스처럼 쉽게 떨쳐버리겠지만, 대다수의 사람들은 빠른 회복력을 보이지 못한다.

더 이상 테니스를 함께 칠 수 없게 된 스코트와 나는, 스코트에게 근육다발수축 증세가 나타난 지 몇 달 후부터 점심 식사를 함께 했다. 스코트는 소수에게만 증상을 말했기에 대화할 사람이 필요했다. 몇 달 동안 그의 눈에서는 밝은 빛이 사라졌고, 눈가도 어둡게 변했다. 그는 불안감 때문인지 밤에도 몸을 계속 뒤척인다고 말했다. 그래도 나는 스코트에게 괜찮아 보인다고 했다.

스코트에게 처음 근육다발수축 증세가 나타난 것은 1998년 12월로, 그가 불과 42살밖에 안 되던 해였다. 하지만 비정상적인 경련 증상이 나타나기 시작한 건 10년 전이었다. 그것은 나타났다가 금세 사라졌다.

그러나 근육다발수축 증세가 처음 나타났을 때는 증상이 사라질지

의심스러웠다. 근육이 전과 다른 양상으로 경련을 일으켰고 손의 기력이 약해지는 것을 느꼈는데, 이것들은 이전에는 경험하지 못한 증상이었다. 증상들이 사라지기를 바라는 마음과는 달리, 결코 그러지 않을 거라는 느낌이 강하게 들었다. 그는 몇 달 동안 불안에 떨었다.

그러다가 증상에 대한 다른 결과가 나오기를 간절히 기도하며 신경외과 전문의를 찾아갔다. 그러나 의사는 증상의 원인이 루게릭병 때문에 발생했을 거라는 말을 꺼렸다. 그는 점심 식사를 함께 하며 의사와 만났다는 이야기를 했는데, 그때까지 불쾌한 감정이 남아 있었다.

"나는 이미 루게릭병이 증상의 원인일 수도 있다는 걸 아네. 의사도 그렇게 생각했을 걸세. 그런데도 그것에 대해 언급조차 하지 않았다니, 도저히 이해가 안 되네."

신경외과 전문의의 태도는 상황에 대한 의구심만 증폭시켰다. 스코트는 루게릭병이 걸렸는지 정확히 알지 못하면서도 두려움 때문에 잠을 이룰 수가 없었다.

나는 스코트가 병에 대처하는 초기 단계는 아닌가 의심했다. 베스트셀러 작가인 엘리자베스 퀴블러 로스의 '죽음과 죽음을 맞이하는 자의 5단계'에 대한 설명은 매우 유명하다. 그것은 부정(아니야. 결코 그럴 리 없어)과 분노, 협상(루게릭병만 낫는다면 다음 주부터 매 주 교회에 나갈 거야), 우울증, 마지막으로 우울증을 극복하고 죽음이란 현실을 인정하고 받아들이는 수용 단계다. 퀴블러 로스는 사람에 따라 순서가 뒤바뀔 수도 있다고 인정했지만, 이러한 5단계는 불가피하고 일반적인 과정이라고 했다. 그녀는 첫 번째 단계인 부정이 더 이상 유지될 수 없을 때, 그것은 분노나 격분, 시기 혹은 원망의 감정으로 대치된다고 설명했다.

나는 스코트가 이 5단계를 거치기까지 오랜 시간이 필요하다고 생각했다. 그에게는 앞으로 얼마나 많은 시간이 필요할까?

처음 몇 달 동안은 그가 어떤 대처 과정도 겪지 않으며, 운명을 받아들이지 않는 것처럼 보였다. 그는 부정의 단계에도 이르지 않았지만, 아직까지 자신의 운명이 어떻게 될지 불확실하기 때문에 부인하거나 슬퍼하거나 혹은 수용하는 것이 불가능한 상황에서 멈춰 있었던 것 같다. 나는 스코트가 루게릭병이 아니라고 진단받기를 내심 기대했다.

만약 병이 있다고 확신한 스코트가 명확한 진단을 받았다면 그의 무의식에 잠재되어 있던 의심이 해소됐을 것이다. 그러나 전문의를 찾아갔음에도 정확한 진단을 받지 못했을 때, 그의 심정이 어땠겠는가?

불확실성의 과학

30대 중반에 '이 땅은 너의 땅(This land is your land)'이란 노래를 작곡해 유명해진 우디 기스리는 불안하고 비정상적인 행동을 했다. 그는 자신의 행동에 대한 원인을 알코올 중독과 성병 탓으로 돌렸으며, 어머니의 병이 유전되었다는 사실을 인정하지 않았다. 그의 어머니 노라는 1930년에 42살의 나이로 죽었는데, 헌팅턴 무도병이란 진단을 받기까지 여러 해 동안 정신병과 싸워야 했다.

헌팅턴 무도병은 매우 무서운 유전병이다. 이 병은 일반적으로 성인이 될 때까지 아무런 증상을 보이지 않다가, 20대부터 50대 사이에 처음 중추신경계에 장애를 일으켜 치매와 정신병, 제어할 수 없는 근육 경련을 일으킨다. 경련은 파킨슨병에 의한 떨림 현상과는 달리 지속적이며, 루게릭병에 의한 근육다발수축 증세처럼 진단이 어렵지도 않다. 그러나 헌팅턴 무도병에 걸리면 손과 발이 자신의 의사와는 무관하게 이상한 모양으로 굽이치며 산발적으로 움직인다.

헌팅턴 무도병은 상염색체가 우성인 질환으로, 부모 중 한 명이 이 병을 앓고 있을 경우 자녀에게 유전될 가능성이 50퍼센트나 된다. 우디 거스리는 그 불행한 50퍼센트에 포함되었으며, 그가 포크송을 부르며 전국을 돌아다니는 동안 병은 빠른 속도로 진행되었다. 그는 맑은 정신 상태에서도 근육이 비정상적으로 움직였으며, 평평한 길도 제대로 걷지 못하게 되었다. 그러자 사람들은 그가 술에 취했다고 오해했다. 그는 자주 방향 감각을 잃었으며, 사람들과 종종 언쟁을 했다. 두 번의 결혼 생활도 모두 이혼으로 끝났다. 그는 생애의 마지막 몇 년 동안 병원을 오가며 치료받는 데 시간을 보냈으며, 55살에 세상을 떠났다.

그의 어머니 노라가 살아 있었을 때는 전문가들이 헌팅턴 무도병에 대해 거의 아는 게 없었다. 따라서 노라는 병을 유전적으로 물려

받았는지에 대한 불확실성에 시달리지 않았을 것이다. 우디가 성인이 된 1920~30년대에 이르러서야 의사들은 헌팅턴 무도병이 상염색체의 우성에 의한 병이라는 것을 알았다. 하지만 그것이 유전적인 원인에 의해 발병되는지의 여부에 대해 실험할 수 있는 방법은 발견하지 못했다.

우디가 유전을 피할 수 있는 가능성이 50퍼센트밖에 되지 않는다는 사실을 알면서도 사는 건 쉬운 일이 아니었을 것이다. 병의 증상이 나타났을 때 우디는 헌팅턴 무도병이 아니라고 부인하기 위해 많은 노력을 했을 것이다.

지금은 과학자들이 헌팅턴 무도병의 유전자에 대한 실험 방법을 개발하여, 아이들이 유전적으로 물려받을 위험성이 희박해졌다. 그렇다면 이와 같은 유전자에 대한 시험은 신이 허락한 선물인가, 아니면 인간에게 내린 저주인가? 사람들은 자신에게 그런 유전자가 있다는 사실을 알았을 때 어떤 반응을 보일까?

논리적으로 보면 헌팅턴 무도병이 발병할 확률이 100퍼센트인 것보다 50퍼센트인 게 더 나을 것이다. 그러나 지금까지의 연구를 통해 밝혀진 것처럼 자신이 그런 유전자를 갖고 태어났다는 사실을 확실히 아는 사람들이 그렇지 못한 사람들보다 대체적으로 더 행복하다. 헌팅턴 무도병 유전자가 있기 때문에 병이 나타났다는 사실을 분명히 아는 사람들은 운명을 받아들인다. 그러나 병의 원인이 불분명한 사람들은 자신이나 자녀에게 어떤 일이 생길지, 자녀를 가져야 할지의 여부에 대해 알 수 없어 불안에 시달린다.

불확실성이 주는 스트레스

불확실성은 정서적인 회복에 커다란 장애가 된다. 인간 면역결핍 바이러스의 감염이 사형선고처럼 간주되던 1980년대의 연구에 의하면, 사람들은 인간 면역결핍 바이러스 테스트에 대한 결과가 어떻게 나오든 상관없이 결과를 기다릴 때보다 나온 후에 더 행복해했다는 사실이 밝혀졌다. 자신의 상태에 대해 정확히 알지 못하면 대처하기가 더 어렵기 때문이다.

사람들은 불확실한 것을 본능적으로 싫어한다. 1961년에 다니엘 엘스버그가 쓴 논문은 이러한 혐오감에 대해 잘 설명해준다. 그는 랜드 연구소의 연구원으로, 훗날 미국 국방성의 특급 비밀문서를 뉴욕타임스에 유출시킨 사건으로 널리 알려지게 되었다.

엘스버그는 사람들에게 빨간색 공과 검정색 공이 100개씩 들어 있는 2개의 항아리 앞에 서 있다고 상상해보라고 했다. 한 색깔을 선택한 후 한 항아리에서 공을 1개만 집을 수 있는데, 선택한 색깔과 공의 색깔이 일치하면 상을 받게 된다. 엘스버그는 사람들에게 항아리 1에는 50개의 빨간색 공과 50개의 검정색 공이 들어 있고, 항아리 2에는 0개에서 100개 사이의 빨간색 공이 들어 있고 나머지는 검정색 공이라고 말했다.

만약 당신이 항아리 1에 들어 있는 공 하나를 꺼내라는 요구를 받았다고 가정하자. 당신은 어떤 색깔을 고르든 상을 탈 가능성이 50퍼센트일 것이다. 그리고 항아리 2에서 공을 꺼내라는 말을 들는다 해도 똑같이 느낄 것이다. 두 가지 색깔 중 하나를 선택할 가능성이 여전히 50퍼센트이기 때문이다.

이번에는 먼저 색깔을 선택한 다음에 항아리를 고르라는 요구를 받았다고 상상하자. 당신이 빨간색을 선택했다면 정확히 50개의 빨간 공이 들어 있는 항아리 1에서 공을 꺼낼지, 0~100개 사이의 빨간 공이 들어 있는 항아리 2에서 공을 꺼낼지를 결정해야 한다. 논리적으로 따지면, 상을 탈 가능성이 어떤 항아리로 정하든 50퍼센트라는 점에서 항아리를 택하는 문제에 대해 염려할 필요가 없다. 그러나 대부분의 사람들은 두 번째 항아리가 가진 불확실성을 좋아하지 않는다. 첫 번째 항아리는 정확히 50퍼센트의 확률이나, 두 번째 항아리는 상을 받을 수 있는 실제 확률을 알 수가 없다. 빨간색 공이 하나도 없을 수도 있지만, 100개의 공이 다 빨간색일 수도 있다. 그래서 사람들은 50퍼센트가 훨씬 넘는 여분의 불확실성이 있는 항아리 2보다는 항아리 1을 선택한다.

불확실성은 정서적으로 받아들이기가 매우 어렵다. 제2차 세계대전 중, 런던 근교에 살던 사람들은 독일 전투기의 폭격으로 인한 스트레스 때문에 심한 위장 장애를 겪었다. 그런데 그들보다 자주 폭격을 당한 런던 사람들은 위장병에 덜 시달렸다. 이러한 역설적인 현상에 대한 설명을 위해서는 불확실성이 갖고 있는 강한 영향력에 대한 이해가 필요하다. 런던 중심가에 사는 사람들은 야간에 폭격을 받은 반면, 외곽 지대에 사는 사람들은 산발적인 공격을 받았다. 객관적으로 보면 폭탄의 특징상 가끔씩 공격을 받는 것보다 야간에 받는 게 더 불리하다. 그러나 산발적인 폭격은 언제 위험에 노출될지 전혀 예측할 수가 없기 때문에 더 불안하다.

불확실성이 주는 스트레스에 영향을 받는 것은 인간만이 아니다. 연구가들이 쥐에게 간헐적인 충격을 주자, 쥐들은 스트레스 호르몬이 과다 생산되어 궤양과 면역결핍 현상을 일으켰다. 언제 다음 충격이 올지 알 수 없었던 쥐들은 제2차 세계대전 중 런던의 외곽 지대 사람들이 보인 것과 똑같은 반응을 보였다. 그런데 충격을 가하기 전에 경보음을 울렸을 때는 쥐의 스트레스 호르몬 수치가 갑자기 떨어졌다. 충격을 가하는 시간이 산발적이어도 마음을 편하게 갖는 법을 알았던 것이다. '아직까지 벨 소리가 나지 않았으니, 충격에 대해 염려할 필요는 없지.' 라고 생각하듯이 말이다.

불확실성 제어하기

나는 아는 것이 힘이며, 불확실성이 주는 정서적인 결과에 대한 인식은 그것에 대처하는 데 도움이 된다고 생각한다. 그래서 불확실성으로 인해 스트레스를 받는 친구나 환자를 대할 때마다 그들의 스트레스를 줄이기 위해 정서적으로 정상이라는 사실을 지적해줬다.

그러나 불확실성은 사람들을 불행하게 만들므로 가능한 제거해야 한다. 나는 몇 년 전에 어깨의 연골이 갈라져 수술을 하고 회복을 기다릴 때 이러한 통찰력을 발휘했다.

외과 의사는 재부상을 막기 위해 어깨를 강하게 고정시켰다. 그런데 수술 직후 그곳에 상처가 생겨서 뒷주머니에 넣어둔 지갑을 꺼내는 것조차 불가능할 정도로 어깨를 움직일 수가 없었다. 그런 흉터에 대한 치료법은 중세 이후로 전혀 바뀐 게 없었다. 내가 침대에 누우면 해병대 출신의 담당 물리 치료사 데일이 팔을 붙잡고 좌우로 움직였는데, 그러면 어깨와 상완골(위팔을 이루는 뼈) 사이의 근육을 꼬집는 듯한 통증이 느껴졌다. 물리 치료사가 계속 팔을 잡아당길 때는 반대쪽 뼈 사이의 근육 조직에 충격이 가해졌다. 온 힘을 다해 이두근을 꼬집어도 그 정도로 아프지는 않았을 것이다.

그런데 데일은 내가 꼬집는 듯한 통증을 극복할 수 있는 유일한 방법이 팔을 잡아당겨 뼈끼리 맞닿지 않게 하는 것이라고 했다. 그래서 그는 한 주에 세 번씩 충분하다고 생각되거나 흉터가 갈라지는 소리가 들릴 때까지 물리 치료를 했는데, 심한 통증 때문에 그 시간이 엄청나게 길게 느껴졌다.

나는 지금까지 고문을 받는 것처럼 아픈 통증은 겪어보지 않았다. 그래서 스트레칭을 두 번 할 때까지는 나도 모르게 욕이 튀어나왔다. 그러나 세 번째 고문을 당할 때는 고통을 어떻게 극복할 수 있을지에 대해 생각했다. 데일은 스트레칭을 시작할 때, 팔을 잡아당기고 있는 동안 30부터 0까지 거꾸로 세라고 했다. 그랬더니 그가 전과 똑같이 힘껏 팔을 잡아당기고 아프게 해도 스트레칭이 끝나간다는 사실 때문에 참는 것이 훨씬 쉬웠다. 데일은 가끔씩 숫자를 세다가 5초가 남았을 때 15초 동안 더 팔을 잡아당겼는데, 그렇게 고통스럽지는 않았다. 그 시간만 더 참으면 모든 과정이 끝나고, 내가 수를 세면서 남은 시간을 계산할 수 있다는 사실이 참는 데 도움이 됐다. 수를 세기 전에는 스트레칭을 시작한 지 5초도 안 되어 아프다고 소리쳤고, 언제 중단할지 계속 궁금했다. 그러나 수를 세면서부터는 한 번에 45~60초까지 스트레칭을 할 수 있었다.

신경외과 전문의를 만나고 나서 몇 주 후부터 스코트에게 언어 장애 증세가 나타났다. 그의 발음은 분명치 않았고 이상하게 들렸다. 스코트는 말을 천천히 함으로써 그것을 숨겼다.

스코트는 제리 사인펠트(미국의 코미디 배우)가 문장 완성자라고 지칭하는 사람에 해당했다. 그는 종종 다른 사람을 대신해 말을 끝낼 만큼 두뇌 회전이 빠른 사람이었다. 나는 그것이 조급한 성격의 특징이라는 것을 알았지만, 나보다 재미있는 방법으로 문장을 완성하는 스코트는 예외였다. 그러나 이제는 스코트가 정상적인 속도로 말을 하면 혀의 움직임이 따라주지 못해 마치 술을 많이 마신 사람의 발음 같았다.

처음에는 그가 잠을 조금밖에 자지 못해 피곤해서 그런 줄 알았다. 그러나 한 달이 지나자 그의 발음은 더 악화되었다. 조깅의 마지막 순간에 서로 역주를 독려하며 달릴 때 상대방을 따라가는 것도 힘들어했다. 스코트의 담당 의사들은 진단 테스트를 통해 결과가 분명히 나왔음에도 루게릭병이라고 말하기를 주저했다. 그러나 스코트의 생각으로는 더 이상 의심의 여지가 없었다.

한번은 정오의 조깅에서 한 친구가 스코트에게 마지막 역주 때 뒤처진다고 놀렸다. 그러자 스코트는 진행성 신경 장애를 갖고 있는 사람보다 빨리 달리는 것을 자랑한다고 비웃었다. 친구들은 의심의 눈초리로 그를 돌아보았다. 그로써 스코트의 불확실한 기간은 끝났으며, 그에게는 병에 대해 이야기할 수 있는 친구가 다섯 명이나 더 생겼다.

그 무렵에 나는 루게릭병에 대해 알아보기 위해 내의학에 관한 교재를 꺼내 읽었다. 그러나 스코트의 증상 때문에 혼란에 빠져서 책의 뒷부분을 거의 읽을 수가 없었다.

내가 전에 읽은 책의 내용에 의하면 루게릭병 환자는 발병 후 평균 5년밖에 살지 못했다. 그래서 스코트가 병에 걸린 이후에도 계속 그렇게 알고 있었다. 그런데 루게릭병에 대한 부분을 다시 읽었을 때, 그것이 언어와 소화기 계통의 근육에 미치는 특별한 영향에 대해 알 수 있었다. 루게릭병으로 인해 이러한 변화 징후가 나타날 경우, 평균적으로 18개월밖에 살지 못한다는 것이다. 나는 4개월 전에 했던 마지막 테니스 경기를 회상하며 스코트가 앞으로 14개월밖에 못 살지도 모른다는 걸 알았다. 그래서 병의 확산 속도가 얼마나 빠른지 알기 위해 스코트가 병에 관한 교재를 볼 필요가 있다고 생각했다.

병으로 인한 중압감이 더 심하게 다가오자, 스코트는 인생을 되돌아보기 시작했다. 그는 내게 대학교에서 린을 만난 것이 얼마나 행운이며, 10대가 된 두 아들과 15년을 함께 보낸 것이 얼마나 큰 축복이었는지 말했다.

"내가 40년 동안 산 것은, 보통 사람이 70~80살까지 산 것보다 더 의미가 있네."

한번은 점심 식사를 같이 하는데, 스코트가 가지로 만든 중국 음식을 매우 어렵게 삼키고 있는 것을 내가 모르는 척하자, 그가 내게 물었다.

"피터, 내가 휠체어를 타거나 음식물 섭취를 위한 빨대, 혹은 인공호흡기를 사용하게 되는 것에 대해 어떻게 생각하나?"

나는 스코트가 웃으면서 그처럼 슬픈 말을 하자 음식이 목에 걸려 넘어가지 않았다. 스코트는 그 물건들이 필요하다는 것을 알고 있었다. 그는 치료나 기적적인 회복에 대한 희망이 없었다.

예측이 가능한 상황의 긍정적인 면

루게릭병은 예측 결과가 매우 잔인한 병이지만, 어떤 결과가 나타날지 미리 알 수 있다는 점에서 긍정적인 측면도 있다. 스코트는 자신이 머지않아 휠체어에 의존하게 되리라는 것을 알았기 때문에, 임박해오는 일들과 운명에 대해 심적으로 어떻게 대비해야 할지 상상해볼 수 있었다. 만약 스코트가 예측이 불가능한 병에 걸렸다면 그럴 수 없었을 것이다.

그러면 다발성경화증(Multiple Sclerosis; 주로 젊은 층에서 발생하는 만성 염증성 질환으로, 화끈거림, 반신마비, 성 기능 장애 등의 증상이 있다)은 어떨까? 다발성경화증은 루게릭병에 비해 일반적으로 덜 치명적이다. 대부분의 증상이 멈췄다가 다시 시작되고, 악화되었다가 차도를 보이는 현상을 반복하는데, 증세가 악화될 때 신경에 심한 손상을 초래한다. 환자에 따라서는 병의 악화 현상이 나타나는 주기가 몇 년이 걸리기도 한다. 다발성경화증 환자는 루게릭병과 달리 반드시 휠체어에 의지해야만 하는 결과가 오는 것은 아니며, 대부분 10년 혹은 그 이상의 세월 동안 투병 생활을 한다.

물론 다발성경화증 또한 무서운 병이 될 수도 있지만, 루게릭병만큼 무서운 건 아니다. 다발성경화증 환자는 루게릭병 환자에겐 불가능한 희망, 즉 병의 진행이 멈춰 몸이 쇠약해지지 않을 거라고 기대해도 될 만한 충분한 이유가 있다. 그러나 다발성경화증 환자들은 증상이 언제 악화될지 알 수 없다는 불확실성 때문에 정신적으로 약해질 수 있다. 일부 다발성경화증 환자들은 속수무책으로 병의 악화를 경험하며, 경보음이 없이 간헐적으로 충격을 받는 실험용 쥐가 된 것 같다는 기분을 느낀다.

인간은 자신의 미래를 얼마나 정확하게 예측할 수 있느냐에 따라 정서적인 상태가 달라진다. 그런데 이러한 사실은 종종 역설적인 현상을 동반한다. 경제 및 사회적인 상황이 악화되지 않고 발전하는 상태에 있을 때 정치 혁명이 일어나는 경우가 있는 것처럼 말이다.

인간은 자신의 미래가 얼마나 밝을지, 혹은 불안할지 상상한다.

죄수들은 형기가 끝나가면 종종 이와 비슷한 불안감을 경험하며, 교도소 밖에서의 삶에 대해 상상하기 시작한다. 그들은 석방 일이 다 가올수록 그것을 피하고 싶어 하기도 한다.

척수가 완전히 손상된 환자와 부분적으로만 손상된 환자들의 정서적인 행복 지수를 비교해보자. 척수가 완전히 손상된 환자는 미래가 어떻게 될지 예측하는 게 어렵지 않다. 척수가 허리 이하만 손상된 사람은 하반신 불구자가 되는 반면, 목까지 손상된 사람은 사지마비 환자가 된다.

척수가 부분적으로만 손상된 환자들은 완전히 손상됐을 때보다 약한 장애를 갖는다. 이런 환자들은 초기의 회복 단계에서 척수의 손상되지 않은 부위에 신경학적인 개선이 나타나는 것을 경험한다. 그래서 불확실한 상황만 제외하면, 척수가 완전히 손상된 환자들보다 모든 면에서 훨씬 유리하다. 하지만 미래에 대한 불안감 때문에 자살할 가능성이 더 높다.

스코트는 척수 장애자보다 정서적으로 더 불행했고, 대부분의 다발성경화증 환자들이 경험하는 것보다 진행 속도가 빠르고 잔혹한 악화 현상을 겪었다. 하지만 그의 불확실한 상황은 그 정도가 점차 약해졌기 때문에 빠른 속도로 행복을 되찾을 수 있었다. 그의 눈에 생기가 돌아왔다. 비록 점차 약해져가고 있는 입이지만, 가는 곳마다 다시 농담을 하기 시작했다.

스코트는 언어 장애가 시작되고 나서 몇 달 후, 드디어 루게릭병이라는 확실한 진단을 받게 되었다. 그러자 그는 지난 6개월 동안 숨겨왔던 비밀을 모든 사람들에게 알리기로 했다. 그래서 전 세계에 있는 친구와 직장 동료들에게 이메일을 보냈다.

나는 지금 루게릭병에 걸렸습니다.

정말 어렵게 쓰는 이 글을 다 읽기 전에, 여러분 중에 혹시 알렉산더나 노아, 내 누님이나 부모님과 연락이 가능한 분은 이 사실을 알리지 말 것을 당부합니다. 그것은 다른 사람에게 이 글을 보게 하거나, 말하는 것도 포함됩니다. 아들들에게는 다음 주에 말할 예정이지만, 부모님에게 어떤 식으로 알릴지는 아직 결정하지 못했습니다.

나는 지난 6개월 동안 느리지만 무참하게 몸의 근력이 상실되어가는 것을 경험했습니다. 그러나 지난주까지는 공식적인 진단이 나오지 않았습니다. 하지만 어떤 병인지 알고 있었기 때문에, 최종 결과는 내 생각을 확인시키는 역할을 했을 뿐입니다.

처음 3개월 동안은 가만히 앉아서 진단을 기다리기만 했는데, 그것은 삶에 대한 불안감만 가중시켰습니다. 린은 내게 큰 도움이 되었지만, 나를 위해서 해줄 수 있는 것에는 한계가 있었습니다. 그동안 손이 말을 듣지 않아 물건을 놓친 적이 많았고, 최근 들어서는 발음을 제대로 못한 적도 많습니다. 여러분 중 한 사람도 사소하지만 당혹스런 그런 순간을 언급하지 않았다는 것을 다행스럽게 생각합니다.

마지막으로 그동안 신뢰를 쌓아온 친구와 직장의 동료들에게 매우 고맙다는 말을 전합니다. 여러분이 보여준 따뜻한 마음이 내게 얼마나 큰 힘이 되었는지는 말로 다 표현할 수 없을 성노입니다.

스코트는 이보다 훨씬 전에 정서적으로 놀라운 회복력을 보여주었다. 그는 현실을 결코 부인하지 않았다. 그리고 퀴블러 로스의 견해에 오류가 있음을 실증적으로 보여주는 삶을 살았다. 퀴블러 로스는 5단계가 필연적이며 보편적인 것처럼 말했지만, 이 분야의 전문가들 중 이 견해에 공감하는 사람은 이제 거의 없다. 실제로 스코트는 한 번도 자신의 운명을 부인하고 분노한 적이 없다. 타협하거나 우울해하지도 않았다.

물론 그도 처음에는 병에 대한 불확실성 때문에 혼란에 빠졌다. 하지만 그런 상황에서 자신의 몸에 일어나는 현상에 대해 의아해하지 않을 사람은 아무도 없을 것이다. 그렇다 해도 불확실성에 대한 스코트의 반응은 다른 사람들처럼 그렇게 심하지 않았다.

임상 전문의였던 스코트는 의학적인 진단, 특히 병의 초기 단계에서 내린 진단이 100퍼센트 정확하지 않다는 사실을 알고 있었다. 또한 자신의 임상 경험을 바탕으로, 진단과 관련된 다른 불확실한 것들의 해결 방법에 대해서도 깊이 생각할 수 있었다.

나는 스코트를 항상 잊지 않으며, 환자들에게 자신의 상황에 대처하는 데 도움이 될 만한 지식으로 무장하라고 한다. 그것을 위해 환자들에게 병과 관련해 분명하고 확실한 정보를 주고자 노력한다. 병에 대한 진단이 정확하지 않을 때는 비슷한 종류의 병을 알려주고, 이 문제를 해결하기 위해 내가 어떤 노력을 기울일 것인지 말한다. 그리고 불확실한 상황을 해결하는 게 얼마나 어려운지 솔직하게 이야기함으로써 환자들에게 정서적인 문제의 원인을 깨닫게 하고,

해결할 수 있는 기회를 제공한다.

몇십 년 전만 해도 미국에서는 암 환자가 받을 심리적인 충격이 염려되어 진단 결과를 숨기는 게 관행이었다. 오늘날에는 이런 관행이 많이 없어졌는데, 이것은 매우 바람직한 변화다. 아무리 나쁜 결과라 해도 분명히 아는 것이 불확실한 상태에서 속으로 앓고 지내는 것보다 훨씬 도움이 되기 때문이다.

역경의 사회적인 측면

사람들과의 교제는 사람이 역경에 대응하는 데 도움이 된다. 사회적인 환경은 심장 발작을 일으켰을 때도 장기간 생명을 유지하는 것에 상당한 영향을 미친다. 기혼자나 사교적인 사람들이 독신자보다 오래사는 것은 그런 예 중 하나다.

사람들은 대개 인생의 어느 시점에서 심각한 역경에 직면한다. 그 역경에 어떻게 반응하느냐는 전적으로 자신에게 달려 있다. 의지가 얼마나 강하고 약한가, 유전적으로 낙천적인 성향인가 부정적인 성향인가에 의해 크게 좌우된다. 물론 직면한 역경이 얼마나 심각한가, 사전에 예측 가능한 것이냐 하는 점도 당연히 영향을 미친다.

앞에서 언급했듯이, 스코트 맥클러는 병에 걸렸을 때 내적인 강함을 드러냈다. 그는 천성적으로 의지가 강하고 낙천적인 사람이었다. 하지만 누구나 역경에 직면하는 것처럼 스코트라고 해서 예외는 아니었다. 그는 이메일을 통해 사람들에게 자신의 상태를 알리기 전에도 병을 이겨내기 위해 린에게 정신적인 도움을 받았다. 그리고 린에게조차 말할 수 없는 불안과 염려는 나와 조깅 친구들에게 털어놓았다.

사람들에게 병에 대해 알린다면 그의 삶이 더 나아질지, 나빠질지는 알 수 없었다. 어쨌든 그는 사실을 알린 후 가족과 함께 마을을 떠났다. 많은 친구들이 달려와 사랑을 표하며 돕겠다는 뜻을 전하리라는 것을 알고 있었지만, 사람들이 그때까지 한 번도 보인 적이 없는 슬픔과 동정 어린 눈으로 보리라는 사실도 알고 있었다.

스코트는 자존심이 강한 사람이었다. 그는 병이 6개월간 진행될 때까지 비슷한 연령대에 해당하는 90퍼센트 이상의 사람들보다 빠르게 달릴 수 있었다. 또한 몸이 전체적으로 쇠약해져가고 있는데도 정신적으로는 예전 못지않게 강했다. 사람들의 동정 어린 눈길이 기다리고 있다는 사실을 알고 있었던 스코트는 자존심을 어떻게 다스렸을까?

스코트는 곧 전혀 모르는 사람들도 자신의 상태를 알게 될 만큼 표가 나리라는 것을 알았다. 그러다 눈에 띌 정도로 다리를 질질 끌며 달리는 시점이 왔다. 스코트의 분명치 않은 발음을 들은 사람들은 혹시 그가 정신적으로 문제가 있는 게 아닌지 의심하기도 했다.

스코트는 상당히 진행된 병의 상태에 대해 가족들이 어떤 반응을 보일지도 염려했다. 린이 지금까지는 혼신의 노력을 다했지만, 앞으로 수개월 혹은 수년 동안은 어떻게 대할까? 훨씬 금슬이 좋았던 부부의 결혼 생활도 그보다 작은 어려움을 이기지 못하고 파경을 맞는데 말이다.

일반적으로 사람들은 어려움에 처하면 자신이 가진 내면의 강함에 의지하기보단 가족이나 친구에게 도움을 청하거나 훨씬 멀리 있는 것에 기댄다. 그러나 나는 스코트를 지켜보면서 타인을 의지하는 게 생각만큼 효과적이지 못하다는 사실을 깨달았다.

공개된 질병

스코트의 병은 지인들에게 이메일을 보낸 것을 계기로 개인의 고통에서 많은 사람이 함께 겪는 아픔으로 바뀌었다.

이메일을 보내기 전에 스코트는 자신의 상황을 아이들이나 부모님이 모르길 바랐고, 의도적으로 제한된 사람들에게만 알렸다. 그의 아버지도 병으로 고생하고 있었기 때문에, 정확한 진단이 나오기 전까지 가족에게 부담을 주고 싶지 않아했다. 하지만 가족들에게 자연스럽게 말할 기회가 오기 전에 마음의 안정을 찾았다. 사실 병을 숨긴다는 것은 스코트처럼 활달하고 사교적인 성격에 큰 갈등을 안겨

주었다. 그는 사람들과 대화하길 좋아했으며, 생각이나 감정을 숨기지 않고 말하는 성격이었기 때문이다.

나는 스코트가 병에 걸린 후 '레이번과 셜리'란 프로그램을 통해 유명해진 데이비드 랜더의 자서전 《떨어지고, 웃다Falling Down, Laughing》를 읽었다. 랜더는 1984년에 영화 촬영을 하는 도중, 심한 현기증을 동반한 독감 증세를 느꼈다. 몸에 오한이 나고 탈진 상태가 된 그는 할 수 없이 집으로 돌아갔다. 하지만 감기 증상은 가라앉지 않았고, 몸은 계속 쇠약해져갔다. 얼마 후 그는 파티에서 1살 된 딸 나탈리를 안고 가다 넘어졌다. 그때 입은 부상으로 근육을 움직이는 게 힘들어졌다.

랜더는 자신에게 다발성경화증이 있다는 사실을 알게 되었다. 다발성경화증에 걸린 배우를 고용할 사람은 아무도 없다는 걸 안 그는, 그 후 10년 동안 아내와 담당 의사들 외에는 아무에게도 병에 대해 알리지 않았다. 그는 계단을 올라야 할 상황을 피할 수 있는 나름대로의 방법을 찾아냈고, 고안해낸 제안이 먹혀들지 않을 때는 허리가 아프다거나 감기에 걸렸다는 등의 핑계를 대며 장애를 감추려고 했다.

그러나 비밀스런 삶을 사는 것은 결코 쉬운 일이 아니었다. 헐리우드의 사교적인 분위기에서 밀려난 그는 자신이 오랜 친구들과 점차 멀어지고 있다는 걸 깨달았다.

결국 그는 더 이상 병을 숨길 수 없게 되었고, 친구인 마이클 맥킨에게 사실을 털어놓았다. 맥킨은 그의 비밀을 존중해주었지만, 얼마 지나지 않아 랜더의 증상은 더 분명하게 드러났다. 병을 더 이상 숨길 수 없게 된 랜더는 다발성경화증 환자를 돕기 위한 모금 행사에 연사로 출연했으며, 피플지가 자신의 병에 대한 이야기를 독점 게재하는 것에 동의했다. 그는 그제야 병을 숨기기 위해 사회적으로 고립되어 살아온 지난 시간 동안 얼마나 외로웠는지 고백했다.

그 후 친구들을 비롯해 전혀 알지 못하는 사람들에게서 수많은 격려 편지와 전화가 왔다. 그는 '몇 년의 세월이 흐른 후에야 비로소 사실에 대해 말할 수 있었다' 는 글을 썼다.

고통의 순간에 받은 사회적인 지원

랜더와 스코트 맥클러의 주위에 그들이 처한 상황에 대해 함께 이야기할 수 있는 사람들이 많은 것은 큰 행운이었다.

사람들과의 대화는 치료 효과가 있다. 병에 대해 말하기 전에는 모든 것을 혼자서 감당해야 하지만, 사람들과 나누면 한결 가벼운 마음이 된다. 실제로 이메일을 보낸 후의 스코트의 삶은, 스트레스를 해소하는 데 도움이 되는 중요한 방법들을 제시해주었다.

나는 앞에서 사람들이 역경에 처했을 때 느끼는 스트레스를 최소화시키기 위해 사용하는 몇 가지의 방법들, 예를 들면 상황을 재해석하기 위해 사회적인 비교 판단을 하거나 반사실적인 사고를 하는 것에 대해 언급했다. 하지만 스트레스를 혼자만의 노력으로 극복하는 건 매우 힘들다. 물론 자신의 상황에 대해 긍정적으로 재해석할 수 있는 방법을 찾아내는 것도 유익하지만, 주위에 스트레스를 덜어줄 수 있는 사람이 있다면 훨씬 더 효과적일 것이다. 예를 들어 같은 소대원과 친밀한 관계를 유지하는 군인은 다른 군인들에 비해 전쟁으로 겪는 스트레스를 더 쉽게 극복한다.

폭넓은 교제를 통해 만난 친구들에게 심한 스트레스의 원인에 대해 숨김없이 말하면 스트레스를 줄이는 효과가 있다. 하지만 친구들과 우정을 유지한다 해도 대화가 없이는 스트레스를 줄일 수 없다. 대중 앞에서의 연설을 앞두고 불안해하는 사람은 그 속에 그를 응원하는 친구가 있으면, 그와 이야기할 기회가 있든 없든 스트레스가 현저하게 감소된다. 친구가 곁에 있다는 사실을 아는 것만으로도 마음이 강해지기 때문이다.

이런 교제가 사람에게만 유익한 것은 아니다. 아프리카산 비비 속(屬)의 원숭이들 중, 서로 털을 손질하고 핥아주는 원숭이의 스트레스 호르몬 수치가 사교성이 없는 원숭이에 비해 훨씬 낮다고 한다. 만약 원숭이 한 마리에게 스트레스를 줬는데 주위에 다른 원숭이가 없다면 스트레스 호르몬이 급증할 것이다. 전혀 알지 못하는 원숭이들로 주위를 가득 채워도 스트레스 호르몬은 급상승할 것이다. 하지만 잘 아는 원숭이들과 있다면 스트레스 호르몬이 급격히 떨어질 것이다. 이처럼 친구와의 교제는 어려움을 극복하는 데 큰 힘이 된다.

병원에서 퇴원한 그렉 휴즈의 집을 방문했을 때, 나는 사회적인 지원이 구체적인 방법을 통해서도 가능하다는 사실을 알게 되었다. 그렉은 그때까지 스코트처럼 사회적으로 고립된 적이 없었다. 혼수 상태일 때도 친구와 친척들이 곁을 떠나지 않았다. 그의 고통스런 병원 생활은 단스빌 사람들에게 널리 알려져 있었다. 혼수상태에서 깨어났을 때 그는 많은 이웃들이 자신을 만나기 위해 단스빌에서 한 시간이나 걸리는 앤 아버까지 찾아왔다는 사실을 알았다.

그렉에 대한 사회적인 지원은 그가 퇴원하여 집으로 돌아간 후에 도 계속되었다. 병원에서 퇴원한 지 얼마 되지 않아, 그렉과 루스는 비가 억수같이 오는 날 밤에 열린 파티에 참석하게 되었다. 그런데 그렉이 트럭으로 가던 도중, 호우 때문에 진창으로 변한 진입로에 휠체어가 빠져 움직일 수 없게 되었다. 간신히 휠체어를 꺼내 다시 움직이는 데 30분이나 걸렸다. 온몸이 비에 흠뻑 젖은 상태로 파티 장에 도착한 그들은 겸연쩍어하며 일어난 일에 대해 말했다. 그러자 친구들은 당장 그를 돕기로 했다. 그래서 그 파티가 있은 지 2주 후 내가 그렉의 집에 도착했을 때는, 건장한 남자들 몇몇이 진입로에 콘크리트를 깔기 위해 길을 고르고 있었다. 나는 그렉이 꼭 필요한 도움을 받고 있다는 사실에 매우 기뻤다.

사람들과의 교제는 사람이 역경에 대응하는 데 도움이 된다. 사회적인 환경은 심장 발작을 일으켰을 때도 장기간 생명을 유지하는 것에 상당한 영향을 미친다. 기혼자나 사교적인 사람들이 독신자보 다 오래 사는 것은 그런 예 중 하나다. 사회적인 교제는 건강에도 도움이 된다. 독서 클럽이나 교회의 모임 같은 사교 모임에 적극적으로 참여하거나, 친구나 가족들과 잦은 접촉을 가진 사람들이 오래 산다는 사실이 그 예로 입증되었다.

치료 기관에 의해 임의로 서포트 그룹(Support group)에 참여하도록 배정된 환자가 그렇지 않은 환자에 비해 오래 산다는 사실 또한 많은 임상 실험에 의해 밝혀졌다. 병에 걸렸을 때 함께 이야기할 수 있는 환자가 있으면 보다 편안하게 느끼는 것도 이와 같다.

사회적인 동물의 부정적인 면

그러나 사회적인 교제가 모든 사람에게 다 유익한 것은 아니며, 모든 교제가 다 좋은 것도 아니다. 사실 다른 사람들의 배려가 없을 경우, 질병과 장애는 대단히 힘든 사회적인 상황을 야기한다.

로니 라빈은 자서전에서, 세계적으로 유명한 내분비학자(Endocrin-ologist; 내분비샘 또는 내분비샘에서 합성되어 분비되는 호르몬의 기능을 연구하는 학문)인 아버지 데이비드가 루게릭병 발병 후 얼마나 냉대를 받았는지에 대해 서술했다. 연구가로서의 절정기에 나타난 루게릭병은 큰 장애가 되었다. 얼마 동안은 사람들에게 허리 디스크가 있어서 그렇다고 말했는데, 초기에는 그의 말이 그대로 받아들여졌다. 그러나 증세가 더 악화되자 사람들은 데이비드의 문제가 허리 디스크가 아니라는 사실을 알아챘다. 결국 데이비드도 스코트 맥클러처럼 친구들에게 루게릭병에 대해 말하지 않을 수 없었다. 그러자 대부분의 직장 동료와 친구들은 그를 멀리하기 시작했다. 로니는 부모님과 함께 학술 모임에 참석했다가 아버지가 사회적으로 소외당하고 있다는 사실을 처절하게 느꼈다.

부모님이 명부에 이름을 등록하기 위해 사람들이 가득한 연회장으로 들어갔을 때, 대화를 하던 사람들이 갑자기 조용해졌다. 사람들은 몸을 돌려 먼 곳을 멍하니 쳐다보았다. 아버지가 등록 카운터를 향해 가자, 마치 홍해가 갈라지듯 양쪽으로 물러서며 지나가도록 길을 열어주었다. 하지만 그것은 예의가 아니라 경계의 행동이었다. 부모님이 길가에 서서 강연장까지 타고 갈 버스를 기다릴 때도 사람들은 몇 발짝 떨어져 자기들끼리만 모였다. 그리고 식당에 있을 때도 옛날에 다정했던 친구들조차 모른 척하며 일렬로 비켜 걸어갔다.

사람들은 그와 가까이 하는 것을 불편하게 느꼈다. 서서히 죽어가고 있는 데이비드를 차마 볼 수 없었던 것이다.

스코트 맥클러도 병이 알려졌을 때 비슷한 상황에 직면했다. 하루는 스코트와 함께 점심을 먹는데, 얼마 전에 동료 중 한 사람에게 당한 일을 털어놓았다.

스코트는 이메일을 통해 병에 대해 알린 후 처음으로 캐더린(가명)을 만났다. 그는 복잡한 복도를 걸어가던 중 그녀가 자신 쪽으로 오고 있는 것을 보았다. 캐더린은 어색한 태도로 인사하고는 갖고 있던 서류 뭉치를 들고 급히 달려갔다. 스코트는 대화하자며 그녀를 붙잡았다. 그리고 자신과 함께 있는 것을 불편하게 느끼지 말아달라고 당부했다. 덧붙여 건강이나 근황에 대해 궁금한 것이 있으면 자연스럽게 묻고, 불편한 것이 있으면 말하라고 했다.

그 후 몇 주 동안 많은 친구나 지인들과 이러한 상황이 연출되었다. 스코트는 만약 자신이 사람들을 그냥 옆으로 지나가게 한다면, 병이 진행되어갈수록 그들의 그런 태도가 고착화되리라는 것을 알았다.

루게릭병은 특히 사람들을 대하기가 어려운 병이다. 그것은 사형선고나 다름없을 뿐 아니라, 갈수록 사람을 무기력하게 만든다. 치료가 불가능한 췌장암 환자는 병으로 인한 변화가 눈에 띄지 않으므로 친구들이 그의 미래에 대해 생각하지 않으면서 자연스럽게 대화할 수 있다. 그러나 스코트의 경우, 정확하지 않은 발음 때문에 병을 묵인한다는 것이 불가능했다. 게다가 몸이 급속도로 쇠약해져가고 있었기 때문에 2~3주가 지난 후에 그를 만나면 새로운 신경 장애 증세를 발견할 수 있었다. 사람들은 그의 전신에 병이 퍼져가는 모습을 지켜보는 걸 힘들어했다.

병 때문에 스코트가 느낀 사회적인 소외감은, 그가 휠체어를 사용하기 시작하면서 더 커졌다. 휠체어를 탄 스코트는 실제보다 더 약하게 보였다. 그가 휠체어를 탄 상태에서 몇 달 동안 러닝머신 운동을 했음에도 말이다. 게다가 휠체어를 타게 되고 나서는 다른 사람보다 몇십 센티미터나 낮은 위치에서 대화해야 했기 때문에 그 스스로도 마음이 위축되었다. 스코트와 대화할 때 앉거나 자세를 굽혀서 예의를 갖추는 사람도 있었지만, 대부분은 그처럼 단순한 방법을 생각하지 못했다.

사람들에게 자신에 대한 이해를 구하고자 한 스코트의 노력들은 종종 실패로 돌아갔다. 스코트의 직장 동료 다렌(가명)은 병문안을 가지 않을 만큼 그의 병으로 인한 고통이 컸다. 만약 그가 스코트를 그렇게까지 사랑하지 않았다면 찾아가는 데 어려움이 없었을 것이다. 하지만 그는 자신이 병문안을 간다면 스코트의 고통을 가중시킬 거라 생각했기에 차마 갈 수가 없었다. 그러자 스코트는 나를 만날 때마다 다렌의 안부를 물었다. 한번은 스코트가 다렌의 안부를 물었을 때 스코트의 어머니가 함께 있었는데, 다렌이 힘들어한다고 대답했다. 그러자 스코트의 어머니는 조금도 흔들림 없이, "아무리 어렵더라도 다렌이 극복해야 할 문제야."라고 말했다.

그 후 다렌을 만났을 때 스코트를 장례식장에서 마지막으로 보게 된다면 어떻겠냐고 물었다. 하지만 다렌은 스코트를 찾아가야 한다는 것을 알면서도 그러지 못했다.

사회적인 오명에 대처하기

사회적인 오명에 대한 의식은 역경에 대처하는 방법에서 중요한 역할을 한다.

만약 인공 항문 형성술을 받는다면 복부 부위에 불쑥 튀어나온 인공 항문을 부착하고 사는 것에 적응해야 한다. 게다가 주머니를 비울 때 겪어야 하는 불쾌감이나 흘러나올지도 모른다는 불안감을 감수해야 한다. 그것은 결코 좋은 모습이 아니지만, 대부분의 환자들은 자연스럽게 적응해나간다. 부모가 아기의 기저귀를 갈아줄 때처럼, 인공 항문 형성술이 생각했던 것만큼 비위에 거슬리는 일이 아니라는 것을 알게 되기 때문이다. 솔직히 다른 사람들이 자신의 상태를 알고 나면 비위가 상해 코를 막지 않을까 하고 걱정하는 것이 더 어려운 점이다. 속옷 밑으로 불쑥 튀어나온 인공 항문 주머니를 누가 보게 될까봐 염려하거나, 사람들이 보는 앞에서 문제가 생길까봐 두려워 친구와 가족까지 멀리하는 사람들도 있다.

내 친구 중 하나는 대학 졸업 20주년 모임이 있기 바로 직전에 직장을 잃었다. 그는 실직 자체만으로도 고통스러웠지만, 동창회에 참석해 친구들에게 구직 중이라고 말하는 게 더 어려울 거라고 생각했다. 좋지 않은 일로 사람들의 주목을 받는 건 고통스런 일인 데다, 그것 때문에 자존심에 상처를 입을 게 틀림없었기 때문이다. 사람들 앞에서 스스로 죄인이 된다는 것에 대해 어떻게 설명할 수 있겠는가.

때로는 역경이 주는 부끄러움 때문에 고통스럽기도 하다. 보기에는 흉하지만 고통이 없는 흉터가 다른 사람들이 어떻게 생각할지에 대해서만 개의치 않으면 행복의 유무에 영향을 주지 않는 것처럼 말이다.

스코트는 루게릭병으로 인해 대부분의 사람들이 수치와 모욕으로 간주할 수 있는 모든 종류의 상황을 겪었다. 하지만 그는 자신의 인생관에 따라 그런 것들에 크게 매이지 않았다. 대신 사람들에게 자신의 입장을 솔직히 말하고, 그들의 불편을 덜어주도록 돕는 것에 노력을 기울였다. 그는 병세가 악화될수록 친구들이 더 중요하게 되리라고 생각했다.

사회생활이 불가능할 때 일어나는 일들

스코트를 사회적으로 위축되게 한 상황이 어떤 것이었는지를 추론하는 건 쉬운 일이 아니다. 다만 사람들과의 의사소통이 갈수록 어려워졌다는 점이 불리하게 작용했음은 틀림없다.

발병 후 1년이 지나자 가족과 가까운 친구들만 이해할 수 있을 만큼 발음이 부정확해졌다. 몇 달이 더 지나자, 아들들을 제외하고는 대부분 스코트의 말을 알아들을 수 없었다. 게다가 그는 말을 할 수 없을 만큼 몸이 쇠약해진 상태였다.

그러나 스코트의 의사소통이 끝난 건 아니었다. 그에게는 웃고, 감정을 표현하고, 눈동자를 굴리고, 내가 우리 두 사람 사이에서만 통하는 농담을 하면 알아들었다는 시선을 보낼 수 있을 만큼의 안면 근력이 남아 있었다. 게다가 컴퓨터를 통한 대화가 가능했다. 그는 키보드를 사용할 수 없을 만큼 손이 약했지만, 마우스를 사용해 화면에 나타난 가상 키보드에 지시하는 것은 가능했다. 의도하는 글자로 커서를 움직인 다음 클릭하면, 컴퓨터의 프로그램이 스코트가 클릭한 철자로 시작하는 단어들을 화면에 나타냈다. 예를 들어 N 자를 클릭하면 'no, never, nordic'과 같은 단어가 나타났고, 그중에서 원하는 단어에 커서를 갖다대면 되었다. 현대 과학의 눈부신 발달로 인해 그는 친구들에게 이메일을 보낼 수 있었고, 직접 만날 때는 이 방법을 통해 문장이 나타날 때까지 기다려주는 사람들과 대화할 수 있었다.

그러나 스코트의 병은 계속 진행되었고 의사소통에 대한 문제도 심각해졌다. 손의 기력이 쇠약해져가면서 컴퓨터의 마우스를 클릭하는 것도 점점 힘들어졌다. 스코트는 이 문제를 단어 질문 프로그램을 사용해 극복했다. 커서를 글자에 갖다대고 1.5초 정도 있으면 단어들이 나타나는 프로그램이었다.

하지만 스코트의 근육은 계속 약해졌고 마우스를 움직이는 속도도 급격하게 떨어졌다. 더 이상 컴퓨터를 사용하는 것조차 힘들었다. 그러자 스코트와 가족들은 눈썹과 치아를 이용한 신호로 의사소통을 하기 시작했다. 치아를 한 번 부딪치는 것은 B와 H 사이에 있는 자음을 나타냈다. 스코트가 상대방의 얼굴을 향해 옳다고 인정하는 표정을 지을 때까지 계속해서 자음을 짚어 내려가는 방법을 통해 그것을 가려냈다. 그것은 상상하는 것처럼 꿩장히 어려운 방법이었지만, 스코트의 가족과 친구들은 이 방법을 통해 의사소통을 계속할 수 있었다.

의사소통을 위한 노력

다른 사람과 의사소통을 하는 것은 대단히 중요하다. 스코트가 근력이 계속 약해져 컴퓨터조차 다룰 수 없게 되자, 나는 슈퍼맨의 주연으로 널리 알려진 크리스토퍼 리브가 생각났다. 승마를 하다가 떨어져 전신마비 환자가 된 리브는 다리와 팔을 움직일 수 없었으며, 인공호흡기 없이는 숨을 쉴 수도 없었다. 하지만 리브는 호흡을 위해 주기적으로 인공호흡기를 사용할 때를 제외하고는 거의 정상적인 발음으로 말을 할 수 있었다.

스코트는 병이 계속 진행되는 중에도 뛰어난 유머 감각을 잃지 않았다. 그에게는 농담하는 소리를 듣다가 침 때문에 목이 막힐 때도 미소를 지을 수 있을 만큼의 안면 근력과 웃을 수 있는 호흡기의 근육 조직이 남아 있었다. 가끔씩 그는 화면에 짓궂은 농담을 쳐놓고는 웃다가 기침을 했는데, 그때마다 병원의 진료소에서 근무하는 직원이 "잘못하면 농담하다가 질식해서 죽을지도 모르겠네요."라고 말해 더 웃음바다로 만들었다. 그러면서 스코트에게 기침을 하게 했는데, 그 모습은 오래전에 내가 인공호흡을 시켰던 환자의 마지막 순간을 생각나게 했다. 그러면 나는 "자네가 짓궂은 농담을 하다가 질식해서 죽으면 내가 죽이는 꼴이 되네."라며 거들었다.

그러나 뛰어난 유머 감각도 스코트가 손의 기력을 잃어가는 것을 막아주지는 못했고, 그는 눈썹 신호에 대해 알지 못하는 사람과는 더 이상 대화를 할 수 없는 상황에 놓였다. 하지만 그의 두뇌 회전은 여전히 빨랐다. 루게릭병은 인간의 사고 능력에 아무 영향을 주지 않기 때문이다. 그래서 여전히 글을 읽고 TV를 보는 것이 가능했으며, 가족과 대화할 수 있었다. 하지만 쉽게 대답할 수는 없었다. 이 것은 스코트가 원하는 삶이 아니었다. 그래서 그는 손에 기력이 남아 있을 때 1차 진료 기관에 이메일을 보내, 가족들과의 효과적인 대화가 불가능하다면 인공호흡기를 사용하고 싶지 않다고 했다.

스코트는 자살 충동을 느끼거나 절망에 빠지지 않았다. 그에게는 살아야 할 여러 가지 이유가 있었으며, 두 아들이 자라는 것을 지켜보고 싶어 했다. 하지만 대화를 하지 못하는 상태에서 보기만 하는 건 견딜 수 없는 고통이었다.

그래서 체념하지 않고, 눈으로 컴퓨터 조작을 가능하게 해주는 제품들을 차례대로 실험하기 시작했다. 루게릭병에 걸려도 안구를 상하좌우로 움직이는 데 필요한 외안근(外眼筋)에 손상을 입지 않는 경우도 있었기 때문이다.

스코트는 세 가지의 각기 다른 제품을 시험해보았다. 하지만 그 중에 효과가 있는 것은 없었다. 그는 마지막으로 비전키(VisionKey; 눈으로 조작하는 키보드)라는 제품을 시험해보았다. 그것은 길이가 대략 8센티미터 정도 되는데, 모양이 현미경의 렌즈와 비슷했다. 그리고 오른쪽 눈앞에 착용했기 때문에 왼쪽 눈으로는 정상적으로 볼 수 있었다. 이 기구를 자세히 응시하면 글자와 상징들로 만들어진 문자판을 볼 수 있는데, 문자판의 특정 부분을 2초 정도 집중해서 응시하고 있으면 컴퓨터 화면에 글자나 상징이 나타난다. 그러면 단어 인

160

식 프로그램이 반응해 그가 쓰고자 하는 단어를 유추한다. 컴퓨터가 잘못된 글자나 단어를 치거나 복잡한 명령어를 지시할 때는 프로그램에 후퇴 명령을 지시하거나 멈춤과 시작을 반복해야 하는 어려운 과정이었다. 그래서 사람들이 이 문장처럼 긴 글을 읽는 동안에 스코트는 기구가 정상적으로 작동한다고 해도 다섯 단어 정도밖에 칠 수 없었다.

나는 스코트가 이 기구를 사용하기 시작한 후 그를 방문했는데, 그가 문장을 마치기도 전에 뜻을 알아맞혔다. 스코트가 미리 프로그램화시켜 놓은 명령어를 컴퓨터에 지시하자 화면에 '방해하지 마시오!' 란 문구가 나타났다.

스코트처럼 사람들과 대화해야 할 필요성을 절실히 느끼는 사람에게 의사소통은 생사에 영향을 미칠 만큼 중요한 수단이 된다.

악몽의 원인

스코트에게 루게릭병이 발병한 지 얼마 안 됐을 때 꿈을 꾸었는데, 꿈속에서 내가 루게릭병 진단을 받았다. 꿈이라는 걸 알지 못한 나는 두려움과 공포에 사로잡혔다. 가장 고통스러웠던 것은 생후 18개월 된 아들과 출산을 4개월 앞둔 아내의 배 속에 있는 아이에 관한 생각이었다. 이아들이 훌륭한 성인으로 자라도록 가르치거나 영향을 주지 못할 거라 생각하니 굉장히 가슴이 아팠다. 비록 꿈이었지만, 자녀들이 나에 대해 알기도 전에 죽는다는 것은 인생에서 가장 슬프고 아픈 일이었다. 나는 그렇게 감상적인 사람이 아닌데도 그날 밤 꿈에서 깨어나 펑펑 울었다.

그 꿈을 꾸기 전까지는, 6년 전 버지니아 주의 서쪽 시골에서 카누를 타다 익사할 뻔했을 때 느낀 것이 가장 슬픈 감정이었다. 그때 나는 강한 물살에 휩쓸려 둑 위로 밀려갔다가 다시 급류에 떠내려갔다. 함께 카누를 탔던 조지도 급류에 휩쓸렸다. 우리는 서로를 향해 큰 소리로 불렀지만, 둑에 부딪치는 거센 물살 때문에 듣지 못하고 떠내려갔다. 거친 물살의 강 한가운데에 있던 나는, 수압이 강하기 때문에 헤엄쳐서 그 상황을 벗어날 수 없다는 사실을 알았다. 익사하지 않으려고 약 5분 동안 사투를 벌였지만 결국 폐로 물이 들어가기 시작했고, '이제 죽었구나.' 하고 생각했다. 카누 타는 것을 유원지에서 보트 타는 것처럼 생각했던 내 자신이 한없이 원망스러웠다.

그러다 정신이 들었고, 내가 숨 쉬고 있다는 사실을 깨달았다. 눈을 뜨니 하늘이 보였다. 고개를 돌려 보니 둑에서 멀어져 하류를 따라 떠내려가고 있었다. "살았구나, 살았어!" 나는 확인이라도 하듯 외쳤다. 그리고 모든 기지를 발휘해 바위를 조심스럽게 피해 강가로 헤엄쳐갔다. 잠시 후 조지의 모습이 보였다. 헬멧을 쓴 그의 머리가 수면 위로 솟구쳐 오르더니, 하류를 따라 떠내려오기 시작했다. 나는 살아났다는 사실에 기뻐하며 그를 물 위로 끌어올렸다.

차를 타고 집으로 가는 동안 우리는 이 일에 대해 이야기했다. 이처럼 강한 충격을 준 사건은 둘 다 처음이었다. 나는 '이제 죽었다'

고 느꼈을 때 부모님과 조심하라고 신신당부한 여자 친구(지금의 내 아내)가 얼마나 슬퍼할까 하는 생각이 들었다. 무엇보다도 내가 예상했던 것보다 50년 이상 빨리 죽는다는 생각에 몹시 슬펐다.

그에 비해 조지는 모든 생각이 1살 된 아들 맥스에게 집중되었다고 했다. 그는 아이가 아버지 없이 자랄 거라는 생각에 몹시 슬펐다고 말했다. 돌이켜보면 그때 조지가 받은 정신적인 충격이 나보다 10배는 더 컸을 거라는 생각이 든다.

내가 지금 이 이야기를 하는 이유는, 어려움에 처한 사람에게는 사회적인 지원이 큰 의지가 된다고 보는 대다수의 사회학자들에게 전형적인 예시가 되기 때문이다. 그것은 집 앞의 진입로를 포장해주거나 슬플 때 부담 없이 껴안고 울 수 있는 친구를 두는 것을 말한다. 조지와 스코트는 각자 겪은 사건을 통해 다른 사람의 삶에 동참한다는 것이 얼마나 중요한지를 직접 체험했다.

부모로 산다는 것

스코트는 인공호흡기 때문에 의사소통이 불가능해진다면 그것에 의지하지 않겠다고 말했다. 그는 자녀들의 삶에 깊이 관여하길 원했다.

스코트가 루게릭병을 앓은 지 6개월째에 접어들었을 때, 나는 앞으로도 인공호흡기를 계속 사용하지 않을 거냐고 물었다. 그러자 그가 되물었다.

"자네는 아들들이 성장하는 모습을 보고 싶지 않나?"

엔 아버로 이사한 스코트의 집에서 하룻밤을 보낸 나는, 스코트가 단순히 아들들이 자라는 모습을 보기만 하는 게 아니라는 걸 알았다. 그는 아버지로서의 역할을 하느라 바쁘게 보냈다. 저녁 식사를 마친 후 스코트는 기구를 통해 나와 대화하려 했는데, 컴퓨터에 이상이 생겼다. 그래서 의사 표현이 가능한 문장 몇 개를 쓰는 데 약 5분이 걸렸다. 그때 10대 자녀들로 인해 가정에서 흔히 볼 수 있는 일이 일어났다. 운전을 배우고 있던 노아가 알렉산더와 함께 차를 몰고 밖으로 나가려 했다. 린은 노아에게 복잡한 진입로에서 차를 빼는 것은 형에게 부탁하라고 했는데, 그 말이 노아의 자존심을 상하게 했다. 그래서 형제는 어머니의 말을 두고 몇 분간 옥신각신했다. 설전이 끝난 후 린과 나는 다른 것에 대해 이야기했다. 그때 스코트의 컴퓨터에서 삑 하는 소리와 함께 글이 나타났다. '노아는 운전하면 안 돼, 여보. 지금 막 배우고 있는 상태잖아.' 린이 "한 번만 봐줘요."라고 답변하자, 스코트는 '안 돼. 사과하지 않으면 절대 운전할 수 없어.' 라고 쳤다.

자동차 문제로 논쟁을 하는 동안 노아는 어머니한테 무례한 태도를 보였다. 린은 노아의 행동을 무시하고 넘어갔지만, 스코트는 그러지 않았다. 그는 노아가 밖으로 나가기 전에 어머니에게 사과하지 않을 경우, 일정 기간 동안 외출을 금지하라고 분명히 말했다. 이렇게 스코트는 몸에 장애가 있든 없든 상관없이 가장으로서의 위치를 계속 지켰다.

또 한 번은 스코트의 집을 방문했다가, 린과 스코트와 함께 노아의 축구 경기를 보러 갔다. 노아가 소속된 팀은 뛰어난 골키퍼와 미드필더의 역할에 힘입어 훌륭한 팀플레이를 보였고 많은 사람들을 놀라게 했다. 스코트는 사이드라인에서 경기를 관전하며 종종 내게 보는 것에 방해가 되지 않도록 비켜달라고 신호하거나 경기에 대해 궁금한 것을 물었다. 집으로 돌아와 스코트에게서 노아의 플레이에 대한 이메일을 받았을 때, 부모로서의 적극적인 역할을 다시 한 번 상기하게 되었다.

스코트와 두 아들 사이의 관계는 그에게 살아야 할 강한 이유가 되었다. 이러한 관점에서 봤을 때, 일시적이고 기분에 근거한 행복과 의미 있고 목적의식이 분명한 행복에는 차이가 있다는 걸 알아야 한다.

자녀를 키우는 것은 부모들에게 보통 때보다 훨씬 더 크고 부정적인 기분을 경험하게 할 수도 있다. 하지만 강한 의미와 목적의식을 부여하기도 한다.

사람들과의 교제가 사람의 건강과 행복 지수에 미치는 효과에 대해 연구하는 학자들은 사람이 그것을 통해 얻는 이익에만 지나치게 초점을 둔다. 만성적인 질병으로 고통당하는 사람은 대개 친구와 가족에게서 물리적이고 경제적인 지원을 받는다. 하지만 그런 지원이 당사자에게 행복을 가져다줄까?

만약 스코트가 의사소통 능력을 상실했다 해도, 그는 수동적인 입장에서 애정과 도움을 받는 수혜자로 계속 살아갈 수 있을 것이다. 하지만 그가 침대에서 일어나 밖으로 나오는 이유는, 물리 치료학과 학생들이 집으로 찾아와 무기력한 몸을 일으켜주기 때문이 아니다. 그것은 세상이 마약 중독에 대한 치료법을 필요로 하며, 아내가 기운을 잃었을 때 남편의 사랑과 위로가 필요하기 때문이다. 또한 두 아들들에게 항상 자상하면서도 엄격한 아버지가 필요하다는 생각 때문이다.

도움을 주는 것이 나은가, 받는 것이 나은가?

지금까지의 많은 연구에 의해, 만성적인 질병 환자 중 사회적인 지원을 많이 받는 사람이 그러지 못한 사람보다 오래 산다는 사실이 밝혀졌다. 그러나 이 연구들은 내 동료이자 진화 심리학자인 스테파니 브라운에 의해 큰 도전을 받았다.

그녀는 종(種)으로서의 인간에게는 서로 도와야 할 진화적인 압박이 존재한다고 가정하여, 연장자 집단의 사망률에 대한 연구를 했다. 그리고 이전의 연구들과 마찬가지로, 많은 사회적 지원을 받는 사람이 그러지 못한 사람들에 비해 오래 산다는 사실을 발견했다. 그러나 이러한 사회적 지원이 사람의 수명에 미치는 영향은 무시해도 될 만큼 아주 적었다. 그녀는 주고받는 것 사이의 사회적 지원을 통계적으로 계산했을 때, 사람이 얼마나 오래 살지 예측할 수 있는 기준은 '얼마나 주는가?' 에 있다는 걸 알게 되었다. 즉, 남에게 도움을 주는 사람이 도움을 받는 사람보다 더 오래 산다는 뜻이다.

그렇다면 브라운의 연구 결과를 어떻게 설명할 수 있을까?

다른 사람을 돕는 것은 삶에 의미와 목적을 부여하며, 나아가서 기분을 향상시켜준다. 사람은 남을 도울 때 기쁨을 느끼도록 되어 있다. 실제로 진화 심리학자들은 인간의 도덕적 태도가 진화했다고 확신한다. 이타주의와 이기주의는 진화론적인 사고의 적자생존 이론과 배치되는 것처럼 보이지만, 사실 인간의 생존에 보다 적합하다고 확신한다. 인간은 상호 연관된 존재로, 생존을 위한 의존 관계에 있다. 따라서 진화된 행동을 통해 상호 협조함으로써 스트레스 호르몬을 비롯해 몸에 해로운 것들의 수치를 낮추고, 유익한 결과를 얻는다.

만약 브라운의 주장이 옳다면, 다른 사람을 도울 수 있는 능력은 역경에 처한 사람이 환경을 극복하기 위해서 할 수 있는 가장 중요한 요소 중 하나가 될 것이다. 따라서 다른 사람을 도울 수 있는 방법을 발견할 필요가 있다.

스코트에게 비전키 프로그램과 마약 중독을 퇴치시킬 수 있는 기회, 아들들이 10대 후반을 잘 보내도록 도울 수 있는 기회가 주어지지 않았다면 제대로 살지 못했을 것이다. 그러므로 적어도 스코트의 경우에는 브라운의 이론이 적용됐다.

이처럼 다른 사람을 돕는 것은 생존을 위한 장점이 된다.

작은 어려움을
극복하기 위한 투쟁

특정 활동 외에 신경을 쓰지 않는 상태에 도달하면 더 행복해질 수 있다. 사람들은 피아노를 연주하거나 테니스 시합을 할 때, 독서를 할 때 등, 전적으로 몰두할 수 있는 활동을 할 때 정신과 생활이 윤택해진다.

지금까지 사람들이 질병을 극복하는 과정을 너무 쉽게, 단순히 정신적인 능력으로 고통을 최소화하고, DNA나 친구들의 작은 도움을 통해 아프기 전의 행복한 상태를 회복하는 것처럼 표현했을지도 모른다.

또한 그렉 휴즈는 혼수상태에서 깨어났을 때 살아 있다는 기쁨 때문에 사라진 다리에 대해서 인식하지 못했고, 스코트 맥클러는 루게릭병에 걸렸다는 사실이 명백해진 순간에 삶을 다시 긍정적인 시각으로 바라보게 되었다고 말했다.

그러나 이처럼 신속하고 온전한 적응이 일반적으로 나타나는 것은 아니다. 심각한 질병이나 장애를 가진 사람들이 행복을 찾는다는 것은 종종 투쟁이 된다. 비록 90퍼센트 이상의 사람들이 자신의 삶에 매우, 또는 어느 정도 만족하고 있다고 하지만, 한 가지 장애를 가진 사람의 경우 74퍼센트, 한 가지 이상의 장애가 있는 사람들의 경우 57퍼센트까지 떨어진다. 심각한 장애가 있는 사람들의 행복지수는 49퍼센트까지 떨어진다.

하지만 심각한 장애를 가진 사람들은 일반인들이 생각하는 것처럼 그렇게 자기 파괴적이지 않으며, 행복할 가능성이 더 높다. 그렇다고 해서 누구나 그렉이나 스코트처럼 될 수 있다는 뜻은 아니다.

그렉과 스코트 또한 각자의 장애에서 비롯되는 새로운 시련에 계속 직면했다. 스코트의 병은 진행성이었기 때문에 새로운 장애가 발생할 때마다 극복해야 했다. 스코트와 달리 그렉의 장애는 정지형이었다. 하지만 그렉은 안락한 재활 병원에 있다가 현실 생활로 돌아가는 것이 과연 어떨지 알 수가 없었다. 그렉은 집으로 돌아간 순간, 정서적인 안정을 위협하는 많은 일들에 직면했다.

그렉과 스코트는 엄청난 상실감을 겪었음에도 정서적인 회복력에 가장 큰 위협이 되는 것은 사소하게 보이는 장애라는 사실을 깨달았다.

고통, 따분함, 그리고 집안일

나는 그렉이 재활 병원에서 퇴원한 지 한 달 만에 그의 집을 방문했다. 그렉의 친구들이 만들어놓은 경사로를 따라 현관에 이르자, 루스가 반갑게 맞아주었다. 그렉은 주방의 테이블에 앉아 플라스틱 차의 모델을 조립하는 중이었다. 모델 부품에 스프레이 작업을 방금 마친 그는, 차를 조립하기 위해 부품들이 마르기를 기다리고 있었다.

인사를 나눈 후 그렉과 루스는 도넛 케이크를 먹으며 진입로에 빠져 꼼짝하지 못했던 이야기를 들려주었다. 그들은 비가 쏟아지던 날 밤에 파티 장에 도착했을 때의 엉망이 된 모습을 떠올리며, 그날 있었던 사건들에 대해 수다를 떨었다. 나는 그렉이 잘 적응하고 있다고 생각했다.

그러나 그가 모든 일이 바랐던 것처럼 그렇게 잘 풀리지는 않았다고 함으로써 내 환상은 깨졌다. 그는 지난 한 달 동안 조립한 모델과 나무를 전깃불로 태워서 만든 작품들이 가득한 선반을 가리켰다. 하나하나 완성된 작품만을 봤을 때는 여가를 즐겁게 보내기 위한 방법처럼 보였으나, 가득 쌓여 있는 물건들은 시간이 엄청나게 남아도는 사람의 행동처럼 느껴졌다.

그렉은 두 다리를 잃기 전에 자동차 정비소에서 주당 70시간을 근무하고, 남는 시간의 싱딩 부분은 집을 수리하거나 취미 활동에 할애했다. 하지만 지금은 직업이 없으며, 예전에 하던 대부분의 일들은 휠체어에 앉은 채로 하기에는 위치가 너무 낮거나 높아 손이 닿지 않았다. 게다가 그렉의 휠체어는 미시간 주에 쌓인 눈 위를 이동할 수 있도록 설계되지 않았기 때문에 겨울에는 밖에서 많은 시간을 보낼 수 없었다. 마을의 인도 역시 휠체어를 타고 다니기에는 너무 거칠고 굴곡이 심했기 때문에 위험하게 느껴졌다. 직업도 취미 생활도 없이 집 안에만 갇혀 있어야 했던 그렉은 남아도는 시간을 주체할 수 없었다.

새로운 장애를 갖게 된 사람들의 경우, 부상이나 질병으로 인해 정신적이고 신체적인 기력이 완전히 소진되었음에도 재활 병원에서의 생활이 그들의 삶에서 가장 우울한 기간이다. 형편없는 음식이나 낯선 사람들과의 동숙을 포함한 병원 환경은 많은 환자들의 상태를 더 악화시킨다. 이런 상황이 얼마나 힘들고 어려운지 인식한 재활 팀은, 환자들과의 면담을 통해 그들이 암울한 날들을 극복할 수 있도록 도와주고자 정기적으로 임상 심리학자를 초청한다.

그러나 그렉 휴즈는 그런 도움의 필요성을 거의 느끼지 못했다. 그는 병원에 있는 동안 놀라울 정도로 긍정적인 태도를 유지했으며, 자신의 의식이 계속 개선될 거라고 확신했다. 그는 병원에 머무는 동안 날마다 강해졌고, 장소를 이동하는 것에 능숙해졌으며, 다리의 절단 부위에서 느끼는 통증이 약해졌다. 그는 집으로 가면 자신의 침대에서 자고 좋아하는 음식을 먹으며 자신의 옷을 입기 때문에, 모든 것이 나아질 거라고 생각했다.

높은 기대 심리에서 오는 고통

그렉은 비가 오던 날 밤에 진입로에서 흠뻑 젖은 사건을 통해, 집으로 오는 과정 자체가 새로운 도전이라는 사실을 깨달았다.

병원에서는 의사와 간호사들이 검사를 할 때와 친구나 가족들과 대화하는 시간을 제외하고는, 물리 치료와 작업 치료를 위한 활동으로 모든 시간이 채워졌다. 그래서 급속한 호전이 이루어졌다. 혼수 상태에서 막 깨어났을 때는 코를 긁는 것조차 힘들 만큼 기력이 약했지만, 나날이 팔의 힘이 세지는 것을 느낄 수 있었다.

하지만 집으로 가자, 활동량과 사회적인 접촉이 훨씬 줄어들었다. 그렉은 다른 것에 거의 관심을 쏟지 못해서 느낄 따분함이나, 사람들과의 접촉이 현저히 줄어들어 대부분의 시간을 루스하고만 보내게 되리라는 것을 예상하지 못했다. 그는 창틀이 틀어진 것을 보면서도 고칠 수 없는 것처럼, 집안에 앉아 자신이 직접 할 수 없는 일을 물끄러미 바라보고만 있어야 하는 답답한 상황들을 예상하지 못했다. 병원에서 날마다 힘이 세졌던 것과는 달리, 집에 온 순간부터 회복이 느려지고 있었다. 게다가 그가 더 이상 강해질 수 없는 시점이 다가오고 있었다.

그렉은 자신의 높은 기대치에서 오는 고통을 겪고 있었다. 병원에 있을 때는 집에 가서 생활할 때 느낄 단점은 고려하지 않은 채 모든 것을 긍정적으로만 생각했다. 또한 기대한 만큼 몸이 다시 강해지고 치료가 잘되어서 상처가 아물면 새로운 직업을 가질 거라고 상상하며 회복에 박차를 가했다. 하지만 집으로 오자 회복이 생각했던 것보다 훨씬 느리게 이루어지며, 집에서의 삶 역시 이상적이지 못하다는 사실을 깨닫게 되었다. 그렉은 집에서 5미터 떨어져 있는 공구 창고를 창문 밖으로 보면서, 눈이 쌓인 마당을 건너 창고 안을 들여다볼 수 없는 현실을 안타까워했다.

그렉의 답답함에 대해 상상해보던 나는, 뉴욕에서 이사 온 두 친구가 새로운 도시에서 즐길 수 있는 문화생활이 너무 부족하다고 불평을 하던 것이 생각났다. 내가 자녀와 일 때문에 너무 바빠서 그러는 게 아니냐고 말하자, 그들은 주변에 많은 문화생활이 존재한다는 사실을 아는 것 자체가 실제로 참석할 수 있는 것보다 더 중요하다고 대답했다. 그렉도 이들과 유사한 답답함을 겪고 있었다. 그가 다리를 절단하기 전에는 집에 난방시설을 설치하는 정도의 일은 그렇게 대단한 것이 아니었다. 그런데 이제 그것을 할 수 없게 되었다고 상상해보라. 얼마나 끔찍한 일인가!

그렉은 일거리를 찾거나, 독서, 영화 감상, 그밖에 장애의 영향을 받지 않는 다른 것들을 하면서 지루함을 달래려 했다. 하지만 이런 활동들조차도 불가능했다. 고통으로 인해 마음이 분산되고 괴로워서 집중할 수가 없었기 때문이다.

가장 참기 힘든 것은 있지도 않은 다리에서 발생하는 고통, 의사들이 소위 환지통(Phantom pains; 사고로 잘려 나가거나 수술로 잘라낸 수족이 있다고 착각해 통증을 느끼는 것)이라고 말하는 것이었다.

"꼭 누군가가 무릎 위에서 두 다리를 잡고 발끝까지 힘줄을 확 잡아당기는 것 같아요. 한 쪽 무릎은 있지도 않는데 말이에요."

그는 한 손은 끈을 잡은 것처럼 주먹을 불끈 쥐고, 다른 한 손은 엉덩이에 대고 힘껏 끈을 당기는 흉내를 내며 그것을 묘사했다. 그의 몸짓을 보고 있으니, 마치 내 다리의 힘줄에 실제로 고통이 가해지는 것 같은 기분이 들었다.

"때로는 절단 부위의 뼈가 밖으로 돌출되어, 누군가가 커다란 쇠망치로 뼈를 때리는 것 같아요. 망치로 내려치는 듯한 고통을 느낄 때마다 의자에 기대앉아요. 어떤 때는 너무 크게 소리를 질러서 개들이 놀라 짓기도 하지요."

환지통보다는 덜 심각하지만 더 골치 아픈 것은, 손상된 절단 부위의 신경 말단이 지속적으로 쑤시는 것처럼 느껴지는 지각이상증이었다. 그렉은 이러한 지각이상증으로 인해, 마치 작은 핀과 바늘 더미 위에 앉아 있는 것처럼 느꼈다. 이때의 고통은 환지통에 비하면 그렇게 심한 편은 아니었다. 0부터 10까지의 눈금을 기준으로 한다면, 환지통으로 인한 통증은 12이상을 기록하지만 오랫동안 지속되지는 않았다. 지각이상증으로 인한 통증은 3~4의 주위를 맴돌지만, 그것 때문에 낮에는 무언가에 집중하기가 힘들고, 밤에는 잠자는 것이 불가능할 정도였다.

의사들은 통증을 호소하는 환자들에게 약리학과 마취학의 발달로 전이성 암이든 퇴행성 관절염이든 혹은 사지절단으로 인한 것이든, 통증을 얼마든지 완화시킬 수 있다고 말한다. 물론 그것은 사실이다.

다량의 진통제를 투여한다면 환자를 무의식 상태나 혼미한 상태로 만들어 통증을 느끼지 못하게 할 수 있다. 그러나 대부분의 환자들은 자신의 의식을 희생시키면서까지 고통을 없애려고 하지 않는다. 그들은 힘줄을 끌어당기는 것 같은 고통이 나타날까봐 두려워하지 않으면서 책을 읽고 싶어 한다.

격렬한 고통을 겪고 있는 환자들에게 약을 줄 때는 섬세하고 균형 있는 행동이 필요하지만, 그렉의 담당 의사들은 그러지 못했다. 그는 다량의 진통제와 수면제 및 신경안정제를 복용했지만, 고통을 덜기는커녕 심각한 부작용이 나타났다. 지나친 약물 복용 때문에 집중력에 장애가 생긴 것이다. 그는 의사를 찾아가 고통을 제어할 수 있는 좋은 방법이 있는지 알아봐야겠다고 했다.

나는 그렉의 고통과 답답한 마음을 덜어주고자, 화제를 돌려 루스의 직장 생활에 대해 물어보았다. 그리고 그녀가 실업자가 되었다는 얘기를 들었다. 그것은 그렉이 집에서의 생활을 떠올릴 때 예상하지 못했던 것이었다. 루스는 "그렉을 간호하느라 별로 근무를 하지 못했다는 걸 아시는 사장님께서 해고 대상 1호로 생각하고 있었어요. 회사 경기가 안 좋거든요."라고 말했다. 결국 화제 전환은 분위기를 개선하기는커녕, 오히려 낙심한 그들의 마음을 수면 위로 올라오게 하는 역할만 했다. 게다가 그렉은 집의 수리마저 루스에게 떠넘긴 것에 대해 죄책감을 느꼈다.

나는 좀더 밝은 주제에 대해 대화하기 위해, 그렉에게 그런 일들을 아내에게 맡긴 것을 보상하기 위해 무엇을 하는지 물었다. 그러자 루스가 말했다.

"단 한 가지도 없어요. 설거지나 요리하는 것을 도와달라고 했지만 가만히 앉아만 있는걸요."

그렉은 농담을 해서 분위기를 바꾸려고 했다.

"저는 루스가 휠체어만 밀어주면 진공청소기로 청소해주겠다고 말했는데요."

그러나 루스는 그런 농담을 전에도 여러 번 들었는지, 그다지 놀라는 표정이 아니었다. 그렉은 계속 말했다.

"저는 가사를 싫어했고 지금도 마찬가지예요. 루스가 요리를 하거나 청소를 할 때 저는 집 주변의 부서진 곳을 고치곤 했죠. 그래서 지금도 가사를 돕는 것에 대해서는 상상도 하지 않습니다."

많은 부부들이 결혼 초기에는 설거지나 잔디 깎기와 같은 가사에 대해 말다툼을 벌이지만, 결국 대부분의 경우에는 분담을 하게 된다. 한 사람이 잔디를 깎으면 다른 사람은 쓰레기를 버린다. 행복한 결혼 생활을 하는 남편과 아내는 모두 자신의 배우자가 일을 잘하고 있다고 믿는다. 그렉의 다리가 절단되기 전에는 두 사람도 이러한 균형 상태를 유지했다. 그러나 지금은 그 균형이 깨졌고, 아직까지 새로운 균형을 찾지 못한 상태였다.

그렉은 집에 있을 때보다 재활 병원에 있을 때가 훨씬 더 행복했다. 재활 병원에 있을 때는 장애에 잘 적응해가는 것처럼 보였으나, 집에서의 생활에 적응하기 위해서는 아직 많은 노력이 필요했다.

예민한 감각 : 적응의 이면

모든 역경이 다 똑같은 것은 아니다. 어떤 역경은 사람의 정서적인 회복력에 대한 매우 강한 시험이 된다.

앞에서 설명한 것처럼, 대부분의 역경은 건전한 사회관계 속에서 폭넓은 상호작용을 통해 쉽게 해결될 수 있다. 그런데 사람들은 확실한 상황보다 불확실한 상황에 대처하는 것에 더 힘들어한다. 그러나 그렉의 여러 가지 고통에 대한 반응은 이런 가정들과 모순되는 부분이 있다. 이론적으로 봤을 때 그는 간헐적으로 발생하는 환지통보다 끊임없이 계속되는 지각이상증에 더 쉽게 적응해야 했다. 하지만 그는 환지통으로 인한 고통을 겪으면서도 지각이상증을 더 두려워했다.

그렉의 지각이상증에 대한 태도를 보면, 적응이 불행에 대한 인간의 공통적인 반응이 아니라는 것을 알 수 있다. 사람들은 때때로 불편하거나 불쾌한 것에 익숙해지는 대신, 시간이 지남에 따라 그것들을 더 싫어한다. 그렉 역시 처음에 지각이상증을 경험했을 때는 다소 귀찮게 여겼지만, 지속되자 참고 넘어가기가 힘들어졌다.

대학 시절에 음식을 먹을 때마다 씹는 소리를 매우 역겹게 내는 룸메이트가 있었다. 처음에는 그 소리를 의식하지 못했지만 한번 감지하고 난 후부터는 성가시더니, 시간이 지나면서 점점 미칠 지경이 되었다. 음식물을 씹는 작은 소리에도 신경이 쓰여 매우 불편했다.

혹시 수도꼭지에서 물이 똑똑 떨어지는 소리 때문에 괴로웠던 적이 있는가? 그런 소리는 당신의 뇌를 혼란스럽게 자극하므로 무시하기가 불가능해질 수도 있다. 작고 성가신 일에 더 민감해지는 것이다.

예민한 감각은 적응의 또 다른 이면이다. 사람이 특정 상황에 적응하게 되면, 이에 대한 정신적인 반응은 시간에 따라 둔해지기 마련이다. 그러나 예민해지면 반응이 더 증가한다. 사회과학자들은 왜 특정한 상황에 대해서 어떤 사람들은 적응하고 어떤 사람들은 예민해지는지, 왜 어떤 상황을 다른 상황보다 더 민감하게 느끼는지 이유를 밝혀내지 못했다. 그리고 사람들이 불리한 상황에 대응하기 위해 한동안은 정서적인 힘을 발휘하지만, 여력이 바닥나면 무시할 수 있었던 문제들까지 견딜 수 없게 되는 현상에 대해서도 연구를 시작하지 못했다.

피할 수 없는 작은 고통들

어떤 것들은 시간이 지날수록 괴로움의 정도가 더 심해진다. 소음이 그런 것들 중 하나다. 대부분의 대학생들이 학기 초의 처음 몇 주 동안은 기숙사에서 나는 시끄러운 소리에 대해 별로 불편해하지 않다가, 학기 말이 되면 매우 불편하게 느낀다. 거주하는 지역에 통행량이 많은 고속도로가 개통된 지 몇 달이 안 되었을 때 주민들에게 물어보면 대부분은 곧 익숙해질 거라고 말한다. 그러나 1년 후쯤 되면 그러한 기대감은 사라지고, 소음에 대한 불만을 털어놓는다. 마찬가지로 고통도 때때로 적응하기가 힘들다.

우리 연구 팀은 절단 수술 후의 행복과 삶의 질에 대해 예측이 가장 어려운 것은 절단 원인이나 절단 정도 때문이 아니라, 절단 수술이 만성적인 고통에 의해 악화되었는지의 여부라고 했다.

나는 소음이나 고통이 신경을 과민하게 만드는 이유는, 그것이 사람의 활동에 침투해 방해하기 때문이라고 생각한다. 시카고 대학의 심리학자 미하이 칙센트미하이가 말하는 몰입 상태, 즉 시간이 빠르게 흐르면서 특정 활동 외에 신경을 쓰지 않는 상태에 도달하면 더 행복해질 수 있다. 사람들은 피아노를 연주하거나 테니스 시합을 할 때, 독서를 할 때 등, 전적으로 몰두할 수 있는 활동을 할 때 정신과 생활이 윤택해진다.

그렉 휴즈는 소설의 줄거리를 따라가는 것조차 힘들 만큼 집중할 수가 없었다. 그는 지속적인 지각이상증과 간헐적인 환지통의 공포로 액션 영화에도 몰두할 수 없었다. 또한 사소한 골칫거리라도 그것이 지속되면 미칠 정도로 애가 탈 수 있다는 것을 알았다.

기침의 소중함

스코트 맥클러는 병에 걸린 지 18개월이 되면서 타액 분비가 점점 힘들어졌다. 폐 전문의가 측정한 스코트의 호흡 근육은 정상적인 힘의 5퍼센트도 되지 않았다. 그러나 수년간 격렬한 운동을 통해 강화된 스코트의 심장과 폐, 체내의 산소 교체율의 증가가 아직은 호흡기를 사용하지 않게 만들어주었다.

스코트는 자력으로 숨을 쉴 수 있었지만, 호흡 능력이 약해지면서 고통이 시작되었다. 그는 정상적으로 호흡할 수 있었지만 기침을 할 수 있을 정도의 힘은 없어, 기도를 청결하게 유지할 수 없었다. 설상가상으로 목 근육이 너무 약해 때로는 침을 삼키는 것조차 힘들어했다. 그의 타액은 기관지로 들어갔고, 기도의 분비물이 폐에 쌓였다. 자신의 침에 익사할지도 모르는 상황이 된 것이다.

대부분의 사람들은 기침하는 것을 나쁘게 생각한다. 기침은 목을 아프게 하고 갈비 근육을 긴장시키며, 불가피하게 소음을 만든다. 하지만 스코트는 깊고 시원한 기침을 돈으로 살 수 있다면 상당한 액수를 지불하고서라도 그렇게 했을 것이다.

정상적인 사람들은 기관지에 소량의 액체가 들어가면 시원한 기침을 통해 원래의 위치로 보낼 수 있다. 그러나 스코트의 호흡 근육은 너무 약해서 기침을 제대로 할 수가 없기 때문에, 타액을 들이마시면 폐 속으로 들어갔다. 그러면 기관지에 있는 감각 기관은 액체를 인식하고 스코트의 뇌에 있는 기침의 중추 신경에 행동을 요구하는 신호를 보냈다. 그에 따라 기침을 하려 해도 기도에 고여 있는 액체를 제거하기에는 역부족이었다. 그래서 스코트는 항상 기침을 하고 싶다는 생각으로 가득했다. 기침을 하고 싶을 때 할 수 있는 것, 그것보다 더 시원한 것은 없었다.

크고 깊은 한숨

한숨은 어떨까? 대부분의 사람들이 한숨을 따분함의 상징이나 안도의 표시라고 생각한다. 그러나 많은 전문가들은 한숨이 폐 속의 깊은 곳에 있는 기도를 열어주므로, 기도가 병에 감염될 확률을 감소시키는 중요한 신체 기능이라고 믿고 있다.

한숨에 대한 원리를 이해하기 위해 폐를 2개의 고무 팩이라고 생각해보자. 고무 팩의 한 쪽 끝을 잡고 위로 들어올리면, 윗부분은 무게에 의해 늘어나지만 아랫부분은 비교적 밀집된 상태가 될 것이다. 폐도 당신이 손으로 잡고 있는 가상의 고무 팩처럼 흉곽의 윗부분에 매달려 있으면서 중력에 의해 아래로 당겨진다. 따라서 폐의 윗부분에 있는 공기층은 팽창되는 반면, 아랫부분은 비교적 밀집된 상태로 기도가 약간 눌려 있으면서 서로 닿게 된다. 이곳에 들어오는 액체나 찌꺼기들은 인접한 표면에 붙어 부패하게 된다. 깊은 한숨은 인접해 있는 조직을 서로 떨어뜨려 숨 쉴 공간을 제공해줌으로써 찌꺼기를 제거하고, 병에 감염될 확률을 감소시킨다.

스코트는 시원한 기침을 하거나 크게 한숨을 쉴 수 있는 힘이 없었기 때문에 기도에 이물질이 쌓이고 있었다. 기도에 타액이 축적되자 스코트는 원래 힘의 절반이나 4분의 1, 혹은 간신히 할 수 있는 정도의 기침을 했다. 그렉 휴즈가 경험하고 있던 지각이상증처럼 스코트의 기침에 대한 지속적인 자극은 그를 거의 미칠 지경에 이르게 했다. 하지만 그보다 더 걱정이 되는 것은 질식에 대한 두려움이었다. 그래서 그는 기관 절개술을 받기로 했다. 그가 목을 통해 숨을 쉴 수 있도록 후골 바로 밑에 있는 기도에 구멍을 내면, 입 안에 쌓이던 타액이 더 이상 목숨을 위협하지 않을 터였다.

또 한 가지 중요한 사실은, 스코트가 밤에 인공호흡기를 사용해 호흡을 할 수 있게 된다는 점이었다. 그때까지는 자신의 폐에 의지해 밤을 보냈지만, 곧 기력이 아주 쇠약해질 위험이 있었다. 따라서 인공호흡기를 사용한다면 그가 밤에 보다 편히 쉴 수 있을 것이다.

기관 절개술은 비교적 간단한 수술이었다. 그러나 수술을 시작한 지 36시간 만에 스코트의 몸에서 발열 증상이 나타나고 백혈구의 수치가 급상승했다. 담당 의사들은 그가 대부분의 항생제에 대해 강한 저항력이 있는 위험한 세균성 감염인 녹농균에 의한 폐렴에 걸렸다는 사실을 알았다. 스코트의 폐에 지나치게 많은 양의 액체가 들어차 감염되었거나, 의사나 간호사 혹은 호흡기 계통의 전문의가 부주의하게 녹농균이 묻은 손이나 장갑으로 스코트의 기관지를 건드렸을 가능성이 높았다.

감염 원인이 무엇이든 스코트는 큰 위험에 빠졌다. 녹농균은 정상적인 근육을 가진 사람에게도 치명적인 세균이다. 그러나 린은 나중에 내게 스코트가 결코 죽지 않으리라는 것을 알고 있었다고 말해주었다. 감염과 결연히 싸우는 동안 스코트의 눈빛이 흐려진 적이 없었기 때문이다. 그의 위독한 상태는 1주일 동안 계속되었다. 그런 다음에 열이 가라앉으면서 산소량의 수치가 정상으로 돌아왔다. 감염을 이겨낸 것이다.

그 당시 미시간 주에 있던 나는 늦게야 친구가 죽을 뻔했다는 사실을 알게 되었다. 나는 그가 병원에서 퇴원한 지 한 달 정도 후에 필라델피아에 도착했다. 평소처럼 스코트의 사무실로 가기 위해 복도를 걸어가는 동안 그를 본다는 흥분과 마지막 방문 이후 병이 얼마나 악화되었을까 하는 두려움이 교차했다. 이전의 방문 때는 스코트의 뛰어난 유머 감각으로 인해 두려움을 덜 수 있었다. 휠체어에 앉은 채 손가락 하나도 제대로 움직이지 못하는 스코트의 모습을 바라보는 것은 안타까웠지만, 컴퓨터를 통해 내게 전하는 비꼬는 투의 메시지는 그의 모습이 예전과 다르지 않다는 것을 보여주었다. 게다가 동정심을 느낄 틈도 없을 만큼 내게 말할 기회를 주지 않았다.

그러나 이번 방문에서 두려움은 쉽게 사라지지 않았다. 스코트는 폐렴으로 인해 매우 쇠약한 상태였다. 운이 좋은 날에나 손가락을 겨우 들어 올릴 수 있는 사람에게 쇠약하다는 단어는 어색하게 들릴지도 모르지만, 어쨌든 그때까지 내가 본 모습 중에서 가장 약했다.

컴퓨터를 통해서만 의사소통을 할 수 있고 약한 근육 때문에 가려워도 긁을 수 없는 스코트의 삶은 사실 절망으로 가득했다. 전에는 이처럼 짜증 나는 상황들을 잘 극복해내는 스코트의 능력에 매우 놀랐다. 스코트는 그런 것들이 피할 수 없는 부분이라는 점을 인정하고, 보다 중요한 것들에 관심을 쏟기 시작했다. 하지만 점점 괴로워지고 있었다. 간호사가 가려운 곳을 즉시 긁어주지 않으면 매우 힘들어했으며, 컴퓨터가 고장 나면 벽을 향해 노트북을 집어던지고 싶어 했다.

　스코트는 이러한 난관들을 극복하기 위해 기관 절개 후의 삶에 적응하고자 노력했다. 기관 절개는 여러 가지 면에서 스코트가 바란 대로 삶을 개선시켰다. 밤에는 인공호흡기가 호흡을 대신 해주므로 편하게 잘 수 있었다. 린 역시 스코트가 자다가 호흡을 멈추더라도 인공호흡기가 알려주기 때문에 더 편하게 잠들 수 있었다. 또한 더 이상 타액 때문에 질식할까봐 걱정하지 않아도 되었다. 기관 절개 후에는 기관 또는 기도의 상위 부분이 타액으로 가득 찰 경우, 린이나 간호사가 흡인법을 통해 액체를 제거할 수 있었기 때문이다. 이제 타액을 제거하기 위해 기침을 할 필요가 없었다.

　하지만 나는 스코트가 흡인받는 것을 처음 봤을 때 새로운 차원의 슬픔을 느꼈다. 간호사는 플라스틱 관을 꺼내 한 쪽을 흡인 기계에 부착하고, 다른 한 쪽은 스코트의 후골 밑에 있는 구멍을 통해 기관에 넣었다. 전원을 켜자 기계가 낮은 소리를 내며 스코트의 기관을 청소하기 시작했다. 흡인이 시작되자 스코트는 등을 심하게 구부렸다. 나는 스코트에게 남아 있는 등 근육의 힘에 놀라면서, 저렇게 움직이기 위해서 그가 얼마나 고통을 느낄지 생각했다. 간호사가 기도를 통해 흡인하는 동안, 스코트는 내가 어떻게든 그의 고통을 덜어줄 수 있을 것처럼 무기력한 표정으로 나를 쳐다봤다. 물론 내가 할 수 있는 일은 아무것도 없었다. 내가 방문한 날, 그는 30분마다 그런 고통과 싸워야 했다.

역경에 계속 적응하기

스코트는 자신이 어떻게 될 것인지를 상상하며 급속하게 악화되어가는 질병과 맞서 싸워나갔다. 그는 다리의 힘이 약해지기 전부터 그런 상황을 상상했고, 그것은 실제로 다리의 기력을 잃게 됐을 때를 대비하는 데 도움이 되었다. 스코트는 병에 다른 증상이 나타날 때마다 이러한 사전 적응을 통해 대처했다.

그러나 기도의 분비물이 그를 심하게 괴롭힐 때까지는 그것에 대해 특별한 관심을 갖지 않았다. 그래서 사전에 준비하지 않은 시련에 적응해야 했다. 게다가 기관 절개술은 계속 기침을 해야 하는 어려움을 해소해주지 못했다.

일반적으로 환자들은 기관 절개 후에 일시적으로 기도 분비물이 증가하는 것을 경험한다. 그러나 스코트의 몸은 일반적인 것을 거부라도 하듯 지속적으로 분비물을 배출해 더 이상 참을 수 없게 되었다. 그는 흡인을 통해 기도에서 소량의 액체를 배출시켜도, 10분쯤 지나면 다시 흡인을 청했다. 나중에는 기도에 타액이 3~4방울만 들어가도 참지 못하는 상태가 되었다.

오후가 되자 스코트는 흡인을 하면서 일을 조금씩 하는 게 피곤했던지 집에 갈 준비를 했다. 그래서 간호사와 나는 스코트를 승합차에 태우고 델라웨어에 있는 집으로 갔다. 집에 도착했을 때 스코트가 실험실에서 일찍 나온 이유를 알 수 있었다. 첫째 아들인 알렉산더가 대학의 첫 학기를 마치고 집으로 왔기 때문이었다. 알렉산더는 집에서 멀지 않은 펜실베이니아 대학에 입학해, 아버지가 있는 실험실을 거의 매일 방문하다시피 했다. 스코트는 알렉산더를 자주 보는데도 아들이 집에 온다는 사실에 매우 들떠 있었다.

알렉산더는 아버지를 닮아 유머 감각이 뛰어나고 사교성이 풍부한 청년이었다. 매우 들뜬 그는 1학년 때의 자유분방한 경험담을 이야기하며 우리를 즐겁게 해주었다. 그리고 우편물을 개봉하다가 지난 여름 캠프에 참여했을 때 활동한 모습을 찍은 CD를 발견하자, 급히 컴퓨터에 CD를 넣고 영상에 나오는 여러 친구들에 대한 이야기를 해주었다.

즐거운 시간에 집중했기 때문인지 스코트는 한동안 흡인하는 것을 잊었다. 간호사는 퇴근 시간이 가까워오자 만약을 대비해 흡인을 한 번 더 했다. 그 후에는 알렉산더와 내가 스코트를 돌보기로 했다.

그러나 우리의 생각은 섣부른 판단이었다. 보통은 간호사가 떠날 무렵이면 린이 집에 도착했지만, 그날 린은 회사에서 야근을 하게 되었다. 평소에는 같은 건물의 지하에서 살고 있는 질이란 물리 치료사에게 도움을 받을 수 있었지만, 그녀는 휴가차 여행 중이었다. 결국 스코트를 돌봐줄 수 있는 사람은 나와 알렉산더, 16살 된 둘째 아들 노아, 이렇게 셋뿐이었다. 노아는 지난 한 달 동안 집에서 아버지와 함께 많은 시간을 보내면서 흡인에 익숙해져 있었지만 2층에 있었기 때문에, 스코트는 한 번도 흡인을 해본 경험이 없는 알렉산더와 나에게 맡겨진 상태였다.

알렉산더와 내가 주방에 있는 사이, 영상을 보고 있던 스코트는 기도에 분비액을 느끼기 시작했다. 그는 흡인을 해야 하니 노아를 불러달라고 청했다. 알렉산더는 2층에 있는 노아를 큰 소리로 불렀고, 노아가 곧 내려오겠다고 대답했다. 몇 분이 지났지만 노아는 오지 않았다. 호흡에는 문제가 없었지만, 스코트는 즉각적인 조치가 이루어지지 않아 불편해했으며 불쾌감을 표했다. 알렉산더가 2층을 향해 두 번 더 부르자, 노아가 내려왔다. 그는 성심껏 아버지를 흡인시키고는 다시 올라갔다.

일반적인 상황이라면 알렉산더와 나는 매우 재미있는 방문객이 되었을 것이다. 그러나 온통 분비액에 대한 생각에 사로잡힌 스코트는 우리에게 관심을 기울이지 않았다. 원할 때마다 흡인을 해준 간호사와 하루를 보냈기에, 흡인 사이의 긴 간격을 참기가 힘들었던 것이다.

지각으로 인한 불편

나는 친구가 루게릭병으로 인해 신체의 거의 모든 기능을 잃는 것을 보았다. 처음에는 마라톤을 할 수 없거나 테니스 코트를 뛰어다닐 수 없는 정도였으나, 나중에는 휠체어의 팔걸이에서 손조차 들어 올릴 수 없는 상태가 되었다.

루게릭병은 신체의 특정 부위만 파괴하는 특징이 있다. 스코트는 다행스럽게도 배변과 방광 기능에는 이상이 없었다. 게다가 눈 근육도 여전히 건강했다. 무엇보다도 중요한 점은 루게릭병이 스코트의 뛰어난 두뇌에 손상을 입히지 않아, 그의 지력과 유머 감각, 인생관에 아무런 영향을 주지 않았다는 것이다.

감각 기관 또한 손상을 입지 않았다. 그는 전과 똑같이 맛을 느끼고, 냄새를 맡으며, 듣고, 볼 수 있었다. 그러나 촉각이 여전히 남아 있다는 사실은 그에게 또 다른 장애가 되었다. 그는 팔꿈치와 손의 자세에 매우 신경을 썼다. 또한 바지의 무릎 아래 부분이 구겨지면 다른 사람이 그것을 펴줄 때까지 매우 불편해했다. 그는 몸을 이동하거나 사지를 움직이는 등의 사소한 행동조차 할 수 없다는 사실에 괴로워하면서, 과거에 했던 움직임들이 단순한 과잉 행동이 아니라 매우 중요한 신체 기능이었다는 사실을 알게 되었다.

스코트의 상황을 이해하려면, 근육을 하나도 움직이지 않으면서 의자에 1시간 동안 앉아 있어보라. 그러면 아무리 편한 자세라도 오랫동안 유지한다는 게 불가능하다는 사실을 깨닫게 될 것이다. 정상적인 사람들은 한 곳에만 지나치게 오랫동안 압박이 가해지는 것을 막기 위해 잠을 자는 동안에도 계속 몸의 자세를 바꾼다. 스코트의 몸도 그럴 필요를 느꼈고, 몇 분마다 두뇌에 팔꿈치, 다리 또는 엉덩이를 움직일 때가 되었다고 신호를 보냈다.

사지가 마비된 환자는 오랜 시간 동안 휠체어에 앉아 있으면서 한쪽 팔이 불편한 자세가 되더라도 전혀 개의치 않는다. 하지만 감각 신경이 완전히 살아 있는 스코트는 소매에 작은 구김만 생겨도 느낄 수 있다. 그는 팔을 전혀 움직일 수 없지만 구겨진 것 위에 놓이면 서서히 불편함을 느끼게 된다. 그래서 시간이 지나면 다른 사람에게 팔을 다른 위치로 옮겨주거나 셔츠의 구겨진 곳을 펴달라고 부탁한다. 그러다가 몇 분이 지나면 다시 신체의 다른 부위가 불편하다고 느낀다. 그날 밤에도 우리는 린이 돌아오기만을 기다리며 계속해서 흡인해주거나 수족의 위치를 바꿔주었다. 그의 신체적인 불편함은 우리를 탈진 상태에 이르게 했다.

의사인 나는 루게릭병이 환자들의 감각 신경을 그대로 유지시켜주는 것이 일종의 호의라고 생각했다. 척수외상으로 인해 감각을 잃은 환자들은 종종 끔찍한 욕창을 호소하곤 한다. 움직이지 않고 침대 또는 휠체어에 몇 시간 동안 앉아 있을 경우, 무게를 지탱하고 있는 신체 부위에 혈액 순환 장애를 일으키기 때문이다. 그럼에도 척수외상 환자들은 욕창을 느끼지 못한다. 크리스토퍼 리브도 욕창에서 비롯된 감염 때문에 사망했다.

그래서 나는 의학적인 관점에서 봤을 때, 척수외상이 환자가 느끼지 못하는 욕창이나 감염, 또는 기타 합병증을 불러올 수 있기 때문에 루게릭병보다 훨씬 더 위험하다고 생각했다. 하지만 스코트를 방문하고 나자, 루게릭병에 걸린 사람이 날마다 겪는 고통과 감각 신경으로 인해 느끼는 불편함을 깨닫게 되었다. 대체로 척수외상 환자는 30분마다 움직여줄 경우 욕창을 피할 수 있다. 하지만 스코트는 감각 신경에 사로잡혀 뇌가 사소한 가려움이나 구겨진 옷을 인식할 때마다 다른 사람에게 의지해야 했다.

스코트가 분비액 때문에 매우 못 견뎌한 때는 생사를 건 폐렴과의 투쟁 후 채 한 달이 지나지 않아서였다. 나는 그가 병과 맞서 싸울 수 있는 정신력이 부족하다는 것을 알 수 있었다. 혹시 그것이 그를 죽음으로 몰고 가는 하향 곡선의 시작이 되지는 않을까 염려되었다. 그래서 시간을 내어 다시 필라델피아로 갔다.

스코트는 지난번에 방문했을 때보다 강해져 있었다. 물론 그의 근육이 강해진 것은 아니지만, 그답게 더욱 기민하고 강인하며 도전적으로 변해 있었다. 팔과 다리의 위치를 종종 옮겨줘야 했지만 전과 비교했을 때보다 횟수가 줄어들었으며, 그것을 요청할 때도 예전처럼 절박하고 참지 못하는 모습이 덜했다.

기도에 쌓이는 타액을 제거하는 뾰족한 방법이 없자, 그는 주기적으로 기관에 국부 마취제인 리도카인(Lidocaine)의 주입을 요구하기 시작했다. 리도카인을 기관에 주입하면 기침에 대한 욕구가 일시적으로 사라진다. 물론 지나치게 많은 양을 투여하면 기침이나 흡입에 대한 욕구를 느끼지 못하게 되어 폐렴에 걸릴 위험이 높아지지만, 적당한 양을 사용한다면 폐에 심각한 부작용을 초래하지 않으면서 기침 주기를 조절할 수 있었다. 그래도 적절한 사용의 기준에 대한 의문점이 여전히 남았다.

기관 절개 수술 후 두 번째 방문하던 날 밤에는 린과 도우미인 질이 집에 있었고, 알렉산더는 학교로 돌아간 상태였다. 매우 유능한 도우미가 곁에 있었기 때문에 스코트는 자신의 욕구를 충족시켜줄 사람에게 언제든지 도움을 청할 수 있었다. 그러나 밤은 편하게 지나가지 않았다.

린은 스코트가 자주 리도카인 주입을 청하는 것을 걱정했다. 스코트는 한 달 전에 비하면 적은 양의 분비물을 만들어내고 있었지만, 기도 속의 타액을 참을 수 없는 것은 전과 같았다. 그가 흡인을 청하면 린이나 질이 그것을 해줬다. 그러고 나서 5분이 지나면, 스코트는 다시 흡인이나 리도카인을 청했다. 그렇게 30분도 채 안 되는 시간 동안 흡인과 리도카인을 교대로 세 번이나 요구하자, 린이 말했다.

"스코트, 나는 타액을 마르게 하기 위해 계속 흡인을 했어요. 이제는 참기 위해 노력하는 게 어떨까요?"

린은 스코트를 조건 없이 사랑하지만 항상 '예' 라고 대답하지는 않으며, 그를 안타까워하면서도 과감하게 꾸짖을 줄 알았다.

어쩌면 린이 머리조차 가눌 힘이 없는 사람을 나무라는 것에 대해 가혹하다고 생각할 수도 있다. 그러나 린은 앞으로도 계속 스코트와 함께 살 계획이며, 그러기 위해서는 두 사람 모두 그의 질병에 적응할 수 있는 방법을 찾아야 했다. 린은 스코트가 5분마다 하는 부탁을 들어줄 수 없다는 것을 알고 있었다. 게다가 계속 이러다간 그는 결국 아무것도 못 하게 될 것이다.

그래서 린은 스코트가 상황에 적응해나가도록 도와주었다. 만약 스코트가 그런 불편한 것들에 대해 단 5분 만이라도 생각하지 않고 익숙해진다면 그의 삶이 더 나아지리라는 것을 알고 있었기 때문이다.

스코트는 지금 루게릭병에 적응하고 있으며, 그가 가장 두려워한 부분인 마비와 실어증은 서서히 쌓여가는 작은 불편함과 장애들보다 훨씬 덜 귀찮은 것이었다. 그러나 스코트는 내가 만난 완고하고 의지가 강한 사람들 중 한 명이므로 괴로움에 쉽게 굴복하지 않을 터였다. 그는 답답하고 심적으로 격할 수 있었던 그날 밤에도 지난 18개월 동안 잘해온 것처럼 강하고 긍정적인 태도를 보였다.

린에게 핀잔을 들은 지 1시간 정도 지났을 때 스코트가 다시 흡인을 청하자, 린은 잠시 더 기다리라고 말했다. 몇 분 후 린이 방에서 나가자 스코트는 질에게 리도카인을 주입해달라고 눈짓했다. 린의 노력을 잘 알고 있는 그녀는 달갑지 않은 시선으로 그를 보았다. 그러자 스코트는 슬픈 강아지 같은 표정과 장난기 어린 미소를 지으며 그녀를 쳐다봤다. 질은 어쩔 수 없이 린 몰래 스코트의 기도에 소량의 리도카인을 주입했다.

그때 리도카인이 준 마취 효과는 린을 속였다는 기쁨에 비할 수 없을 것이었다.

POWER of CONQUEST

돈의 역할

역경에 대비하는 것은 의미 있는 일이다. 질병과 장애 같은 역경이 갑자기 닥친다면 피할 수가 없다. 그렇기 때문에 앞으로 다가올 상황에 대비해 재무 상황을 관리하도록 노력하고 있다. 비가 내리지 않는 곳에 휴가용 별장을 구입하는 것보다, 비가 내리는 날을 위해 보험에 가입하는 것이 행복에 더 큰 의미를 준다.

그렉 휴즈는 경제적으로 넉넉한 편이 아니었다. 또한 돈이 많이 드는 취미 생활을 하거나 사치를 즐기는 사람도 아니었다. 그와 루스는 2개의 침실이 딸린 단층 주택에서 애완동물을 키우며 몇 대의 자동차를 갖추고 사는 것에 만족했다. 그들의 합산 소득은 딱 중산층에 속했기 때문에 취미 활동을 즐기는 데는 경제적으로 전혀 문제가 없었다. 두 사람은 아이가 없었기 때문에 대학 등록금에 대해서도 걱정할 필요가 없었다. 게다가 생활비가 적게 들었기 때문에 빠듯하지도 않았다.

그러나 그렉이 다리를 잃으면서 재정 상황은 급격히 변했다. 그렉의 수입은 사라졌고, 루스도 직장을 잃고 나서 한동안 돈을 벌지 못했다. 게다가 그렉이 장애 보험에 가입하지 않았기 때문에 사회보장 제도의 지원을 받을 때까지 6개월 동안 저축해놓은 돈을 생활비로 써야 했다. 주택 융자금을 몇 번 더 지불할 수 있을 만큼의 돈은 있었지만, 그 이후의 상황은 불확실했다.

비가 쏟아지던 날 밤, 그렉과 루스는 진입로에서 한바탕 난리를 겪고 진흙투성이가 된 채 파티에 참석했다. 그 파티에는 그렉의 귀가를 환영하고, 그를 위한 모금을 하려는 목적이 있었다. 값비싼 선물이나 기념품 대신 순수한 현금으로 말이다.

그렉과 루스는 당시의 파티에 대해 설명하면서 여전히 믿기 힘들다는 표정을 지었다. 그날 참석한 사람들의 행동만 봐도 그들이 그렉의 행동에 감동을 받아 진심으로 도와주길 원한다는 것을 쉽게 알 수 있었다.

"친구들은 돈을 낼 수 있는 다양한 방법을 제안했어요. 할당 분배 복권 추첨을 통해 상금의 반은 저한테 주고 나머지는 당첨 복권을 갖고 있는 사람한테 줬는데, 당첨된 여자 분이 상금을 저한테 줬답니다."

그는 사람들이 얼마나 기꺼이 도와주려고 했는지에 대해 설명했다.

"연회장에서 일하는 웨이트리스까지 제게 자신이 받은 팁을 주었어요. 지역 사업체들도 경매를 위해 제품들을 기부했죠. 저는 지금까지 이런 일을 본 적이 없어요!"

시간이 흘러 기분 좋게 맥주를 마신 사람들은, 그렉이 모르게 휠체어의 뒷주머니에 돈을 넣어주었다. 그렉과 루스는 그날 밤에 7,000달러를 가지고 집으로 돌아갔다. 두 사람은 주택 융자금을 몇 번은 더 지불할 수 있을 거라는 생각에 기뻐했다.

돈의 중요성

그렉과 루스의 경우에서 볼 수 있듯이 돈은 매우 중요하다. 돈이 없으면 주택 융자금도 낼 수 없고, 차도 유지할 수 없으며, 식사도 할 수 없다. 무언가를 하기 위해 돈이 반드시 필요하다는 것은 명백한 사실이다. 저술가이자 심리학자인 미하이 칙센트미하이는 《몰입 Flow》이란 저서의 자료를 수집하는 과정에서 사람들에게 자신을 행복하게 만들 수 있는 단 하나의 변화가 있다면 무엇인지를 물었는데, 가장 많은 대답이 돈이었다.

돈은 많은 사람들에게 삶의 중요한 원동력이다. 사람들은 돈이 필요하기 때문에 만족하지 않으면서도 직장 생활을 하고, 복권에 당첨되면 삶이 나아질 거라 생각하며 복권을 산다.

돈이 행복을 가져다줄 거라는 믿음은 지난 수십 년간 더 널리 퍼졌다. 심리학자 데이비드 마이어스에 의하면, 1965년에는 미국 대학생들 중 80퍼센트가 삶의 의미를 찾기 위해 대학에 진학한다고 응답했지만, 2000년에는 거의 4분의 3이 소득 수준을 높이기 위해 진학한다고 대답했다. 그럼에도 전문가들은 지난 10년 동안 과학 기사나 저서, 텔레비전 강연을 통해 돈은 사람들이 생각하는 것처럼 그렇게 중요하지 않다고 주장했다.

앞에서 언급한 심리학자 필립 브릭만의 복권 당첨자에 관한 연구를 기억하는가? 브릭만의 연구 대상자들은 엄청난 돈이 생겼음에도 다른 사람들에 비해 행복 지수가 별로 높지 않았다. 그러나 몇몇 사람들은 복권 당첨이 일반적인 부의 축적 수단이 아니기 때문에, 이 사례를 그와 비슷한 수준의 돈이 있는 다른 사람들을 포함한 것으로 일반화시키면 안 된다고 반박한다. 복권 당첨자들은 화려한 팡파르 속에서 엄청난 돈을 한 번에 받고 나서 학창 시절의 친구들과 먼 친척들의 돈을 빌려달라는 요구에 시달리기 때문이다.

그렇다면 다른 부유한 사람들은 어떨까? 그들은 다른 사람들에 비해 더 행복할까? 그렇지 않다. 설사 행복을 더 느낀다 해도 그 정도가 그렇게 크지 않다. 22만 달러의 연봉을 받는 사람은 50만 달러의 연봉을 받는 사람보다 약간 더 높은 수준의 행복을 느끼며, 이러한 차이조차도 많은 사람들을 조사해야 발견할 수 있다.

행복에 관한 세계 최고의 전문가라 할 수 있는 심리학자 에드 디에너가 미국의 부호 49명을 조사한 결과, 이 중 3분의 1 정도가 평범한 사람보다 더 불행하다는 사실을 발견했다. 여기서 한번 생각해보자. 많은 사람들이 부를 얻기 위해 젊음의 대부분을 소비한다. 만일 그들이 억만장자가 되더라도 중산층 친구들보다 불행해질 확률이 3분의 1이나 된다는 사실을 안다면 과연 똑같이 행동할까?

과학자들은 어떤 이유에서든 돈은 별로 중요하지 않다는 사실을 발견했다. 행복 지수는 소득 수준과 거의 무관하다는 것이다. 그들은 부유하지 않은 나라 사람들도 부유한 나라 사람들과 같은 행복을 느낀다고 말한다. 또한 어떤 나라에서나 시간이 지나면 돈과 행복 사이에 상관관계가 거의 없어진다는 사실을 발견했다. 연구가들은 이를 밝히기 위해 50년 이상 미국 사람들이 느끼는 행복과 소득 수준 사이의 관계를 측정했다. 인플레이션을 고려한 소득 수준은 1945년과 1970년 사이에 거의 2배 가까이 증가했으며, 1970년과 2000년 사이에 다시 2배 정도 증가했다. 그러나 미국인들의 소득이 4배로 증가했음에도 전반적인 행복 지수는 조금도 변하지 않았다. 미국인들은 1945년, 1965년, 1985년에 비해 지금 더 행복하지는 않다.

돈이 중요한 경우

연구가들이 돈이 정말 필요하다고 발견한 유일한 부류는 소득 피라미드의 최하층에 속한다. 소득이 낮은 사람들 사이에서는 돈과 행복 사이에 매우 강한 상관관계가 존재한다. 일반적으로 아주 가난한 사람은 가난한 정도가 덜한 사람에 비해 행복 지수가 낮다. 이러한 상황에서는 돈의 중요성이 의미를 갖는다.

돈이 거의 없는 사람들에게 1만 달러라는 금액은 융자금을 지불하거나 집세를 낼 수 있는 돈이다. 약간의 여유 자금은 그날 벌어 그날 먹고사는 삶에 보다 안정적인 미래를 계획할 수 있게 해준다.

돈으로 역경을 극복할 수 있을까?

사람이 역경을 극복하는 데 돈은 어떤 역할을 할까?

그렉과 루스의 경우에서 볼 수 있듯이, 갑작스런 사고나 심각한 장애와 같은 상황은 재정적인 안정을 파괴한다. 그렉과 루스는 한 번도 하루살이 인생을 살아본 적이 없었다. 그러나 그들은 갑작스런 일로 첫 장애 지원금을 받을 때까지 고생스런 삶을 살게 되었다.

그렇다면 그들의 경험은 일반적인 것일까? 사람들이 역경에 맞설 때, 돈이 정신적인 측면보다 더 큰 역할을 맡게 되는 것일까? 왜 일반적인 의견과는 다르게, 그 문제가 다른 사람들과는 상관이 없어 보일까?

일반적인 의견과 반대 상황

나는 내가 사소한 것에서 즐거움을 찾는 사람이라고 생각해왔다. 고급차나 와인, 옷에는 관심이 없다. 독서는 좋아하지만 초판을 수집하는 것에는 관심이 없다. 테니스는 좋아하지만, 집 근처의 공용 테니스장을 두고 클럽에 가입하지는 않는다. 음악을 사랑해서 많은 시간을 피아노를 치며 보내지만, 매년 한 번씩 악기를 조율하는 비용을 제외하고는 추가적으로 돈을 쓰지는 않는다.

그런데도 내 취미 활동을 돌이켜보면, 돈이 나를 행복하게 해주었다는 사실을 알 수 있다. 예를 들어 오래전에 시카고에 살고 있을 때 탔던 혼다 시빅이 1년에 네 번이나 사고가 났다. 라디오를 도난당했어도 교체하지 않았고, 몇 년 동안 그 차를 더 탔다. 1994년에 신형 시빅을 구매했을 때, 나는 새 차의 라디오를 통해 음악을 들을 수 있다는 사실에 매우 흥분했다. 내 인색함 때문에 수많은 시간 동안 음악 없이 지내왔다고 생각하니, 예전 차의 라디오를 교체하지 않은 게 얼마나 어리석은 짓이었는지를 깨닫게 되었다.

2년 후에 아내가 내 차를 빌려가더니, 차를 구입할 때 돈을 아끼기 위해 설치하지 않았던 CD플레이어를 설치해서 왔다. 나는 또 한 번 어리석었다는 걸 깨달았다. 아내가 쓴 돈 덕분에 운전을 하면서 좋아하는 음악을 얼마든지 들을 수 있게 되었기 때문이다.

마지막으로 아내는 이번 크리스마스 선물로 아이팟을 주었고, 나는 지금 이 글을 쓰는 순간에도 아이팟으로 클래식 음악을 듣고 있다. 이번 크리스마스 이전에 과연 내가 진심으로 행복했을까 하는 생각이 들 정도다.

물론 아이팟을 받기 전에 불행했다는 것은 우스운 소리다. 그러나 위에서 언급한 음악 기기들은 분명 행복을 주었다. 아마 당신도 생활필수품 또는 사치품이 아닌 제품을 구매하면서 행복을 느낀 경우가 있을 것이다. 케이블TV, VCR, 차도에 설치한 농구대, 산맥 또는 해변에서의 휴가 등 말이다.

그렇다면 사람들의 소득 수준이 증가해서 기본적인 의식주 욕구가 충족되면 돈이 그들의 행복에 영향을 줄 수 없다는 게 어떻게 가능한 일일까? 재산이 있는 자에게는 멋진 신기술이 넘치는 세상에서, 왜 돈이 사람들을 행복하게 해주지 못하는 것일까?

행복은 상대적인가?

돈과 행복의 관계에 흥미를 가진 경제학자들과 심리학자들은 절대 소득보다는 상대 소득이 행복을 결정하는 데 더 중요하다고 생각했다.

상대 소득과 절대 소득의 차이를 이해하기 위해, 당신의 인플레이션을 감안한 소득은 수십 년 동안 50퍼센트 증가한 반면, 친구들의 소득은 100퍼센트 증가했다고 가정해보자. 당신은 구매력이 증가했다는 사실에 행복해할까, 아니면 친구들보다 못하다는 것에 대해 불쾌해할까? 만일 행복이 상대적이라면 당신은 증가한 구매력에 대해 행복을 느끼지 못할 것이다.

현재 대부분의 미국 중산층은 컬러TV, CD플레이어, 전자레인지 등, 1940년대에는 공상 과학의 영역을 초월했던 제품들을 가지고 있다. 만약 절대 소득만이 중요하다면 오늘날의 중산층은 50년 전의 상류층보다 행복해야 하며, 그때의 중산층보다는 더더욱 행복해야 한다. 반면에 행복을 결정짓는 요소가 상대 소득이라면 1950년대의 중산층보다 행복하지 않을 것이다. 그들의 집에 있는 컬러TV는 1950년대의 그 어떤 모델보다도 성능이 뛰어나겠지만, 근처의 가전제품 가게에 진열되어 있는 와이드 스크린 TV에 비하면 보잘것없을 것이다.

그렇다면 행복이 상대적인지 절대적인지 어떻게 알 수 있을까? 에드 디에너와 그의 동료는 미국의 상이한 인종 집단 사이에서 행복과 부의 수준을 살펴보며 이를 찾아내려고 시도했다. 그들은 각 인종 집단이 동일 집단 내의 동료들과 자신을 비교하기 때문에, 주어진 소득 수준에서는 백인들보다 흑인들이 더 행복할 거라고 생각했다. 즉, 일반적으로 흑인들의 소득 수준이 백인들보다 낮기 때문에 6만 달러의 연봉을 받는 흑인은 동일한 금액을 받는 백인보다 상대적으로 더 부유하다고 느낄 것이고, 결국 더 행복할 거라고 예상했다.

그러나 결과는 디에너의 예상을 입증하지 못했다. 주어진 소득 수준에서 흑인들은 백인들에 비해 더 행복하지 않았다. 하지만 디에너와 그의 동료들은 이론을 포기하지 않고, 사람들이 비교하는 대상이 추상적인 개념의 동일 인종 집단이 아니라 이웃인지 조사했다.

6만 달러의 연봉을 받는 사람들은 인종과 관계없이 비슷한 수준의 소득이 있는 사람들과 가까이 사는 경향이 있다. 그들은 집 밖을 내다보면 자신과 동일한 수준의 소득을 얻는 사람들을 보게 될 것이고, 상대적으로 더 부유하다는 생각이 들지 않을 것이다. 그렇기 때문에 디에너와 그의 동료는 대상자들이 거주하는 지역을 분석했다. 그들은 주어진 소득 수준에서는 상대적으로 가난한 동네에 사는 사람들이 부유한 동네에 사는 사람들에 비해 더 행복할 거라고 예측했다. 6만 달러의 연봉을 받는 사람이 4만 달러의 연봉을 받는 사람들이 대부분인 동네에서 살게 되면 이웃들보다 상대적으로 더 부유하다고 느끼게 될 것이고, 결국 더 높은 수준의 행복을 느낄 거라고 예상한 것이다.

그러나 연구 결과는 이번에도 디에너의 예측을 빗나갔다. 상대적으로 가난한 동네에 사는 사람들은 부유한 동네에 사는 사람들에 비해 더 행복을 느끼지 않았다.

그렇다면 행복이 상대적이지 않다는 뜻일까?

그렇지는 않다. 행복은 디에너가 조사한 요소들을 압도할 정도로 다양한 조합의 요소에 의해 영향을 받는다. 예를 들어 가난한 동네에 살고 있는 어느 중산층 가족이 있다고 가정해보자. 디에너는 이 가족은 이웃들에 비해서 상대적으로 부유하다고 느끼기 때문에 더 행복할 거라고 예측했다. 그러나 동네는 단지 사람의 집합으로만 보고 비교할 수 있는 것이 아니다. 이 가족이 살고 있는 가난한 동네는 부유한 동네에 비해서 공원의 수가 적고, 학교 제도도 열악하며, 범죄율도 더 높을 것이다. 이러한 조건들은 단지 이웃보다 더 부유하다는 기쁨을 상쇄하기에 충분하다.

그렇다면 인종과 소득 및 행복의 관계를 보자. 디에너는 주어진 소득 수준에서 흑인들은 동일 인종 집단 내의 동료들과 자신을 비교하여 상대적으로 부유하다고 느낄 것이기 때문에 백인들보다 더 행복할 거라고 예측했다. 그러나 6만 달러의 연봉을 받는 어느 흑인 회계사가, 만일 자신이 흑인이 아니었다면 더 쉽게 승진했을 거라고 생각한다고 가정해보자. 그는 자신이 동일 인종 집단 내의 동료들에 비해 돈을 더 번다는 생각으로 행복하기보다, 자신과 동일한 능력이 있는 백인들에 비해 승진이 늦어진다는 사실에 답답함을 느낄 것이다.

그러므로 위의 예시에서 언급한 것처럼 행복은 상대적이라는 관점을 받아들이거나 기각하기 전에, 사람들이 누구와 부를 비교하는지에 대해 파악할 필요가 있다. 예를 들어 3만 달러의 연봉을 받는 유치원 선생을 보자. 그녀는 자신의 연봉을 다른 여성들이 받는 것과 비교할까? 만일 그렇다면 높은 연봉을 받는 여성 은행원, 변호사를 생각하면서 비참해질 수도 있다. 그렇다면 그녀는 동일 인종 집단 내의 사람들과 비교해야 할까? 아니면 동일 인종 집단 내의 여성들? 아니면 같은 동네에 사는 동일 인종 집단 내의 여성들?

그녀가 어떤 집단을 대상으로 비교할지는 확실하지 않다. 그러나 한 가지 분명한 것은, 다른 유치원 선생들과 자신을 비교할 거라는 사실이다. 만일 비슷한 능력과 경력이 있는 유치원 선생들에 비해 월급을 적게 받는다면 화가 날 것이다. 반면에, 다른 선생들과 별 차이가 없다면 가끔 유치원 선생들의 연봉이 낮은 것에 대한 고민은 해도 연봉에 대해서 별로 불만이 없을 것이다.

복도 재판

고용주에게서 얼마를 받아야 하는지 어떻게 알 수 있을까? 바로 동료가 얼마를 받는지를 통해서다. 그렇기 때문에 300만 달러의 연봉을 받는 야구 선수는 자신과 비슷한 타율과 타점을 기록하는 선수들이 1,000만 달러를 받을 때 불쾌하게 느낀다.

사람들은 예상치 못했던 100달러의 보너스를 받으면 매우 기뻐한다. 그러다가 동료들이 모두 200달러의 보너스를 받았다는 사실을 알게 되면 비록 100달러가 생겼더라도 불쾌해진다.

돈은 우리에게 좋은 제품을 살 수 있게 해주고 행복을 가져다준다. 또 이와는 별개로 상대적인 사회 가치를 측정하는 수단으로 작용하면서 우리를 행복하게 하거나 불행하게 만들기도 한다.

어떤 연구에서는 주어진 소득 수준에서 일반적으로 여성이 남성보다 더 행복하다는 사실을 발견했다. 그리고 몇몇의 전문가들은 이 발견을 바탕으로, 여성의 행복이 상대적인 지위에 의해 결정된다고 결론지었다.

그러나 여성들은 자신을 꼭 동성들과 비교하지는 않는다. 여성들은 직장 동료보다 급여를 적게 받았을 때 비교 대상의 성별에 상관없이 화내며 괴로워했다. 게다가 남성 지배적인 직업에 종사하는 여성들의 경우, 비록 다른 여성들에 비해 높은 소득 수준을 갖췄다 해도 그들은 남성 동료들보다 적은 소득 때문에 불행해지는 경향이 있었다.

익숙해진다는 것

돈은 우리의 생각처럼 항상 행복을 가져다주지는 않는다. 많은 사람들이 안젤리나 졸리가 영화 한 편을 촬영하면서 받는 2,000만 달러를 보면서, 그녀가 줄리아 로버츠보다 200만 달러를 적게 받았다고 불평할 자격이 없다고 생각한다. 나 역시 자신의 연봉에 대해 불평하는 부자들을 동정하지는 않지만, 그들의 반응이 인간적이며 정상적이라고는 생각한다.

나는 돈이 사람의 행복에 영향을 거의 미치지 않는다는 사실을 이해하지 못하는 경제학자들이 쓴 기사를 읽으면서, 돈의 행복에 대한 영향력이 사람들이 생각하는 것보다는 훨씬 적다는 게 일반적인 현상임을 깨달았다. 예전에 전문가로서 질병과 장애에 따른 정서적인 영향에 대한 연구를 하다가, 건강 연구가들이 경제학자들과 유사한 의혹과 불신을 가진 걸 본 적이 있다. 그래서 이러한 불신이 잘못된 것이라는 사실을 증명하는 연구를 했다. 그리고 대부분의 만성질환 및 장애를 앓고 있는 사람들이 정말 행복하다는 사실을 깨닫게 되었다.

돈에 대한 적응

돈과 행복의 관계는 일반적이기 때문에 질병과 장애에 대한 사람들의 반응을 설명하는 현상에도 적용할 수 있다.

예를 들어 평균 이상의 소득을 받거나 무릎 아래를 절단하는 수술을 받는다 해도, 사람은 자신이 처한 상황에 익숙해지기 마련이다. 아마 당신 주위에는 차를 새로 구입해서 한동안 자주 세차를 하는 등 새 차의 냄새를 제외한 모든 것에 대해 흥분했던 친구가 있을 것이다. 그러나 얼마 지나지 않아 차의 성능이 채 떨어지기도 전에 친구의 흥분은 가라앉는다. 차에 익숙해진 것이다.

새 차를 구입하는 것처럼 좋은 상황에 익숙해지는 경향은 매우 암울하게 보일 수도 있지만, 일반적인 행복의 경우에는 그렇지 않다. 나는 지금 이 순간에도 듣고 있는 아이팟을 정말 좋아하지만, 아내가 선물해주기 전에도 꽤 행복했다. 아이팟을 선물받기 전에는 내 삶이 불완전하다고 느꼈지만, 이 느낌은 잘못된 것이라는 사실을 알고 있다. 이런 기계들은 삶을 향상시키지만, 사람의 정서는 이런 기계에 지속적인 반응을 보이도록 설계되어 있지 않다.

그렇다면 우리의 정서는 상황과 무관한 것일까?

그렇지는 않다. 물론 대부분의 고립된 상황들은 우리의 예상보다 정서에 적은 영향을 미친다. 그러나 새로운 역경을 겪게 된 사람들 사이에서 돈과 행복의 관계를 깊게 살펴보면서 알 수 있듯이, 이런 상황들은 축적될 수 있다.

역경이 돈과 행복의 관계를 바꾸는가?

역경에 처했을 때 돈이 갖는 의미를 보다 쉽게 이해하기 위해, 양

극의 소득 수준에 있는 두 사람에 대해 설명하려고 한다. 첫 번째 사람은 내가 2년 전에 앤 아버 재향군인 병원에서 치료한 남성인데, 폐결핵을 앓고 있었다. 그의 오른쪽 폐는 감염에 의해 망가진 상태였고, 왼쪽 폐 역시 상태가 좋지 않았다. 그가 걸린 결핵은 매우 전염성이 높은 질병이었다. 그가 기침을 할 때마다 결핵균이 폐에서 분출되어 공기 방울에 달라붙었기 때문에, 이 공기를 들이마시는 사람 모두가 폐결핵에 감염될 위험에 노출되었다.

우리는 전염을 방지하기 위해 그를 특별히 마련한 격리 병실에 배치했다. 그는 조그마한 방에 갇힌 채 감염을 통제하기 위해 복용하는 네 가지 항생제만을 기다리는 나날을 보냈다.

격리는 누구에게나 힘들지만, 그의 경우 심각한 경제적 문제를 겪고 있었기 때문에 고문과도 같았다. 병원에 입원하기 전에 그는 트레일러에 살면서 맥도날드에서 버는 적은 수입으로 생활했다. 바바라 에렌라이히의 《빈곤의 경제 Nickel and Dimed》를 읽은 사람이라면 이렇게 낮은 소득으로 살아가는 것이 얼마나 힘든지 이해할 것이다. 다행히 재향군인 건강보험 덕분에 엄청난 의료비를 지불하지 않아도 됐지만, 살고 있던 트레일러의 임대료는 계속 지불해야 했다. 하지만 병원에 갇혀 있으면서 일을 하지 못하는 동안에는 그럴 수가 없었다.

그는 매일 병원에 얼마나 더 있어야 하는지 물었다. 하지만 그의 감염 상태가 항생제에 별다른 반응을 보이지 않아, 며칠만 있기로 한 계획은 결국 몇 주 이상 지연되었다. 그는 가족이 없었고 여자 친구와는 얼마 전에 헤어졌기 때문에, 결국 임대료를 지불하지 못해서 쫓겨나게 되었다.

앞에서 나는 매우 낮은 소득 수준을 가진 사람들에게는 돈이 대단히 중요하다고 언급했다. 위 남성의 사례가 보여주듯, 금전적으로 벼랑 끝에 몰린 사람들에게 역경은 치명적인 타격으로 다가올 수 있다. 나는 그 남성이 질병에 걸리기 전에 정서적으로 어땠는지 파악할 만큼 그를 잘 알지는 못했다. 그러나 한 가지 확실한 것은, 그가 폐결핵과 싸우면서 심각한 타격을 입었다는 것이다. 결국 그는 병원에서 퇴원하고 나서 살 곳을 찾을 때까지 친구의 집에서 머물기로 했다. 그러나 폐는 심각하게 손상된 상태였고, 경제적으로 어떻게 일어설지 뾰족한 수가 없었다.

반면 스코트 맥클러는 경제적인 여유 덕분에 루게릭병을 극복할 수 있었다. 루게릭병은 치료하는 데 엄청난 액수의 돈이 필요한 질병이다. 다행히 스코트는 대부분의 비용을 부담하는 훌륭한 건강보험에 가입한 상태였다. 그는 보험을 통해 세상과 의사소통할 수 있는 컴퓨터 장비를 마련하고 치료를 계속할 수 있었다. 만일 보험이 없었다면 스코트는 벌써 죽었을 것이다.

스코트의 재산은 건강보험뿐만 아니라 그의 연구에 대한 정부 지원금도 포함됐다. 스코트는 국립보건연구원(NIH) 및 재향군인회에서 지급하는 지원금을 통해 연구비를 조달했는데, 보통 이런 기관들은 연구가들이 장애를 겪게 되는 경우를 대비해서 추가적인 지원금을 지급한다. 지원금에는 스코트가 연구실에 출퇴근을 하고 연구를 수행하는 동안 그를 돌봐줄 간호사의 월급이 포함되어 있다. 만약 그가 월마트에서 일했다면 출근길에 자신을 돌봐줄 간호사의 임금을 지불할 수 있었을까?

또한 스코트와 린은 둘 다 성공한 전문가인 데다 절약하면서 살아왔기 때문에 대부분의 가정보다 경제적으로 넉넉한 상태였다. 그리고 스코트가 질병에 걸린 후에도 둘 다 직장에서 일을 하면서 만족해했고, 상당한 수준의 수입이 있었다. 게다가 스코트의 질병이 초기 단계여서 주간 간호사를 고용하기 전에는 린이 연구 경력 덕분에 스코트의 연구실에서 일할 수 있었다. 그렉을 돌보느라 직장을 잃은 루스 휴즈와는 다르게, 린은 스코트 곁에서 대학원생들의 업무를 감독할 수 있었다.

스코트가 병에 걸리기 전에는 넉넉한 재산이 하루하루의 행복에 그리 큰 영향을 미치지 않았을 것이다. 그들은 자녀와 직장을 사랑했고, 함께 보낼 좋은 친구들이 곁에 있었다. 그들에게 돈은 삶의 중요한 목적도 아니었고, 주 과제도 아니었다. 루게릭병은 오히려 돈을 소중하게 여기는 계기가 되었다.

돈의 완충 효과

나는 위의 사례에 자극을 받아, 사람들이 새로운 질병이나 장애에 맞서게 되었을 때 돈의 중요성이 높아지는지 살펴보기 위해 몇몇의 동료들과 이야기를 나누었다. 미시간 대학에 있는 건강 및 퇴직 연구 본부에서는 1년에 두 번씩 50살 이상의 미국 시민 이만 명을 조사해서 건강과 부유함 및 행복 수준을 측정한다. 처음에 우리는 모집단 사이에서 부와 행복 사이에 관계가 있는지 살펴보았다. 앞에서 언급한 연구들과 일관성 있게, 측정 대상자들의 부유함은 그들의 행복 중 약 1퍼센트만을 차지했다. 즉 돈은 대부분의 정서에 큰 역할을 못한다는 결과가 나왔다.

물론 이는 모든 사람들에게 해당하는 것은 아니다. 미시간 대학에서 자료를 수집한 8년 동안 몇몇의 연구 대상자들은 질병이나 장애를 겪게 되었다. 역경을 겪은 후 그들을 다시 조사한 결과, 돈의 중요성이 모집단 전체에 비해서 10배나 증가한 것으로 나타났다. 즉, 대부분의 사람들이 질병 또는 장애를 겪은 다음에도 여전히 행복한 것으로 나타났지만, 상대적으로 가난한 사람들은 더 힘든 정신적인 회복 과정을 거쳐야 하기에 고통스런 시간을 보냈다.

또 한 번의 모금 행사

스코트 맥클러는 위의 연구 결과를 굳이 확인하지 않아도 정신적인 행복에서 돈이 얼마나 중요한 역할을 수행하는지 알고 있을 것이다. 그의 친한 친구 잭 마켈은 발병 초기에 어떻게 도움을 줄 수 있을지 물었다. 잭은 상당한 재산을 보유하고 있었고, 현재는 공공사업에 종사하기로 결심하고 델라웨어 주의 재무관으로 재직하고 있었다. 그러나 그의 부와 정치적인 연줄도 스코트의 질병 앞에서는 무력했다. 스코트는 그냥 곁에서 친구가 되어달라고 했다.

"자네가 질병과 싸울 수 있도록 모금 행사를 개최하는 것은 어때?"

잭은 계속 고집했다. 스코트는 제안을 거절하면서 자신은 돈이 필요하지 않다고 말했다.

"그렇다면 루게릭병 연구를 위한 모금 행사는 어때?"

사실 스코트는 이것도 별로 소용이 없을 거라고 생각했다. 약간의 현금이 모인다고 해서 가까운 미래에 루게릭병의 치료법이 개발되지는 않을 것이며, 만약 개발된다고 하더라도 루게릭병에 특화된 연구보다는 과학의 발전에 의해 이루어질 가능성이 높기 때문이었다.

그러나 잭의 끝없는 고집 때문에 결국 승낙했다. 스코트는 훌륭한 장애 보험 덕분에 계속 일을 할 수 있었지만, 루게릭병을 앓고 있는 대부분의 환자들은 그러지 못했다. 그래서 루게릭병을 앓고 있는 다른 환자들을 위해 모금을 한다는 조건으로 행사를 개최하는 것을 허락했다. 그는 마련된 돈으로 필라델피아 지역의 루게릭병 환자들을 위해 컴퓨터, 계단 승강기, 휠체어, 무선 초인종 도구 및 기타 장치들을 공급하라고 했다.

스코트의 친구들은 모금 행사에 참여하기 위해 전국 곳곳에서 찾아왔다. 스코트는 구두로 연설을 하는 대신 노트북을 통해 컴퓨터 프로그램의 설명이 담긴 슬라이드 쇼를 진행했다. 그것은 정말 대단했다. 슬라이드 쇼를 본 나는 웃었고, 내 아내는 울었다.

슬라이드 쇼가 끝나자, 린은 TV에서 본 것처럼 커다란 수표를 꺼냈고, 스코트의 친구들이 루게릭병 협회에 예상치도 못한 큰 금액을 기부했다는 것을 알게 되었다. 그 정도 금액이면 수백 명의 루게릭병 환자들이 필요한 장비를 공급받을 수 있을 터였다.

그러자 스코트는 루게릭병 환자들을 위해 추가적으로 매년 5킬로미터 달리기를 계획했다. 물론 직접 참여하지 못한다는 사실에 괴로워했지만, 자신이 정서적이고 금전적인 지원을 통해 질병을 극복하고 행복을 찾은 것처럼, 다른 사람들도 행복을 찾을 수 있도록 도와주길 바랐다.

금전적인 어려움이 주는 교훈

나는 아직까지 돈이 역경에 맞선 사람들에게 직접적인 도움이 되는지, 어떤 특정한 역경이 다른 역경에 비해 돈에 대한 의존도를 더 높이는지는 잘 모른다. 그러나 상식적으로 생각했을 때, 질병이나 장애를 앓는 사람들처럼 금전적인 부담이 커지는 경우에 돈은 상당한 도움이 될 것이다. 또한 실직하거나 엄청난 위자료가 수반되는 이혼을 했을 경우에도 돈은 큰 도움이 된다.

그러나 돈과 행복의 관계를 과학적으로 보다 자세하게 밝히기 전까지는 어떻게 살아야 할지에 대해 생각할 필요가 있다. 이에 대해 나는 몇 가지 기본적인 일들을 결정했다. 그중 첫 번째로, 훌륭한 장애 보험에 가입했다. 또한 내 아이팟을 제외하고는 물욕을 통해 행복을 추구하는 것을 자제하기로 했다. 돈을 쓰기보다는 저축하기로 했으며, 아무리 연봉이 높더라도 가족이 좋아하는 지역에서 먼 직장은 선택하지 않기로 결심했다.

역경에 대비하는 것은 의미 있는 일이다. 하지만 질병과 장애 같은 역경이 갑자기 닥친다면 피할 수가 없다. 게다가 대부분의 사람은 언젠가는 심각한 질병 또는 장애를 앓기 마련이다. 그렇기 때문에 앞으로 다가올 상황에 대비해 재무 관리를 하고 있다. 비가 내리지 않는 곳에 휴가용 별장을 구입하는 것보다, 비가 내리는 날을 위해 보험에 가입하는 것이 행복에 더 큰 의미를 주기 때문이다.

POWER of CONQUEST

역경 속에서
목표 재평가하기

행복을 발견하는 데 목적의식이 얼마나 중요한 역할을 하는지 모르는 사람들은 정서적인 회복력을 과소평가한다. 하지만 수많은 연구에 의해, 분명한 목적의식이 있는 사람은 그렇지 않은 사람보다 더 행복하다는 사실이 밝혀졌다.

중학교 1학년 때 침대에 누워 영원히 산다면 어떨지 종종 상상해보았다. 천국이란 지금까지 출간된 모든 양서를 읽고, 고인이 된 작가들이 집필한 새로운 책들을 탐독할 수 있는 곳으로 나는 상상했다. 볼링 실력을 완벽하게 만드는 데 수백 년을 보내고, 자유투 연습을 하는 데 영겁(永劫)을 보내며, 그 외에도 다른 것들을 할 수 있는 무한한 시간이 있는 곳이라고 생각했다.

나는 지금 40대 초반의 전문의이며, 어린 두 아들이 있다. 좋아하던 몇 가지 취미 생활도 제대로 못 하는지라 천국에서 볼링을 즐기겠다는 꿈은 사라졌지만, 아직도 여유 시간이 있다면 얼마나 좋을까 하는 아쉬움이 있다. 시간이 조금 더 있다면 할 수 있는 것들이 굉장히 많다고 항상 생각한다. 그래서 아침이 되면 아이들을 제 시간에 학교에 데려다주고, 8시 30분까지 병원에 도착하기 위해 차를 급히 몰며 내게 하루에 2시간만 더 주어진다면 삶이 훨씬 나아질 거라고 되새긴다.

그러나 생각하면 할수록 많은 시간이 주어진다고 해서 삶이 더 행복해지리라는 확신은 줄어들고 있다. 사실 행복한 삶을 누리는 데는 많은 시간이 가장 해롭다는 사실을 점차 깨닫게 되었다. 그것은 내가 열정적인 수구(Water polo) 팬인 55살의 앤디 크래포드를 알고 나서 하게 된 생각이다. 그는 살날이 채 1년도 남지 않은 상태였다.

골수 이식과 방글라데시

우리는 앤디가 이메일을 통해 그동안 숨겨왔던 사실에 대해 이야기한 것을 계기로 만났다. 메일은 '피터 선생님, 저는 이곳에 있는 대학교에서 공학 과목을 강의하고 있는 교수입니다.' 라는 내용으로 시작되었다. 그곳은 불과 3개월 전까지 내가 근무했던 미시간 대학교였다.

그리고 전문 경영자이기도 합니다. 저는 선생님의 《프라이싱 라이프 Pricing life》란 책을 매우 감명 깊게 읽었고, 책의 내용을 강의에서 종종 인용하기도 합니다. 선생님의 책을 읽고 난 후, 저는 골수이식 수술을 받지 않고 저축해놓은 돈을 방글라데시에 건강관리 센터를 세우는 데 쓰고 있습니다. 그것에 대해 선생님과 상의하길 원합니다.

나는 골수이식 수술을 하지 않은 것과 내 책 사이의 연관성에 대해 어떻게 생각해야 할지 몰라 메일을 여러 번 읽었다. 나는 그 책에 오늘날 미국에서는 치료만 받으면 나을 수 있는 환자들이 건강관리를 받을 수 없을 만큼 비싼 의료 기술이 빠르게 발전하고 있다고 기술했다. 그리고 의료보험이 가장 중요한 측면에서 건강에 혜택을 줄 수 있는 방법에 대해 쓰고, 의료 혜택을 거의 받지 못하는 치료에 대한 지출을 중단할 것을 촉구했다. 하지만 책의 어디에도 골수 이식이나 방글라데시의 건강관리 센터에 대해 언급한 적은 없었다. 앤디의 이 메일을 받고 당황한 나는 언제쯤 만나 대화가 가능한지 묻는 답신을 보냈다.

그로부터 2주 후에 앤디를 만나게 되었다. 그때 앤디 덕분에 내 사무실에 활기가 넘쳤던 것이 기억난다. 그의 동작이 특별히 빨랐다거나 큰 소리로 말해서가 아니라, 자신감이 넘치고 열정이 있었기 때문이다. 앤디의 목소리는 사무실 밖으로 새어나갔고, 지나가던 동료 직원들은 내 앞에 앉아 있는 열정적인 사람이 누군지 궁금해 사무실 안을 힐끔힐끔 들여다보았다. 그래서 문을 닫자, 앤디는 자신의 상황을 이야기했다.

앤디는 5년 전에 골수가 서서히 파괴되어가는 희귀병인 골수섬유증 진단을 받았다. 골수강에서 골수 세포가 서서히 증식해 정상적으로 그 자리에 있어야 할 세포에 압박을 가했고, 골수의 적혈구와 백혈구, 혈소판 생산 능력이 점차 약해져갔다. 그 과정에서 앤디의 비장이 팽창되어 혈구를 생산했고, 정상적인 위치에서 밀려났다. 물 풍선처럼 부어오른 비장은 마치 활 모양으로 굽은 팔꿈치 같았으며, 조심하지 않을 경우 터질 우려가 있었다. 그래서 종양 담당 주치의는 앤디가 한 주에 세 번 하는 수구 경기에 대해 걱정했다. 골수섬유증 진단을 받기 전까지 누구보다도 건강했던 앤디는, 치료에 의지하지 않으면 앞으로 몇 년밖에 살지 못한다는 사실을 알았을 때 충격이 한층 더 컸다.

하지만 나를 찾아온 앤디는 말기 환자처럼 보이지 않았다. 큰 키와 마른 체격으로 인해 운동선수처럼 보인 그는 빈혈 증세로 인해 창백하다는 것을 제외하고는 건강해 보였다. 그러나 앤디는 병의 진행과 골수섬유증으로 인한 탈진 증세로 한 주에 이틀은 고통스럽게 보냈다. 그는 그런 날이 계속되면 건강이 더 악화될 거라는 사실을 알았다. 골수섬유증은 치료를 받지 않으면 혈구와 혈소판에 대한 수혈이 효과가 없어지거나(수혈에 대한 면역력이 형성되어 수혈된 세포에 대한 거부 반응을 일으키기 때문이다. 심각한 감염 증세가 나타나는 것이 일반적이다)

백혈구 생산에 장해를 받기 때문이다.

"과연 앞으로 계속 살아야 되는지 의심이 들 만큼 행복한 날이 거의 없습니다. 그럴 때마다 자살 충동을 느낍니다."

나와 대화를 시작한 지 채 5분도 안 되어 꺼낸 말이었다. 그러나 앤디가 나를 찾아온 이유는 병에 대해 상담하기 위해서가 아니라, 지금 하게 된 일들에 대해 대화하기 위해서였다. 앤디는 활기차게 움직이는 날에는 기업 경영에 대한 대학원 강의를 하고, 미시간 대학교의 건강 시스템에서 일하며, 통합 의료 및 치료 센터와 방글라데시에 건강관리 센터를 세우기 위한 모금 활동으로 바쁘게 보낸다고 했다.

앤디에 대해 좀더 많은 것을 알게 된 나는 그가 병 때문에 그런 활동을 하는 게 아니라는 걸 깨달았다. 앤디는 시한부 인생을 선고받은 상태에서도 지적이고 정서적이며 경제적인 능력을 활용하고, 남아 있는 모든 힘을 열정적으로 관심을 갖고 있는 일에 쏟기로 결심했다. 죽음이 현실로 다가온 이상, 머뭇거릴 시간이 없었다.

앤디는 세상에 업적을 남기기 위해 속히 행동을 시작했다.

10만 달러가 있다면 어디에 쓰겠는가?

처음에 앤디를 민나시 골수 이식괴 방글라데시에서의 의료 사업에 대한 설명을 들었을 때는 쉽게 납득이 가지 않았다. 앤디는 골수섬유증 진단을 받았을 때 병에 대한 정보를 얻고자 관련 서적을 탐구하고, 인터넷을 검색하며 의사 친구들이 귀찮아할 정도로 물어보는 등, 할 수 있는 모든 방법을 시도했다. 치료에 대한 가능성이 희박해지자, 그는 최종적으로 새로운 치료 방법이 있는지 알아보고자 마요 클리닉의 테페리 박사를 찾아갔다. 테페리 박사는 내가 10여 년 전에 마요에서 수련의 생활을 할 때부터 훌륭한 의사라고 생각한 혈액학자다. 그는 살 수 있는 단 하나의 방법은 골수 이식인데, 그것도 50대 중반인 앤디에게는 성공 확률이 10퍼센트밖에 안 된다고 말했다.

앤디는 매우 신중히 생각했다. 10퍼센트의 확률은 결코 높은 게 아니지만 0퍼센트에 비하면 굉장히 높으며, 앤디는 그동안 항상 기대 이상의 성과를 올린 사람이었다. 그는 55살이 된 다른 사람들보다 훨씬 건강했다. 따라서 이번에도 그 확률을 깨뜨릴 가능성이 있었다.

하지만 앤디는 이것이 모험을 해도 괜찮은 일이라고 생각하지 않았다. 그는 골수 이식을 하기 위해서는 10만 달러 이상은 족히 들어간다는 것을 먼저 생각했다.

"선생님께서 책에 쓰신 것처럼 제 생명을 구하기 위해 10퍼센트의 가능성밖에 없는 골수 이식을 하느니 차라리 10만 달러를 좀더 지혜롭게 쓴다면 수천 명의 생명을 살릴 수 있지 않을까요?"

그는 아내의 대학 동창이 보스턴에서 방글라데시 사람들의 건강 관리에 큰 기여를 하는 자선단체를 운영하고 있다고 하며, 10만 달러를 그 자선단체에 기부하면 1년 동안 만 명의 의류 노동자들에게 의료 혜택을 줄 수 있다고 강조했다.

나는 혼란스러웠다. 그가 가입한 보험회사가 골수 이식 수술을 위해서는 10만 달러 이상의 돈도 기꺼이 지급하겠지만, 방글라데시를 위한 자선단체에는 그만한 돈을 기부하지 않을 게 뻔했기 때문이다. 그러자 앤디가 말했다.

"보험회사는 당연히 그렇게 하지 않겠지만, 중요한 것은 그게 아닙니다. 아시다시피 제가 이식을 한다면 보험회사는 10만 달러 이상을 써야 할 텐데, 저는 그게 도저히 이해가 되지 않습니다. 그 액수의 돈이면 훨씬 더 유익하게 쓸 수 있거든요. 그래서 갖고 있던 10만 달러를 방글라데시의 의료 사업에 쓰기로 한 겁니다."

목표와 행복 사이의 관계

나는 앤디와 만나기 전에 정서적인 회복력의 비결에 대해 연구하기 시작했다. 예를 들면, 만성적인 질병 같은 역경에 처했을 때 어떻게 느낄지 생각하는 것과 실제로 느끼는 것 사이의 차이에 대해서 말이다.

치명적인 병의 진단을 받았을 때보다 정서적인 회복력이 잘 드러나는 경우는 없다. 엘리자베스 퀴블러 로스는 《죽음과 죽어감On death and dying》이란 저서를 통해 죽음의 마지막 단계를 감정이 거의 없는 상태로 묘사했는데, 대부분의 환자들은 병의 말기에 다다르면 비통함과 분노 혹은 체념적인 상상에 빠진다고 한다.

죽음으로 인해 새로운 힘이 솟아난다고 생각하는 사람은 아무도 없다. 죽음이 가까워진 55살의 남자가 세상을 바꾸거나 수천 명의 사람들에게 큰 영향을 주기 위해 무엇을 하겠다고 결심하리라고도 생각하지 않는다.

행복을 발견하는 데 목적의식이 얼마나 중요한 역할을 하는지 모르는 사람들은 정서적인 회복력을 과소평가한다. 하지만 수많은 연구에 의해, 분명한 목적의식이 있는 사람은 그렇지 않은 사람보다 더 행복하다는 사실이 밝혀졌다. 게다가 자발적인 동기에 의해 목표를 추구하는 사람은 외부의 동기에 의해 목표를 추구하는 사람보다 더 행복하다. 예를 들어 운동이 좋아서 과외 활동에 참여하는 학생들의 행복 지수는 부모를 만족시키거나 좋은 대학원에 진학하기 위해 운동을 하는 학생들보다 더 높다.

이상적인 목표 대 의무적인 목표

행복은 자발적으로 목표를 추구하느냐, 외부적인 동기에 의해 추구하느냐에 따라서도 좌우된다. 또한 이상적인 목표(현재 능력의 한계를 벗어나는 목표)와 당연히 이루어야 할 목표(좀더 잘해야 하며, 그러지 못할 경우 실망하는 것처럼, 자신을 위해 세우는 최소한의 기준), 당연한 목표 중 어떤 것을 위해 노력하느냐에 따라서도 좌우된다.

1998년과 2002년 동계 올림픽의 여자 피겨 스케이팅에서 두 번다 유력한 금메달 후보였던 미셸 콴에 대해 살펴보도록 하자. 그녀는 두 차례의 올림픽에서 마지막 날 저녁 경기까지 선두를 지켰지만, 금메달을 놓치는 실수를 범할까봐 지나치게 조심스럽게 스케이트를 탔다. 그러다 결국 두 차례 모두 최선의 연기를 보여주는 것을 목표로 삼은 16살의 소녀들에게 금메달을 빼앗겼다. 이처럼 의무적인 목표(3회전 반 점프에서 실수하면 안 된다)와 이상적인 목표(역사상 가장 파격적이면서도 우아한 3회전 반 점프를 연기해야 한다) 사이에는 큰 차이가 있다.

의무적인 목표는 소극적이며, 그것의 최종적인 목표는 실현되지 않는 일이 다반사다. 농구 선수는 경기에서 이길 수 있을 때는 자유투를 절대 실패하려 하지 않는다. 하지만 프리 드로우 라인에 선 농구 선수는 깨끗하게 슛을 성공시키려고 한다.

사람들은 의무적인 목표에 대한 소극적인 추구보다 이상적인 목표를 적극적으로 추구하는 것을 더 좋아한다. 따라서 이상적인 목표를 추구할 때 훨씬 더 큰 성과를 이루며, 목표 성취에 대한 반응도 다르게 나타난다. 이상적인 목표를 성취했을 때는 큰 행복감을 느끼지만, 의무적인 목표를 이룰 때는 안도감을 느끼는 정도다.

심리적인 면에서도 이상적인 목표와 의무적인 목표는 크게 다르다. 사람들은 10퍼센트의 치사율이 따르는 외과 수술보다 90퍼센트의 생존 가능성이 있는 외과 수술에 대해 더 긍정적으로 생각한다.

적극적인 자세와 소극적인 자세는 다르다는 사실이 아직도 믿기지 않는가? 걸음마를 배우기 시작한 아이에게 욕조 안에서 일어서면 안 된다고 말해보라. 그리고 욕조 안에서 얼마나 잘 앉아 있을 수 있는지를 보여달라고 해보라. 어떤 방법이 더 좋을 거라고 생각하는가?

역경이 주는 초점 조정 능력

사람은 기쁘고 의미 있는 목표를 추구할 때 행복을 느낀다. 그러나 많은 사람들이 자신이 어떤 목표에 맞추어 살아가고 있다는 사실을 의식하지 못한다. 학교를 졸업하고 결혼해서 직장을 가진 후에는, 의미는 있지만 본질적이지 못한 목표 이외의 다른 것에 대해서는 신경 쓰지 못한다.

그렇다면 역경은 정확히 어떤 면에서 사람을 행복하게 할까?

흔치 않은 경우지만, 역경은 진정으로 하길 원하는 것에 대한 관심을 재조정하게 하는 능력이 있다.

연구 팀이 건강한 사람들에게 신장 질환처럼 심각한 병에 대해 생각해보라고 하자, 그들은 직장 생활과 좋아하는 취미 활동을 당장 그만둬야 한다고 했다. 그런 생각에는 아무런 잘못이 없다. 신장병 환자 중에 정상적인 직장 생활이 가능한 사람은 몇 퍼센트에 불과하기 때문이다. 그러나 건강한 사람들은 병으로 인한 한계들을 극복하기 위해 삶의 목표를 바꿔야 할지도 모른다는 사실을 몰랐다.

사실 많은 환자들이 만성적인 병에 대응하기 위해 삶의 목표를 바꾼다. 나는 진료 생활 초기에 폐기종 환자들 몇몇 때문에 놀랐던 적이 있는데, 그들은 폐가 심하게 손상되었음에도 숨이 차는 것에 대해 거의 불평하지 않았다. 하루는 특히 행복해 보이는 환자에게 얼마나 자주 숨이 차냐고 물어보았다. 그는 폐 기능이 정상인의 4분의 1이 안 되는데도 "그런 적은 전혀 없습니다."라고 대답했다. 계단을 오르거나 차에서 채소를 운반할 때는 어떠냐고 다시 묻자, "그런 것 때문에 숨이 차지는 않습니다."라고 대답했다. 의심스럽다는 듯 잠시 쳐다보자, "왜냐하면 그런 걸 하지 않기 때문이지요."라고 설명해주었다.

그는 숨이 찰 수 있는 활동을 전부 중단했기 때문에 불편한 것이 없었다. 그런 포기 현상은 점차 계속되어 몇 년이 지난 지금은 얼마나 많은 것을 포기했는지 알지도 못할 정도였다. 그는 장거리 산책을 매우 좋아했는데, 그 거리가 점차 줄어들더니 결국 중단했다고 말했다. 심지어 자신의 생활 습관에 어떤 변화가 일어났는지조차 의식하지 못할 만큼 오랫동안 걷지 않았다고 했다.

현실에 의해 삶의 목표 바꾸기

중병이나 장애로 인한 새로운 상황에 적응하기 위해 목표를 바꾸는 것은 자동적으로 이루어지는 과정이 아니다. 전립선암 치료를 받

는 사람의 경우, 발기부전이나 요실금 같은 골치 아픈 부작용이 나타
날 수 있다. 그런 부작용에 시달리면 행복 지수가 떨어지는 것은 당연
하다. 그런데 삶의 목표를 바꾸지 않으면 행복 지수가 더 떨어진다.

새로운 환경에 적응하기 위해 목표를 바꾸는 사람에게는 부작용
이 행복에 영향을 미치지 못한다. 그들 중에는 전립선암 치료를 받
기 전보다 더 행복한 사람도 있다. 마치 전립선암과 그것의 부작용
이 환자가 삶의 우선순위를 재조정하는 데 도움이라도 된 것처럼 말
이다. 에이즈 환자 중에도 친구나 가족과 함께 시간을 보내는 것처
럼 건강과 관련이 없는 목표를 가진 사람이 있는 반면, 병의 진행 속
도를 늦춘다거나 통증을 줄이는 것처럼 건강과 관련된 목표에 높은
가치를 두는 사람들이 있다. 하지만 건강에 목표를 둔 사람들은 증
상이 악화되면 정신적으로 강한 고통에 시달리게 된다.

병으로 인해 때로는 목표를 포기할 수밖에 없음에도, 대부분의
만성적인 환자들은 행복을 누리고 있다. 변화된 생활 방식을 무시하
기 때문이 아니라, 병의 영향을 받지 않은 부분에서 의식·무의식적
으로 의미를 찾기 때문이다. 정상적인 활동을 포기해야 하는 그들은
삶에 가장 큰 의미와 목적의식을 부여해줄 수 있는 게 무엇인지 신
중하게 생각한다.

앤디 크래포드는 병에 걸리기 전에도 항상 목표가 뚜렷했다. 언
제나 열정적이고 낙천적인 그는 티셔츠 사업으로 크게 성공했으며,
고객들에게 자신의 티셔츠를 디자인해서 만들 수 있는 몇 가지의 기

술 특허를 판매하기도 했다. 하지만 병에 걸리고 난 후에는 삶의 목표를 재조정했다.

사실 먼저 병에 걸린 사람은 앤디가 아니었다. 그의 아내인 카렌이 유방암 판정을 받았다. 앤디는 아내와 많은 시간을 보내면서 치료를 도왔다. 그는 일찍 퇴근해 유방암 치료에 대한 플립 차트와 도표를 집에 수북이 쌓아놓고는, 좋은 치료 방법을 찾았다. 나중에는 카렌이 치료와 부작용을 잘 이겨낼 수 있도록 돕고자 근무 시간을 더 단축했다.

그로부터 2년 후 병에 걸린 앤디는 자선 활동과 강의에 초점을 맞춰 삶의 목표를 다시 한번 수정했다. 그는 병에 걸린 후에도 열정적이고 낙천적이었으며, 전력을 다해 목표를 추구했다. 변한 것이 있다면 목표의 내용이었다.

앞으로 살아갈 날이 몇 년밖에 남지 않은 그는 티셔츠 사업에 더 이상 열정을 가질 수 없었다. 대신 자신의 뛰어난 사업 수완을 방글라데시에서의 의료 사업에 쏟았다.

사업가 정신이 투철했던 앤디는 자선단체가 단 1년 동안만 방글라데시 사람들의 건강관리를 지원하는 것으로 만족하는 이유를 이해할 수 없었다. 그리고 건강관리를 위한 혜택을 지원해줄 프로그램을 구체적으로 만들지 않는 것도 이해가 되지 않았다. 사람들에게 지속적인 혜택을 주기로 마음먹은 앤디는, 다큐멘터리 제작자 겸 저널리스트였던 아들 알렉스와 함께 방글라데시에서 자립적인 건강관리 센터를 설립해나가기 시작했다.

방글라데시의 의료 사업에 관심을 갖게 된 나는 앤디를 만나고 나서 몇 주 후, 그들 부자와 점심 식사를 함께했다. 알렉스는 샌드위치를 먹으며 말했다.

"저는 아버지께서 돌아가시기 전에 함께 무엇인가를 해보고 싶습니다. 그동안은 창업에 대해 많은 아이디어를 갖고 있었어도, 아버지의 이상적인 생각과는 전혀 어울리지 않았습니다. 저는 다소 냉소적인 성격인데, 저널리스트들이 대개 그렇습니다. 그러나 아버지께서는 당신이 세상을 구할 수 있으며, 적어도 이곳을 보다 좋은 곳으로 만들 수 있다고 생각하고 계십니다. 그래서 방글라데시의 의료 사업은 제가 아버지와 함께 일할 수 있는 좋은 기회라고 생각됩니다."

알렉스는 '지상 생활에서의 극단적인 것'들을 다큐멘터리의 주제로 삼는 제작자였다. 누드로 공연하기로 유명한 펑크록 밴드를 다룬 다큐멘터리를 만들었고, 미국 최초의 유명한 포르노 작가인 알 골드 슈타인을 집중적으로 다뤘으며, 최근에는 북아일랜드에서 독립 전쟁을 위해 투쟁하고 있는 여러 계층의 사람들과 인터뷰를 했다. 이런 경험들은 알렉스가 다양한 계층의 사람들을 능숙하게 대할 수 있게 해주었다. 또한 알렉스가 방글라데시를 여행하면서 겪게 될 부패와 술수, 폭력 행위에 대비해 잘 준비할 수 있게 하는 배경이 되었다.

"건강관리 센터의 건립을 위해 지방정부의 건축 담당 공무원이나 건축업자와 계약을 맺는다면, 그들은 일의 일부에 대해 다른 집단과 도급 계약을 맺을 겁니다. 이 집단은 또 제3의 집단과 재도급 계약을 맺을 겁니다. 이처럼 처음 계약과 도급 계약, 재도급 계약의 과정을 거치면서 총액의 일부가 손실을 보게 됩니다. 대개의 경우, 계약자와 도급업자, 재도급업자는 전부 같은 사람들로, 그들은 신분을 숨기고 유령 회사를 세웁니다."

이와 같은 부패 고리로 인해 의료 사업에 10만 달러를 투자할 경우, 실제 성과 가치는 1만 달러밖에 나지 않을 수도 있다.

자선단체가 부패의 고리를 피할 수 없다고 판단한 알렉스는, 당초에 아버지와 함께 일하기로 계획했던 보스턴에 있는 자선단체의 도움을 받지 않고 건강관리 센터를 세우기로 했다.

"하지만 알렉스, 보스턴에 있는 자선단체는 방글라데시에 있는 150곳 이상의 병원에 자금을 지원하고 있다는 사실을 알고 있지 않니?"

"알아요, 아버지. 하지만 다섯 군데의 다른 자선단체들도 동일한 150곳의 병원에 지원하거든요. 아버지는 지금 현실을 지나칠 정도로 이상적인 눈으로만 바라보고 계신 거예요!"

헛수고

그리스 신화 중에는 시지프스가 거대한 돌을 가파른 언덕 위로 올리는 형벌을 받은 이야기가 있다. 올리기를 시도할 때마다 돌은 정상에 도달하기 전에 계속 굴러 내려오므로, 시지프스는 같은 일을 반복해야 했다. 일베르 카뮈는 《시지프스의 신화The myth of sisyphus》에서 이 이야기를 인생의 의미를 알아야 함에도 그것에 대해 알지 못하는 인생의 부조리를 나타내는 비유로 사용했다. 카뮈는 계속되는 노력의 실패에도 불구하고 삶에 대한 집착을 끝까지 버리지 않는 시지프스를 부조리의 영웅으로 봤다.

알렉스에게서 방글라데시에 대한 이야기를 들은 나는, 앤디와 알렉스의 노력이 시지프스의 이야기와 같다고 생각했다. 그들이 돌을 언덕 위로 올리려 할 때마다 반대편의 부패한 자들이 그것을 밀어내린다. 그렇다면 이것이 앤디가 얼마 남지 않은 삶과 힘들게 노력해서 모은 돈을 쓰려는 방법일까?

앤디는 말했다.

"물론 아무 성과가 없을 수도 있지만, 나는 적어도 그 일을 한번 해보고 싶습니다."

앤디는 골수섬유증으로 인해 기력을 잃어가고 있음에도 많은 에너지를 쏟았다. 그는 병으로 인해 낙심하기보다 보람 있는 일을 했으며, 방글라데시에서 의료 사업을 행하는 것에 큰 애착을 느꼈다. 그는 알렉스와 학생들에게 사회정의의 실현을 위해 자신을 헌신할 것을 독려했다. 방글라데시에 많은 의료 시설을 세우기를 원하는 앤디에게 정치적이고 사회적이며 지적인 도전은 그 자체가 큰 기쁨이 되었다.

모든 사람이 직면하는 죽음

앤디와 식사를 같이 하고 나서 몇 주 후, 나는 방글라데시에서 벌이는 의료 사업에 대해 좀더 많은 것을 알기 위해 다시 만날 기회를 마련했다. 하지만 약속 시간과 장소를 미처 확인하지 않아 앤 아버에서 유명한 어느 식당에서 혼자 기다리게 되었다. 나는 의도적으로 혼자 식당을 찾은 위대한 사상가라도 되는 양 바지 주머니에서 메모 용지를 꺼내, 만약 내가 시한부 선고를 받는다면 무엇을 할지 적어 나갔다. 메모 용지를 세로로 세 등분해서, 첫 번째 칸에는 살 수 있는 시간이 24시간밖에 안 남았을 때 할 것에 대해, 두 번째 칸에는 한 달밖에 안 남았을 때 할 것에 대해 기록했다. 마지막 칸에는 남은 생애가 1년이라면 무엇을 할지 적었다.

나는 메모지의 상단부에 책들이란 단어를 써놓고 1년밖에 살 수 없다면 무슨 책을 읽을지에 대해 곰곰이 생각했다. 처음 만났을 때 앤디는 죽음이 임박한 자신이 소설을 읽는다는 것은 사치처럼 느껴져서 더 이상 읽지 않는다고 했다. 내게 앞으로 1년밖에 남지 않았다면 가벼운 소설을 읽을까, 진지하고 무거운 책을 읽을까? 살 수 있는 시간이 한 달밖에 안 남았다면 피아노 곡 중 어떤 곡을 칠까? 피아노를 칠 수 있다고 해도, 세상을 변화시키기 위해 해야 할 일이 수없이 많은데 그래야 할까?

그러다가 어렸을 때 "만약에 장애자가 된다면 시각 장애자가 나을까, 청각 장애자가 나을까?"라고 자문한 것처럼 어리석은 생각을 하고 있다고 느꼈다.

하지만 내가 메모지에 적은 것들이 무의미하거나 무가치하다고 생각하지는 않았다. 오히려 일어날 수 없는 것들에 대해 상상하면서 생활 방법을 개선하자고 결심했다. 앤디는 병으로 인해 이런 자문을 하는 게 가능했고, 아들과 많은 시간을 보낼 수 있는 방법을 발견하게 되었다. 나 역시 이런 질문을 통해 세상을 발전시키기 위해서 많은 시간을 보내게 될 것이고, TV를 보는 시간을 줄임으로써 더 지혜로운 삶을 살게 될 것이다.

내가 혼자서 이런 자문들을 하고 있을 때, 앤디와 그의 가족은 미시간 대학 병원에서 이와 같은 질문들에 대해 논의하고 있었다. 앤디가 그날 점심 약속 장소에 나오지 못한 이유는 서서히 진행되고 있던 골수 질환이 심각한 백혈병으로 전이되었기 때문이었다. 유전자 변화로 인해 앤디의 골수섬유증 세포가 골수에 서서히 증식했고, 수십만 개의 백혈구 세포를 생산하기 시작한 것이다. 혈소판 수치가 너무 낮은 몸은 수혈에 강한 거부 반응을 보였고, 자칫 내출혈을 일으킬 위험성이 높았다. 앤디는 모르핀의 수치가 내려가 제정신으로 돌아올 때면, 남아 있는 몇 시간, 며칠 혹은 몇 주 동안 무엇을 할지 생각했다.

만약 백혈병이 조만간 차도를 보이지 않으면 하루나 이틀 안에 죽을 수도 있었다. 다행히 그 후 며칠 동안 실시한 약물 치료가 효과 있어, 그는 집으로 돌아갈 수 있었다.

나는 1주일 후에 앤디의 집으로 갔다. 그는 야위고 창백한 모습이었고, 숨 쉬는 것조차 힘들어 보였다. 앤디는 심장 내부에 있는 백혈병 세포로 인해 깊은 숨을 쉬기가 어렵다고 말했다. 그런데도 명랑했다.

"종양 전문의가 그러는데, 백혈병 치료에는 세 가지 방법이 있다고 합니다. 그중 첫 번째 방법은 하이드레아(Hydrea)란 약물 치료입니다. 이 방법은 일시적으로 백혈병의 증상을 약화시키지만, 환자가 3개월 이상 사는 경우가 거의 없다고 합니다. 두 번째는 적극적인 치료 방법인 화학 요법으로, 한 달 동안 굉장한 고통을 겪어야 하며 회복하는 데 한 달이 걸리는데, 그렇게 하면 생명이 석 달 정도 연장될 거라고 합니다. 이것은 좋은 치료 방법이라고 생각하지 않습니다. 마지막 방법은 종양 전문의들조차 매우 위험하게 생각하는 실험 관찰법입니다. 그래서 저는 몇 달 동안 하이드레아 약물 치료법과 함께 다른 일들을 병행하기로 했습니다."

나는 그가 병행하려는 일이 무엇인지 궁금했다.

"저는 지금 세 가지 반의 사업을 위해 열심히 뛰고 있습니다. 먼저 대학교 내에 종합 의료 센터의 건립을 추진하고 있습니다. 새로운 센터를 건립하는 중요한 목적 중 하나는, 죽어가는 환자들을 위한 대체 의학의 역할에 대한 연구입니다. 최근 몇 주 동안 그것이 얼마나 중요한지 절실히 깨달았습니다. 두 번째로, 방글라데시의 의료 사업 추진을 시도하고 있습니다. 세 번째로, 제가 죽었을 때의 장례식에 대한 계획을 세우고 있습니다. 나머지는 제가 했던 기업가 정신에 대한 강의를 다른 교수가 대신 맡도록 도와주는 것입니다. 그래서 지금 그가 강의 노트를 이해하는 것을 도와주고 있습니다."

하지만 약물에 의한 부작용으로 인해 앤디가 사업들을 계속 추진하는 것이 어렵게 되었다. 그럼에도 앤디의 낙천적인 성격 덕에 몇 주 동안 사업들에 큰 성과가 나타났다.

"저는 의학적인 징조와 경계심 사이에서 균형을 유지하기 위해 항상 약을 조절하는 데 신경 쓰고 있습니다. 그래도 이틀 전에 비해 효과가 나타나고 있습니다. 병원 생활 때문에 몸이 많이 약해졌지만 이제 다시 원기를 회복하기 시작했어요."

앤디는 앞으로 살날이 3개월도 남지 않았지만 여전히 낙천적인 태도를 잃지 않았다. 그는 자신의 운명을 받아들였지만 결코 소극적이지 않았고, 앞으로 남은 3개월 동안 어떻게든 많은 것을 하길 원했다. 항상 목표 의식으로 충만했던 앤디는 기업가 정신에 대한 강의를 수강하는 학생들에게 큰 목표들을 기록하라고 권했다. 20년 후에 원하는 위치는 무엇인지, 장차 성취하길 원하는 것은 무엇인지.

앤디는 여타의 많은 강의들과는 다르게 직장 생활에 대한 목표만을 강조하지 않았고, 가정의 목표와 취미 생활, 사회 활동에 대해서도 깊이 생각하라고 했다. 그는 직장 생활의 성공을 위해서만 목표를 세우는 것은 불가능하며, 인생 전체의 목표를 세우는 법을 가르쳐주었다.

나는 앤디가 기업가 정신에 대해 이야기할 때, 내게도 무엇인가 해주고 싶어 한다는 걸 느꼈다. 그는 처음 만났을 때도 내가 하고 있던 연구 프로그램에 대해 물어보며, 즉시 도움을 제의했다. 정중히 거절했지만, 그는 포기하지 않고 도움을 줄 수 있는 방법에 대해 생각했다. 그러고는 수첩을 꺼내 내 연구 프로그램을 도와줄 수 있는 사람들을 찾았다.

앤디는 사람들이 목적을 달성하도록 도와주고, 그것을 위해 노력하면서 깨달아야 할 것들을 가르쳐주고 싶어 하는 전형적인 교사였다.

앤디의 동기

앤디의 집을 방문한 지 1주일 후 그에게 다시 만나자고 했다. 그는 백혈병으로 인한 통증을 억제하기 위해 국소 방사선 치료를 받느라 한 주를 어렵게 보냈다고 말했다. 다시 1주일 후, 카렌에게서 앤디의 임종이 가까워졌다는 이메일을 받았다. 그의 혈구 수치가 지나치게 낮아서, 의사들은 그가 아직 살아 있다는 사실이 믿기지 않을 정도였다.

사람들이 그의 집에 모여들었다. 앤디는 화학 요법에 의한 치료를 중단하고, 모든 주변 정리를 마친 상태였다. 그는 마지막 며칠 동안 침대에 누워서 깨어 있을 때만 가족들과 대화했고, 평화롭게 자다가 세상을 떠났다.

앤디의 장례식에는 친구와 친척, 직장 동료, 학생 등 많은 사람이 찾아왔다. 조문객 중에는 마케팅 분야의 전공 교수이자 앤디의 방글라데시 사업에 참여하기로 했던 데이비드 무어도 있었다. 앤디는 데이비드 무어의 딸인 엘리사가 사회봉사와 인류 정의의 실현에 관심을 갖도록 많은 영향을 주었다. 그리고 엘리사도 열정적이었다. 그녀는 학교 강의가 없는 기간을 이용해 포르투갈어를 배우고, 브라질을 여행하며, 엘 고어 대통령 후보를 위한 자원봉사를 하고, 미시간 대학교에서 공부하는 제7일 안식일 교도들을 위한 캠퍼스 사역을 시작했다. 그러나 엘 고어 대통령 후보에게 투표를 하고 돌아오던 중 교통사고로 사망했다.

데이비드는 앤디가 엘리사의 장례식에 참석해 조사를 읽었을 때, 딸이 그에게 왜 그렇게 많은 영향을 받았는지를 알 수 있었다. 엘리사가 죽은 지 6개월 후, 데이비드는 자기가 갖고 있던 생각에 대해 상의하고자 앤디를 만났다. 앤디는 데이비드의 견해에 적극 찬성하며 제일 먼저 장학 기금을 기탁했다. 그러나 5개월 후 장학금 모금을 위한 활동은 중단되었다. 장학 사업을 위해 뛸 때마다 딸 생각이 나서 힘들었기 때문이다.

앤디의 장례식에 참석한 데이비드는 비로소 타성에서 벗어났다.

"장례식에 참석한 많은 사람들이 앤디에게서 감화를 받았다고 말하더군요. 그래서 저는 하늘에 있는 앤디를 실망시키지 않기 위해서라도 이 사업을 다시 시작해야 할 필요를 느꼈습니다."

그는 앤디의 장례식이 딸을 기념하기 위한 일을 하는 데 큰 동기부여가 되었다고 말했다.

데이비드는 앤디의 장례식에 참석한 지 3주도 안 되어 많은 기금을 확보하고 장학금을 운영해나갔다. 앤디에게서 깊은 감화를 받은 데이비드는, 미국의 대학 등록금이 너무 비싸기 때문에 장학금의 취지를 살리려면 그것을 잘 운영하고 지급해야 한다는 사실을 깨달았다. 그는 장학 기금이 더 가치 있게 쓰여야 한다고 인식했다.

"장학금은 카리브 유니온 대학교에 진학하기를 원하는 여학생들을 지원하는 데도 쓰일 것입니다. 조만간 매년 새로운 장학금을 수여할 수 있도록 많은 기금을 확보하도록 힘쓸 것입니다."

몇십 년 동안 죽어간다는 것

건강과 행복 지수 사이의 상관관계에 대해 연구하면서, 나는 앤디에 대해 자주 생각했다. 말기 환자인 앤디는 죽음을 두려워하지 않았다. 그는 자신의 운명을 받아들이고, 얼마 남지 않은 날들을 최대한 잘 활용하기 위해 노력했다. 그는 아내인 카렌과 아들인 알렉스와 함께 시간을 보내기 위해 노력했지만, 그렇다고 집 안에 가만히 있지는 않았다. 오히려 열정을 밖으로 쏟으며 암에 대처해나갔다.

앤디는 타고난 선생님이요, 남을 가르치는 능력이 뛰어난 사람이었다. 암으로 인해 다른 사람을 지도하고 가르치고자 하는 욕망은 증폭했고, 비로소 그가 가진 특별한 재능이 나타났다. 골수섬유증은 앤디에게 능력을 극대화할 수 있는 계기를 주었다. 하지만 앤디가 죽을 때까지 목표를 추구하는 데 필요한 열정이나 능력을 상실하지 않은 것도 한몫했다. 모든 환자들이 다 말기 질병을 잘 관리하는 것은 아니라는 사실을 고려할 때, 앤디는 훌륭한 사람임에 틀림없다.

만약 앤디가 처음부터 살 수 있는 기간이 3개월밖에 안 된다는 사실을 알았다면, 가정이나 사업에 좀더 관심을 기울였을 거라고 생각한다. 하지만 그는 처음에 5년을 더 살 수 있다고 들었고, 그것은 앤디가 사용할 수 있는 긴 시간이었다.

그러나 5년이란 기간은 남은 생애 동안 할 것들에 대해 생각하기엔 충분했지만, 앤디가 큰 관심을 갖고 있는 목표들에 열정을 쏟기에는 매우 짧았다.

지나치게 많은 시간이 주어질 때는 인생을 낭비하기가 쉽다. 사람들은 완전한 어른이 될 때까지 자라기를 기대하며 살기 때문에, 소중한 시간의 장점을 살리지 못한 채 허비한다.

토킹 헤즈(The talking heads)의 곡 중에는 데이비드 번이 천국에 대해 '아무것도, 아무것도 일어나지 않는 곳'이라고 다소 느리게 부르는 노래가 있다. 나는 중학교 1학년 때 천국을 무한한 시간이 있는 곳이라고 생각했으니, 이 노래와 견해가 비슷했다고 할 수 있다. 만약에 내게 완벽에 가까운 볼링 실력을 키울 수 있는 무한한 시간이 주어진다면, 오늘 하루 동안 연습 때문에 조급해할 이유가 어디 있겠는가? 당장 노력하지 않아도 언젠가는 완벽한 볼링 실력을 쌓는다는 목표를 이룰 수 있는데 말이다.

지나치게 많은 시간은 해가 될 수도 있다. 시간이 남을 때 가만히 앉아서 TV 프로그램의 재방송을 보면 안 될 이유가 없지 않은가! 그러다 좋아하는 취미 생활을 즐기며 시간을 보낼 수 있다는 부푼 기대감 속에 정년(停年)을 맞이해도, 많은 시간을 어디다 썼는지 모를 만큼 낭비하는 사람들도 있다.

앤디는 내게 다른 사람들에게 큰 영향을 주기 위해서 할 수 있는 일이 무엇인지를 생각하게 만드는 계기를 주었다. 물론 앤디가 했던 일을 내가 할 수 있는 것은 아니다. 내게는 제3세계 국가에서 의료 사업을 개척할 만큼 뛰어난 리더십과 경영 능력이 없다. 그런데도 앤디는 내가 저술한 책을 통해 방글라데시에서 의료 사업을 시작하는 데 많은 영감을 받았다고 말했다. 반대로 앤디는 내가 이 책을 집필하는 데 필요한 영감을 주었다.

나는 새벽 5시에 잠자리에서 조용히 빠져나와 원고를 쓸 때마다 종종 앤디가 떠올랐다. 앤디에 대한 생각은 내게 잠자리에서 일어날 수 있는 용기를 줬다.

지금 이 순간에도 나는 죽어가고 있지만, 그것이 몇십 년 동안 계속되는 것을 원하지는 않는다. 그래서 의미 있는 목적을 추구하는 데 열정을 집중시키기 위해, 앤디가 생명 연장을 위해 필요한 골수 이식을 마다한 것처럼 당장이라도 죽을 것 같은 기분으로 살아가기를 소망한다.

신앙으로 극복하기

여러 연구 결과에서 깊은 신앙을 가진 사람은 그렇지 않은 사람에 비해 역경을 빠르게 이겨내고 완전하게 재기한다는 사실을 보여주었다. 신앙은 정서적인 회복력을 위한 뛰어난 특효약이다.

척삭종 진단을 받은 지 6년이 지난 어느 날, 제이 슈라이너는 다니던 성당의 신부님에게 의례적인 초대를 받았다.

"이번 주 일요일에 당신과 메리 자매님이 평소보다 30분 일찍 성당으로 와주었으면 합니다. 지금 진행 중인 사제관의 리모델링 작업을 보여주고 싶습니다."

그 성당에 수년 동안 다닌 제이와 메리는 신부님과 매우 가까운 사이였다. 게다가 제이는 기회가 있을 때마다 다른 사람이 작업하는 것을 가서 보던 사람이었다. 그래서 그날도 빅터 신부님이 어떤 사이즈의 들보를 쓰고 있는지를 알아보기 위해 일찍 성당으로 갔다.

주일 미사가 오전 10시부터 시작됐기 때문에, 두 사람은 9시 30분쯤 성당에 도착했다. 빅터 신부님은 정문에서 그들을 반갑게 맞이하고는 보관실 뒤쪽으로 안내했다. 그리고 신중하게 말했다.

"사실 두 사람에게 일찍 오라고 말한 것은 다른 이유 때문입니다."

신부님은 사제관을 리모델링하지 않았고 보여줄 들보도 없었다. 그가 두 사람을 일찍 만난 이유는 결혼 예식을 제의하기 위해서였다.

두 사람은 감리교회에서 이미 결혼식을 올렸지만 메리는 결혼식 후 천주교로 개종했다. 그러나 첫 번째 결혼에 대해 무효 선언을 하지 않은 제이는 천주교의 결혼 예식을 받아들일 수 없었다. 그러자 빅터 신부님은 전쟁 중이거나 죽음이 임박한 것 같은 특별한 상황에서는 장기간 동안 결혼 무효를 위한 과정을 밟지 않아도 결혼 예식을 할 수 있다는 사실을 말해주었다. 제이는 다음 날 다섯 번째 신경외과 수술을 받기로 했는데, 그것은 그동안 했던 수술 중에 가장 위험했다. 척삭종은 제이의 뇌로 통하는 대동맥과 척수의 매우 위험한 부분으로 번졌고, 뇌졸중을 일으키거나 치료가 불가능하도록 척수에 손상을 가져올 위험이 높았다. 즉, 제이의 수술은 빅터 신부님이 말했던 결혼 무효의 과정을 거칠 필요가 없는 환경이 된 셈이다. 그

244

들은 신부님의 제안에 기꺼이 응했다.

사실 척삭종에 걸렸다는 것을 처음 알았을 때는 첫 번째 결혼을 무효화하겠다는 생각은 하지 않았다. 그들은 정신적인 여력을 결혼을 무효화하는 데 보내는 것을 원하지 않았다. 하지만 그들의 삶에서 신앙은 대단히 중요한 부분을 차지했고, 병든 자를 위로하는 성모 마리아 또한 중요한 존재였다.

신부님은 두 사람이 오전 10시부터 시작되는 미사에 참석할 수 있도록 즉석에서 결혼식 주례를 섰다. 두 사람의 얼굴에는 행복한 미소가 감돌았다.

제이는 투병 생활을 할 때 메리와 함께 신앙을 통해 정서적으로 많은 도움을 받았다고 했다. 또한 여러 연구에 의하면, 신앙은 행복의 근원이 된다. 그리고 지금까지의 여러 연구 결과에서 깊은 신앙을 가진 사람은 그렇지 않은 사람에 비해 역경을 빠르게 이겨내고 완전하게 재기한다는 사실을 보여주었다.

신앙은 정서적인 회복력을 위한 뛰어난 특효약이다.

공적이고 사적인 신앙생활

어떤 사람들에게 종교는 매우 구조적이며 계층적인 조직을 의미한다. 어떤 이들은 신앙도 없으면서(기도라곤 전혀 하지 않으면서 습관에 의해 교회에 나가는 사람들) 종교인이 되는 게 얼마든지 가능하다고 믿는다. 또 신앙은 자신이 속한 공동체와 상관없이 다른 사람의 삶에 영향을 주는 믿음과 실천이라고 믿는 사람들도 있다. 예를 들어 캘리포니아에 가면 "저는 신앙인은 아니지만, 매우 영적이에요."라고 말하는 사람을 쉽게 만날 수 있을 것이다.

나는 이번 장에서 특별한 경우를 제외하고는, 공식적인 종교 의식에 참여하는 것과 개인적인 영적 체험을 포함하여 종교란 말을 사용하고자 한다.

사람의 정서적인 회복을 도와주는 신앙생활이란 무엇일까?

제이는 지난 10년 동안 성당에서 좋은 친구를 많이 사귀었다. 앞에서 말한 대로 제이는 사교성이 뛰어나서 사람들과 교제하는 것 자체를 좋아했고, 매주 일요일에 성당에서 알게 된 교구 식구들과 만나는 것을 몹시 고대했다. 그는 수술을 받은 후에도 얼마나 빨리 주일 미사에 참석할 수 있는지를 통해 회복 속도를 평가했다.

신앙생활은 사회적인 측면에서 많은 사람들이 살아가는 데 대단히 중요한 역할을 한다. 종교적인 공동체는 단순히 친구들의 모임이 아니라, 인생에서 중요한 것에 대해 공통된 신념을 가진 친구를 만나는 단체가 된다. 나아가 그들 중에 병으로 고통당하는 사람이 있으면, 서로 하나가 되어 적극적으로 돕는다.

종교적인 참여는 사람들이 속한 사회 공동체에 적응하는 데도 도움을 준다. 예를 들어 유타 주에서는 몰몬교도가 되면 사회적으로 소외되지 않고 그들과 쉽게 어울릴 수 있다.

종교적인 행위가 주는 사회적인 장점은, 사람들이 모여서 자신의 인생관에 대해 토론하고 함께 나누는 사교적인 클럽에 가까울 만큼 단체의 역할이 매우 크다는 것이다. 일례로 미국의 유니테리언 교회들은 지금 휴머니스트들의 단체가 되어가고 있다. 그들은 일요일 아침에 하느님에 대해서는 언급하지 않고, 가정의 가치관에 대해 이야기하며 시간을 보낸다.

제이는 신앙생활이 가진 사회적인 장점을 잘 알고 있지만, 신앙이 갖는 영적인 면을 더 소중히 여긴다. 지난 10년 동안 그는 다른 사람이 평생 동안 겪는 것보다 더 많은 고통을 경험하며 시련의 세월을 보냈다. 그는 척삭종에 걸린 이유에 대해서 스스로 수없이 많은 의문을 가졌다. 어떤 때는 운이 나쁜 탓으로 돌리기도 했다. 그러나 대부분의 경우에는 하느님의 섭리라고 생각하며 위로를 받았다. 고통이 심할 때는 하느님께 기도했다. 스스로 가엾다는 생각이 들 때는 믿음 안에서 자신이 받은 축복을 생각했다.

고통에 의미와 목적 부여하기

역경에 처했을 때 신앙은 고통에 의미와 목적을 부여함으로써 정서적인 회복력을 높여줄 수 있다. 극단적인 경우에는 신앙을 통해 내세에 고통에 대한 보상이 있으리라는 생각을 하며 위안을 받기도 한다.

신앙이 사람들에게 고통에 대한 위로를 줄 수 있다는 사실을 인식한 칼 마르크스는, 종교가 불공정한 자본주의 체계 속에서 느끼는 고통을 최소화시킴으로써 개인이 삶을 개발하는 것을 방해한다며 심하게 비난했다. 마르크스의 비난은 사람들이 재정 자본으로 인해 지나칠 정도로 욕심이 많아져 불필요한 고통을 당하고 있다고 믿은 것에 원인이 있었다.

그러나 때로는 고통을 피할 수 없으며, 정치적인 개혁이나 화학요법 같은 처방으로 치유될 수 없는 고통도 있다. 제이의 고통이 그런 것이다. 그의 고통은 삶의 일부다. 지난 10년 동안의 신앙생활이 그에게 어떤 보상을 주었든, 그것이 마르크스의 분노를 살 만한 일은 아닐 것이다.

제이의 신앙생활은 그에게 사회 자본뿐만 아니라 고통에도 의미가 있다는 사실을 깨닫게 해주었고, 기도가 주는 특별한 힘을 알려주었다. 만약 성당에 갈 수 없다 해도 그는 계속 기도했을 것이며, 기도를 통해 마음의 평안을 누렸다. 그는 직면한 많은 일들에 대응할 도움을 구할 수 있는 한, 지난날 자신이 받은 많은 축복에 대해 감사하는 것을 잊지 않을 것이다.

제이는 신앙인이지만 광신도는 아니다. 그는 자신과 같은 신앙을 갖지 않은 사람들을 개종시키려 하거나 설교하듯이 말하지 않는다. 그러나 사람들이 병에 대해 물으면, 만약 신앙이 없었다면 지난 10년을 무사히 보낼 수 없었을 거라고 솔직히 말한다.

신앙과 정서적인 회복력

제이의 경험은 종교가 기도와 같은 사적인 활동을 증진시키고 사회적으로 중요한 교제를 장려함으로써, 다양한 방법을 통해 정서에 영향을 준다는 것을 보여준다. 그렇다면 정서적인 회복력을 높여주는 것은 종교의 어떤 부분일까?

사회학자인 멜빈 폴너는 방대한 자료를 통해 종교와 행복 사이의 상호 관계에 대해 연구했다. 그 결과, 신앙이 독실한 사람일수록 행복하다는 것을 발견했다. 그는 풍부한 종교적인 체험에 기초하여 신앙의 내적인 면과 외적인 면을 분리해서 연구한 결과, 두 가지 모두 사람의 행복 지수와 깊은 관계가 있다는 사실을 발견했다.

사회학자인 크리스티안 엘리슨은 종교적인 체험을 참여도와 하느님과의 개인적인 관계(기도 같은 활동), 그리고 그가 말한 실존적 확실성이란 세 영역으로 나누어 연구했다. 실존적 확실성은 사람들이 신앙에 대한 회의를 갖고 있는지와 외부 환경이 삶의 의미와 목적에 대해 의문을 제기하는지를 질문해서 평가한다. 그는 신앙의 마지막 영역인 실존적 확실성 또한 삶에 대한 전반적인 만족과 깊은 관계가 있다는 것을 발견했다. 즉, 삶에 대한 분명한 의미와 목적을 가졌다고 확신하는 사람은 그렇지 않은 사람보다 행복하다는 것이다.

이러한 연구들은 신앙과 종교 활동이 행복과 깊은 관계가 있다는 사실을 시사한다. 하지만 이것이 반드시 인과관계가 있는 것은 아니다. 신앙인이 그렇지 않은 사람보다 반드시 행복하다는 사실을 보여주는 연구 결과는 아직까지 없다.

폴너와 엘리슨은 사람들의 행복 지수를 연구할 때 신앙에 대한 자료를 수집했다. 따라서 그들의 연구만으로는 신앙이 사람의 행복 지수에 영향을 미치는지, 아니면 행복한 사람이 불행한 사람에 비해 더 신앙심이 깊은지를 단정할 수 없다.

종교와 행복 중 무엇이 먼저일까?

종교와 행복 사이의 인과관계를 분석하는 한 가지 방법은, 오랜 기간 동안 종교가 행복보다 앞서는지, 아니면 그 반대인지를 알아보는 것이다. 사람들의 신앙은 시간에 따라 변하므로, 신앙심이 깊거나 약할 때 행복 지수에 어떤 현상이 나타나는지를 알아봐야 한다.

그런데 지금까지의 연구의 의하면, 개종한 사람은 그 후에 더 행복해진다는 사실이 밝혀졌다. 하지만 이러한 근거는 개종한 이유에 대한 의문을 야기한다는 점에서 전문가들에게 신앙이 행복의 원인이 된다는 증거로 채택되지 못했다. 만약 그들이 개종해야만 할 위기의 상황이었다면, 시간이 지나면서 신앙에 상관없이 다시 행복해지지 않을까?

지금까지 내가 읽은 가장 인상적인 연구서 중 하나는 종교적인 체험이 행복에 앞선다는 사실을 분명하게 입증해준다. 게다가 사람이 역경에 처했을 때 종교가 삶에 미칠 수 있는 중요한 역할에 대해 설명한다. 러트거스 대학교에서 건강관리 연구원으로 근무하는 엘렌 아이들러는 코네티컷 주의 뉴 헤이번에 거주하는 중년 이상의 어른들을 상대로 그 연구를 진행했다. 그녀는 첫 연구에서, 종교의 종류 혹은 종파와 종교 의식의 참여, 신앙의 깊이를 포함하는 종교의 사적인 측면과 공적인 측면에 대해 연구했다. 그 후 5년 동안 사람들이 얼마나 건강하고 행복한 삶을 사는지에 대해 평가했다. 그 기간 동안 새로운 장애가 발생한 사람들은 쉽게 절망에 빠졌는데, 그 중 강한 신앙을 가진 사람들은 그러지 않았다는 사실을 발견했다.

그녀는 연구를 통해 인간은 장애에 대처하기 위해 신앙을 갖는다거나, 장애를 가진 후 불행한 사람보다 행복한 사람이 신앙을 쉽게 갖는다는 증거를 찾지는 못했다. 하지만 장애 발생 시점에서 신앙을 가질 경우, 장애를 극복하는 데 도움이 된다는 것을 알아냈다.

신앙생활의 교훈

지금까지의 연구들은 종교가 사람의 정서적인 회복력에 영향을 주는지, 만약 그렇다면 어떤 식으로 영향을 주는지에 대한 답변에 과학적으로 도움이 된다. 또한 정서적인 회복력을 강화하는 방법을 상기시키고, 신앙생활의 역할에 대한 다양한 방법들을 떠올리게 한다.

주중에는 특별히 기도를 하지 않으면서 종교 의식에는 정기적으로 참석하는 사람들이 있다. 만약 이런 사람들이 모든 종교 활동에 참여한다면 정서적인 회복력이 더 강해질 것이다.

깊은 신앙생활을 하는 사람들 중에도 사회 활동에 열심히 참여해서 도움을 받는 사람들이 있다. 많은 신앙인들이 역경에 처했을 때 교회에서 자원봉사를 한다. 종교 단체는 남을 도울 수 있는 많은 기회를 제공하고, 보람을 느끼게 한다.

하지만 이런 학문적인 연구들이 주는 교훈은 신앙을 가진 사람들에게만 국한되는 것이 아니다. 신앙과 상관없이 종교를 통해 누릴 수 있는 혜택은 매우 다양하다. 종교 의식에 참석하는 것만으로도 그러지 않는 것보다 행복해질 수 있다. 종교 의식은 사람들에게 가치 있는 사회 활동의 기회를 제공하며, 그런 활동에 참여하고 싶다는 동기를 부여한다.

다른 공동체나 사회 활동 역시 이와 같은 혜택을 제공한다. 종교와는 무관하게 도덕적인 면에서 가치 있는 일을 추구하는 기관들도 많다.

사람들은 신앙인이든 그렇지 않든 다른 사람들과 사회적으로 유익한 교제를 나눠야 한다. 무신론자도 기도와 비슷한 명상을 통해 이점들을 얻을 수 있다. 과학적으로 밝혀지지는 않았지만, 나는 기도와 명상이 정서적인 면에서 공통점이 많다고 생각한다.

나는 그동안 과학적인 문헌들을 통해 종교적인 체험은 사람들이 행복을 발견하고 정서적인 회복력을 발휘하는 데 유익하다고 믿게 되었다. 신앙을 가진 사람은 그렇지 않은 사람에 비해 세상을 긍정적으로 바라보며, 신앙은 역경을 보다 쉽게 극복할 수 있게 한다. 특정한 종교성을 띠고 있는 공동체에서, 신앙을 가진 사람은 그렇지 않은 사람보다 정서적인 이점을 갖는다.

나는 제이 슈라이너의 신앙과 실천이 매우 깊었다고 확신한다. 제이는 척삭종으로 고통받고 장애로 투병 생활을 할 때도 신앙을 통해 많은 기쁨과 평안을 누릴 수 있었다.

그에 반해, 앤디 크래포드의 사례는 신앙생활을 하지 않는 사람이 역경을 이겨내는 매우 감동적인 모습을 보여준다. 따라서 높은 도덕성과 이타심은 신앙인만이 가질 수 있는 가치관이 아니며, 삶의 의미와 목적 또한 마찬가지다.

제이 슈라이너와 앤디 크래포드는 역경의 순간에 가장 중요한 것은 내면을 성찰하고, 삶에서 소중한 무엇을 발견하는 것이라는 사실을 가르쳐준다.

많은 사람들이 역경에 직면했을 때 신앙을 통해 정서적인 회복력을 발견한다. 그러나 신앙이 유익한가, 그렇지 않는가의 문제는 각자가 선택해야 할 몫이다.

행복에 이르는 길

정서적인 회복력은 우리의 내면에 존재하고 있으며, 어려운 역경에 직면했을 때 언제든지 발현될 수 있다. 그것은 우리의 DNA 속에 존재하기 때문에 필요할 때 언제든지 불러올 수 있다.

필라델피아에서 살던 어느 날, 친구 마이크의 차를 타고 출근할 기회가 있었다. 그날따라 교통 체증이 심했는데, 지역 주민들이 '확실한 치명타'라는 재미있는 이름을 붙인 얄미운 오토바이가 고속도로에서 차 뒤로 바짝 따라붙어 달려오고 있었다. 오토바이는 속도를 더 내라고 경적을 울렸지만, 마이크는 그러지 않았다. 화가 난 오토바이 운전자는 도로 옆으로 방향을 틀어 아주 위험하게 추월을 시도했다. 그리고 차 앞 범퍼를 겨우 빗겨갈 정도로 아슬아슬하게 지나 다시 차선으로 들어왔다. 이에 격분한 나는 유리창에 대고 욕을 했는데, 그때 혈압이 위험할 정도로 올랐다.

화가 나서 창문을 내리려는 순간, 마이크가 나를 말리면서 오토바이를 향해 손을 들었다. 그리고 가벼운 미소를 지으며 친절한 손짓으로 인사를 했다. 마이크는 쓴웃음을 지으며 요즘 사람들은 모든 것을 너무 서두른다고 했다. 그는 오토바이 운전자를 기분 나쁘게 하지 않은 데다, 대부분의 사람들이 쉽게 상상할 수 없는 행동을 했다.

마이크는 유전적으로 나보다 온순한 성향을 가졌을 수도 있고, 평화주의자인 부모님에게 어렸을 때부터 화를 통제하는 방법을 배웠는지도 모른다. 어쨌든 그날 마이크는 다른 사람에게 추월당했다고 해서 15분 동안이나 흥분한 상태로 있을 필요는 없다는 사실을 가르쳐주었다. 그의 행동은 행복이란 상황을 어떻게 보느냐에 따라서도 달라진다는 사실을 보여주었다.

대부분의 사람들이 그렇듯, 나도 다른 사람들보다 내가 더 행복하다고 생각한다. 기분 상하는 일이 거의 없으며, 그런 일이 있다 해도 그 상태가 아주 심하거나 오랫동안 지속되지 않는다. 그러나 마이크는 간단한 손짓을 통해 내가 불필요한 상황에서 화를 낸다는 것을 가르쳐주었다. 그는 같은 상황을 다르게 해석함으로써 오히려 기분 좋은 방법으로 순간을 넘겼다.

나는 앞 장에서 역경은 사람들이 예상하는 것만큼 감당하기 힘들지는 않다고 말해왔다. 역경은 우리를 패배자로 만드는 게 아니라, 오히려 더 강하게 만든다는 것을 증명하려고 했다.

또한 사람들이 역경에 반응하는 방법, 더 포괄적인 의미에서 삶에 반응하는 방법은 DNA에 많은 영향을 받는다고 이야기했다. 사고방식이 정서적인 회복력에 미치는 영향에 대해서도 언급했다. 이 장에서는 이 주제에 대해 좀더 구체적으로 다루고자 한다.

사람들은 특히 역경에 처했을 때 행복을 찾기를 원한다. 하지만 유전자를 바꿀 수는 없기 때문에, 정서적인 회복력을 향상시킬 수 있는 법을 발견하는 것은 무엇보다도 중요하다.

긍정적인 사고는 항상 유익할까?

나는 청소년기 때 여자들이 날 매력적으로 보지 않는다고 확신했고 연애 생활에 불만을 가졌다. 안타깝게 여긴 부모님은 많은 훌륭한 부모들이 그렇듯 삶에서 볼 수 있는 좋은 것들에 대해서 생각하라고 하셨다. 하지만 나는 그런 말을 듣지 않는다면 오히려 더 행복할 거라고 생각했다.

이런 반응은 흔한 일이다. 긍정적인 사고만으로는 사춘기 시절의 고민을 해결할 수 없기 때문이다. 부모님은 그 사실을 잊고 내 나이에 맞지 않는 충고를 해주신 셈이다.

잠시 오늘 있었던 사건들 중 좋은 일 두 가지를 생각해보도록 하

자. 나는 조용한 아침 시간에 집에서 이 책의 일부를 썼으며, 내 연구 프로그램에 신규 교수를 영입하는 문제에 대해 주임 교수와 함께 유익한 대화를 나누었다. 이처럼 긍정적인 것들을 생각할 때면 부모님이 말씀하셨던 것처럼 기분이 좋아진다.

이제 조금 더 시간을 갖고 오늘 일어난 좋은 일 열두 가지를 생각해보자. 만일 좋은 일 두 가지를 생각하는 것이 당신을 기분 좋게 했다면, 열두 가지는 더 기쁘게 만들 것이다.

나는 먼저 아이들을 어린이집에 데려다주기 전에 했던 몇 가지 재미있는 일들과 출근길에 운전하며 지나쳤던 아름다운 들판이 떠올랐다. 그 외에도 좋은 일을 몇 가지 더 기억해낼 수 있었다. 그러나 대여섯 가지 정도를 기억한 후에는 한계에 도달했다. 시간이 조금 지나자, 열두 가지를 떠올리는 게 왜 이렇게 힘든지 의기소침해졌다. 어쩌면 내 삶이 그다지 행복하지 않은 탓인지도 모른다.

내 동료이자 미시간 대학의 사회 심리학 교수인 노르베르트 슈바르츠는 대부분의 사람들이 하루 동안 일어난 대여섯 가지의 좋은 일은 쉽게 떠올리지만, 열두 가지를 떠올리는 건 어려워한다는 사실을 보여주었다. 기분 좋은 일을 떠올리기 위해 지나치게 노력한 나머지 자신의 행복을 의심하게 되기 때문이다. 슈바르츠 교수가 실험한 결과, 좋은 일 두 가지를 떠올린 사람들이 열두 가지를 떠올리려 했던 사람들보다 더 행복해했다. 후자의 집단은 삶에 좋은 일이 별로 없다는 것을 깨달았을 때 발생하는 의심에 의해 긍정적인 사고가 상쇄되었다.

슈바르츠 교수의 연구는 긍정적인 사고가 반드시 긍정적인 결과를 가져다주지는 않는다는 사실을 보여준다. 그러나 그와 반대의 경우도 성립한다. 부정적인 사고가 반드시 부정적인 결과로 연결되는 것은 아니라는 점이다. 예를 들어 사람들에게 현재 일어나고 있는 열두 가지의 나쁜 일을 열거하라고 했을 때 대개는 열두 가지 전부를 생각하지 못한다. 이로 인해 사람들은 상당히 행복하다는 결론을 내리게 된다.

슈바르츠 교수의 연구를 통해 볼 수 있듯, 행복은 단지 사람들의 긍정적이거나 부정적인 사고에만 좌우되는 게 아니라, 생각을 어떻게 해석하느냐에 따라 나뉜다. 그러므로 좋은 기분을 느끼기 위해서는 최근에 당신에게 있었던 좋은 일 두 가지를 생각하되, 너무 많은 것들을 떠올리려 해서는 안 된다. 그리고 부정적인 생각이 들 때는 최근에 경험한 나쁜 일들 몇 가지를 더 상기하면 도움이 될 것이다.

그러나 더 중요한 사실은, 동일한 상황에 대해서도 매우 광범위한 해석을 한다는 것이다. 우리의 삶은 좋은 것과 나쁜 것의 혼합으로 형성된다. 삶이 얼마나 행복한지 판단할 때, 사람들은 이런 것들의 조합을 통해 행복 지수를 평가한다.

사전·사후 사고방식

사람은 새로운 어려움에 부딪치면, 특히 장기적인 역경에 부딪치면 삶이 행복하다는 확신을 갖는 게 쉽지 않다. 그러나 슈바르츠 교수의 다른 연구는 이에 대한 해답을 제시한다.

슈바르츠 교수는 대학교의 한 신입생 집단을 상대로 입학하기 2년 전에 일어났던 좋은 일에 대해 떠올려보라고 했다. 그리고 다른 집단에는 입학하기 전에 일어났던 안 좋은 사건을 떠올려보라고 했다. 만일 내 부모님의 견해가 옳고 긍정적인 사고가 사람들을 행복하게 한다면, 좋은 일을 떠올린 첫 번째 집단이 두 번째 집단보다 행복해야 한다. 그러나 실제로는 정반대의 결과가 나왔다. 좋은 일을 떠올린 학생들이 안 좋은 사건을 떠올린 학생들보다 더 불행하다고 느낀 것이다.

이 같은 예상외의 결과는 앞에서 다룬 내용과 모순되어 보일 수도 있다. 슈바르츠 교수의 첫 번째 연구에 의하면, 한 가지의 사건을 떠올린다는 가정하에서라면 좋은 일을 생각한 학생이 안 좋은 일을 떠올린 학생보다 행복해야 한다. 그러나 좋은 일을 떠올린 학생들은 그 기억으로 인해 향수를 느꼈고, 과거의 행복했던 순간을 그리워하며 오히려 불행해졌다. 그들이 대학에 입학하기 전에 경험한 좋은 일은 주로 고등학교 시절의 댄스파티나 간부 생활에서 느끼는 재미 등이었다. 고등학교 시절에 있었던 좋은 일에 대해 생각하는 것은, 그들에게 지나간 과거의 추억일 뿐이라고 해석하게 함으로써 우울하게 만들었다.

이와 반대로, 고등학교 시절에 있었던 안 좋은 일을 떠올린 학생들은 주로 데이트 상대에게 버림받은 사건이나 단순 암기 위주의 지루한 수업 시간 등을 떠올렸다. 그러자 학생들은 대학교에 입학했다는 사실만으로도 행복을 느꼈으며, 과거는 과거일 뿐이며 현재의 행복한 상황에 도움이 안 된다고 생각했다. 또 한편으로는 그 과정이 오늘날의 자신을 만들어준 일부라고 생각할 수도 있다.

슈바르츠 교수는 또 다른 신입생 집단에 '대학에 입학하기 전'이라는 말을 빼고 2년 전에 발생한 긍정적이거나 부정적인 사건을 떠올리라고 했다. 그러자 학생들은 부모님이 조언했을 때처럼 반응했다. 2년 전에 일어났던 긍정적인 사건을 떠올린 학생들은 부정적인 사건을 떠올린 학생들보다 더 행복하다고 느꼈다. 대학교에 입학하기 전에 발생한 사건들이라는 제한을 두지 않았을 때, 학생들은 사건들을 현재 삶의 일부분이라고 해석하거나 현재 자신을 구성하는 일부분이라고 믿었다.

'그때는 그때고, 지금은 지금이다'라는 사고방식은 현재의 삶과 분리된 특정 기간을 떠올릴 때 가장 흔하게 발생한다. 고등학교 시절과 대학 시절, 미혼 시절과 기혼 시절, 아이들이 없을 때와 있을 때처럼 말이다. 이와 같은 사전·사후 사고방식은, 자신의 삶을 아프기 전과 아픈 후, 이혼 전후 등 쉽게 구분할 수 있는 심각한 역경을 경험한 사람들에게 두드러지게 나타난다.

어떤 사람이 뇌졸중이 발생하기 전에는 걸을 수 있었지만 지금은 걸을 수 없다고 하자. 이런 상황에서 역경을 겪기 전에 있었던 긍정적인 사건들을 떠올린다면 더 불행해질 것이다. 과거에 자신이 즐겼던 행복을 더 이상 느낄 수 없을 거라는 생각에 비참해질 것이다.

그러나 슈바르츠 교수의 연구는 사전·사후 사고방식의 위험을 피할 수 있는 잠재적인 방법을 제시해준다. 질병이나 장애, 그밖의 다른 역경을 겪은 사람들은, 삶에서 일어난 긍정적인 사건들을 과거의 일부분이라고 체념하기보다는 기꺼이 받아들여야 한다는 것이다. 예를 들면, 장애를 겪기 전에 훌륭한 운동선수였던 사람은 과거의 행복했던 날들을 추억하며 괴로워하기보다, 그때 느꼈던 성취감을 현재 모습의 일부로 간직해야 한다.

만약에 그게 안 된다면, 과거에 일어났던 나쁜 일들을 기억하거나 현재 일어난 좋은 일을 떠올려보도록 하라. 어쩌면 역경을 겪기 전에는 장미의 향기를 맡을 여유가 없었을지도 모른다. 이제 시간을 내서 향기를 맡고, 그 향기가 과거에는 삶의 일부분이 아니었다는 사실을 상기하자.

긍정적인 사고를 할 때는 감정적으로 몰입하라

어느 날 아침, 3살이 된 아들 조단과 함께 식탁에서 시리얼을 먹고 있었다. 떠드느라 바빴던 조단에게 나는 시리얼이 눅눅해지기 전에 조금이라도 더 먹으라고 말했다. 그러고는 냉장고에서 오렌지 주스를 가져오다가 조단이 숟가락을 입 앞에 세운 채 나를 빤히 쳐다보고 있는 것을 봤다. 숟가락에는 시리얼이 아니라 최근에 뗀 공갈 젖꼭지가 놓여 있었다. 조단은 공갈젖꼭지를 먹는 시늉을 했다. 나는 조단의 기이한 행동에 폭소를 터뜨리다가 테이블에 오렌지 주스를 엎지르고 말았다.

그 행동이 왜 그렇게 웃겼을까?

조단은 내가 어떻게 반응하는지 보고 싶어 했다. 내가 숟가락 위에 시리얼이 있을 거라고 생각한다는 것을 알고 있었기에 공갈젖꼭지를 보면 깜짝 놀랄 거라고 예상했다. 이런 반전은 일반적인 유머 기법이다.

그런데 조단은 어떻게, 왜 그런 행동을 했을까? 어쩌면 시리얼을 먹기 싫었거나 공갈젖꼭지를 조금이라도 더 물고 싶었거나, 아니면 또는 다른 것을 찾고 있었는지도 모른다. 생각에 몰두한 나는 이 일을 통해서 맛볼 수 있는 재미를 놓쳐버렸다. 지나치게 분석한 탓에 더 이상 재미를 느낄 수가 없게 된 것이다.

하지만 그 당시에는 매우 재밌었다. 조단의 표정을 본 나는 아들을 안아줄 수밖에 없었다. 아이디어가 너무 창조적이어서 희극의 천재를 보는 것 같았다.

긍정적인 사고는 정서와 연결될 때 우리를 더 행복하게 해준다. 조단의 행동을 봤을 때의 느낌에 대해 떠올리면 그때의 기분을 다시 경험할 수 있었다. 글을 쓰면서도 다시 웃을 정도로 말이다. 하지만 조단의 공갈젖꼭지와 관련된 행동을 분석했을 때는 그 즐거운 기분이 사라졌다.

분석적인 사고는 일반적으로 사람의 기분을 가라앉게 만든다. 잠시 시간을 내서 연인을 사랑하는 이유에 대해 분석해보라. 그러면

금방 사랑에 대한 기쁜 마음이 사라질 것이다. 그러나 연인과 함께 있을 때 느끼는 기분에 대해 생각한다면 훨씬 좋아질 것이다.

그렇다고 해서 자신의 상황을 분석하면 안 된다는 뜻은 아니다. 때때로 기분이 나쁘더라도 삶에서 일어나는 일들에 대해 깊이 고민할 필요가 있다. 사실 기분이 나쁠 때는 이 같은 냉정한 사고가 도움이 되기도 한다. 부정적인 사건을 분석하고 자신을 불행하게 만든 이유에 대해 생각할 때 나쁜 기분이 가라앉기도 하기 때문이다. 이 현상은 기분이 나쁜 상태인 사람들이 종종 심각하게 분석적인 사고에 빠져드는 이유를 설명해준다. 잠시 귀를 바짝 세우고 방법을 찾다보면, 정서적 고통이 사라지면서 나쁜 일이 다시 일어나는 것을 막을 수 있는 방법을 찾아내기도 한다.

하지만 좋은 경험들을 떠올릴 때는 감정을 분석하는 게 좋지 않다. 그보다는 당시의 감정을 되살리고, 감정이 일어나는 순간을 최대한 포착해야 한다. 효과를 극대화하기 위해 추억이 될 때까지 기다릴 필요는 없다. 실제로 사람들은 좋은 일에 크게 반응할수록 더 큰 행복을 느낀다.

심리학자인 크리스토퍼 랭스턴은 대학생들에게 호출기를 준 후 호출기가 울릴 때마다 일기를 쓰도록 하는 연구를 했다. 그는 학생들에게 자신의 기분, 최근에 경험한 좋은 일과 그것에 대한 반응을 적도록 했다. 그리고 좋은 일로 술자리를 가진다거나 친구들과 함께 축하하는 등, 보다 적극적으로 움직였던 학생들이 그러지 않은 학생들에 비해 더 오랫동안 행복을 느낀다는 사실을 발견했다.

그런데 적극적인 반응은 사람들의 기본적인 기분 상태를 나타내는 단순한 수단이 아니었다. 적극적인 반응에 대한 효과는 랭스톤이 학생들의 일반적인 기분 상태를 반영하기 위해 자료를 수정했음에도 계속 유지되었다. 기분이 좋은 학생들이 기뻐서 뛰며 계속 행복해하는 것이 아니라, 뛰는 행위 자체가 기쁨을 강화시키고 증가시켰다.

위의 사례에서 봤듯이, 좋은 일이 일어났을 때는 그 감정을 친구와 공유해야 한다. 좋은 일을 함께 나누면 그 기분의 강도와 유지 기간이 증가한다. 생일 파티나 결혼식, 졸업식 등을 함께 축하하는 이유도 바로 이러한 관점에서 설명할 수 있다.

하지만 결혼이나 졸업식 같은 공식적인 행사에만 국한해서는 안 된다. 일반적으로 코미디 영화는 친구들과 함께 관람할 때 더 재미있다. 함께 웃으면 그것 자체가 많은 웃음을 자아낸다. 춤을 추는 것은 기쁨에 대한 좋은 반응 중 하나지만, 그 자체가 기쁨을 만드는 훌륭한 방법이기도 하다.

우리는 이 현상을 유익한 수단으로 활용할 수 있다. 살아가면서 행복한 일이 생기면 함께 즐기고 축하해서 더 큰 행복감을 느껴야 한다.

행복에 이르는 사고의 원리

나는 행복이 해석에 의해 좌우된다고 확신한다. 그러나 상황을 해석하는 올바른 방법을 찾기란 쉽지 않다. 만약에 당신이 이 장의 논리에 따라 행복을 찾고자 한다면, 현재의 삶에서 긍정적으로 해석될 수 있는 것들을 생각해낸 후 그때의 감정을 되살리려는 시도를 해야 할 것이다. 부정적인 사건들이 떠올랐을 때는 과거의 일부분으로 간주하거나, 언짢은 기분을 약화시키거나 없애기 위해 그 일들을 분석해야 할 것이다.

역경을 겪고 있는 사람들은 사회적으로 자신보다 하위에 있는 사람들과 비교를 하거나, 초현실적인 생각을 하거나, 목표 및 기대치를 조정하면서 행복을 느낀다. 그리고 긍정적인 기분을 유지하는 것이 쉽지 않을 때는 행복한 삶을 위해서는 현재의 기분보다 의미 있는 목적을 추구하는 것이 더 중요하다고 믿는다.

나는 이 책을 집필하는 과정에서 동료들과 행한 수많은 연구와 직접 면담한 환자들, 그리고 이 책을 쓰기 위해 몰두해서 읽은 수많은 서적들 덕분에 진료 방식을 바꾸게 되었다. 이제는 심각한 건강 문제로 인해 고통을 겪고 있는 환자들의 삶을 개선시킬 수 있도록 도와주는 방법에 초점을 맞추고 있다.

현실적인 기대치를 설정하라

나는 환자들의 건강을 개선시키기 위해 최대한 노력한다. 육체를 강하게 하고 건강 상태를 극복하는 데 도움이 될 만한 운동을 가르쳐주기도 한다. 만성적인 고통이나 불안에 시달리는 환자들에게는 요가나 명상 요법 같은 것을 권한다.

하지만 나 역시 중년층의 소수와 노년층의 극소수만이 건강상의 문제에서 자유롭다는 사실을 알고 있다. 건강 문제 때문에 일어나는 정신적인 충격을 극복하는 데 중요한 일은, 신체 활동과 기능에 대한 현실적인 기대치를 설정하는 것이다. 놀라운 의술의 발달에도 불구하고, 날마다 고통을 겪으며 살아가는 사람은 있다. 나이가 들면 관절은 닳고 신경은 손상된다. 결국 사람들은 앞으로 겪게 될 어떤 종류의 고통에 적응하지 않으면 안 된다. 우리는 모든 질병을 치료할 수 없기 때문에, 바꾸지 못하는 것들을 받아들이는 방법을 배워야 한다.

나는 환자들이 자신의 고통이 평생 사라지지 않을 거라는 사실을 인정하는 순간, 고통이 감소한 것처럼 느낀다는 사실을 발견했다. 상당수의 환자들이 관절 문제, 혈액 순환 장애 또는 기타 질병으로 인해 고통을 호소한다. 나는 환자들이 고통을 줄일 수 있는 방법을 고안하기도 하지만, 그들이 스스로 좌절감을 극복할 수 있도록 도와주기도 한다.

나는 역경에 직면했을 때 무관심한 태도를 취하는 것이 옳다고 생각하지 않는다. 그렇다고 해서 좌절하거나 당황하는 것도 옳지 않다. 노인들을 대상으로 연구한 결과, 최대한 오랫동안 건강한 상태를 유지하는 게 전부가 아니라, 현실에 맞게 기대치를 조정하는 것 또한 중요하다는 사실을 발견했다. 만약 스코트 맥클러가 지금도 마라톤에 참여하길 원한다면 어떨지 상상해보라.

본질적으로 의미 있는 목표를 추구하라

나는 환자들이 현실적인 기대치를 갖고 있는지, 그들의 목표가 무엇인지 파악하고자 노력한다. 나의 주된 목적은 그들이 삶에서 성취하고자 하는 목표를 이룰 수 있도록 최선을 다해 돕는 것이다. 그렇다고 환자들의 목표에 대한 실현 가능성을 따지거나, 사회적·윤리적 가치를 판단하지는 않는다. 대신 정신 건강 및 정서적인 회복을 위해 그들이 좋아하는 목표를 선택하는 것이 중요하다고 생각한다.

언젠가 잡지에서 매일 뉴욕타임스를 처음부터 끝까지 읽는 것을 목표로 삼은 노인에 대한 기사를 읽은 적이 있다. 그는 광고나 주식란을 제외한 모든 기사를 단어 하나도 빠뜨리지 않고 읽기로 결심했다. 그의 결심은 완고했고, 읽는 속도가 느린 것은 개의치 않았다. 결국 시간이 지나자 안 읽은 신문들이 쌓이게 되었다. 그는 신문들을 모아놓았다가 먼저 도착한 것부터 읽었다. 그래서 읽는 신문이 수년이나 뒤처지게 되었지만, 목표를 지키기 위해 다른 뉴스 자료를 보는 것을 거부했다. 그는 매일 뉴욕타임스를 읽음으로써 누리는 기쁨을 포기하기보다, 차라리 세상의 소식에 뒤떨어지는 것을 택했다. 어쩌면 그는 지금 이 순간에도 이라크에 대량학살 무기가 존재하는지의 여부에 대해 고민하고 있는지도 모른다. 하지만 신문을 읽는다는 목표에 강한 동기 부여를 받는 그는, 매일 신문을 최대한 읽으면 세상에서 일어나고 있는 일들을 좀더 알 수 있다는 사실에 즐거워하고 있다.

이 노인의 목표는 터무니없으나, 뚜렷한 목표 의식이 없는 사람들보다는 낫다. 그의 이야기는 분명히 특이한 면이 있다. 하지만 노인의 목표가 골프장에서 칩샷을 연습하거나, 크로스워드 퍼즐을 풀거나, 정원에서 꽃을 가꾸며 시간을 보내는 것보다 가치 없는 일일까?

우리는 어떤 것들이 삶에 의미와 목적을 가져다주는지에 대해 생각할 필요가 있다. 또한 매일 하는 피아노 연습 같은 개인적인 목표와 사회적으로 가치 있는 일에 시간 배분을 어떻게 할 것인지 정해야 한다.

우리는 결정해야만 한다. 무엇보다도 결정을 결정해야 한다는 사실이 가장 중요하다. 제대로 고찰해보지 않은 삶도 살 만한 가치가 있겠지만, 고찰한 삶만큼 가치 있는 것은 드물다.

어느 날 아침, 한 환자가 와서 "의사 선생님, 저는 어제 하루 종일 잠옷을 입고 있었습니다."라고 말했다. 나는 그의 혈압 수치가 약간 올랐다는 것에 대한 걱정을 미루고, 하루 종일 어떻게 보냈는지 물었다. 그는 직장이 없는 상태였으며, 함께 살던 어머니는 18개월 전에 돌아가셨다. 그 후로는 집 밖으로 나가기를 꺼려했다. 게다가 우울증까지 겹쳤으므로 정신과 의사와 함께 치료하기 시작했다. 하지만 그에게는 무엇보다 목표가 없는 것이 가장 큰 고통이었다.

우리에게는 매일 아침 일어나 잠옷을 갈아입어야 할 이유가 있어야 한다. 그래서 나는 질병이나 장애로 인해 고통받는 환자들 중 몇 명에게 매일 15분을 할애해서 자신의 목표를 적어보라고 권한다.

내일이나 내년, 남은 생애에 걸친 목표를 자유롭게 적으라고 한다. 그리고 가능하면 치료 이후에도 건강 상태를 확인하기 위한 방문 진료에 시간을 할애한다. 몇 차례의 방문 진료 후 나는 내 충고가 얼마나 효과적인지를 확인하고는 깜짝 놀랐다. 일부 환자들은 자원봉사 활동을 시작했다. 그들은 건강 문제 때문에 정규직을 갖는 게 힘들었기 때문에, 자원봉사를 하면서 몸 상태가 괜찮은 날에는 일을 하고 좋지 않은 날에는 집에서 쉬며 유연하게 생활하고 있었다.

역경을 기다리지 마라

소중한 목적에 집중하기 위해 큰 시련이 찾아오기를 기다려서는 안 된다. 그러나 사람들은 종종 이러한 함정에 빠지곤 한다.

약 100년 전에 어느 잡지의 편집자가 소설가 마르셀 프루스트에게 세상에 종말이 다가온다면 사람들이 어떻게 반응할지 상상해보라고 했다. 편집자는 아마 절망 혹은 방탕한 결말에 대한 대답을 기대했을 것이다. 하지만 프루스트는 다음과 같이 썼다.

만약 죽음에 직면하게 된다면, 삶이 갑자기 경이롭게 보일 것입니다. 우리는 미래가 있다는 가정에서 오는 안일함에 의해 수많은 계획과 여행, 사랑, 공부 등을 망치고 있습니다. 그런데 이러한 것들이 앞으로 불가능하게 될 거라고 생각한다면 얼마나 아름답게 느껴지겠습니까? 그럼에도 우리는 무관심이 욕구를 지배하는 일상생활의 한가운데에서 살고 있기 때문에, 그처럼 커다란 변화를 겪지 못합니다. 사실 오늘의 삶을 살기 위해서는 그런 변화가 필요하지도 않습니다. 자신이 인간이며, 따라서 오늘 밤에 죽음이 찾아올 수 있다는 사실을 생각하는 것만으로도 충분합니다.

정서적인 회복력은 우리의 내면에 존재하고 있으며, 어려운 역경에 직면했을 때 언제든지 발현될 수 있다. 그러나 회복에 도움이 되는 힘을 얻기 위해 역경을 기다려야만 하는 것은 아니다. 그것은 우리의 DNA 속에 존재하기 때문에 필요할 때 언제든지 불러올 수 있다.

세상은 친구나 가족과 함께 소중한 시간을 보내는 것에서부터 방글라데시에 의료 기관을 세우는 것에 이르기까지, 추구할 수 있는 의미 있는 목표들로 가득 차 있다. 우리는 시련을 통해 삶을 돌이켜 보고, 가장 중요하다고 여기는 목표를 추구할 수 있게 된다.

에필로그

막내아들 테일러가 처음 유치원에 가던 날, 정작 신경이 쓰인 사람은 나였다. 아들의 유치원 문제 때문이 아니라, 그렉과 루스가 내 글에 대해 어떻게 반응할지가 걱정됐다.

나는 이메일로 몇 장의 원고를 보냈고, 의견을 듣기 위해 그들의 집으로 가고 있었다. 혹시 내가 그들의 생활상을 묘사하면서 실수를 했다거나, 마음을 상하게 하는 내용을 쓰지는 않았는지 걱정이 되었다. 그래서 지적을 받을 각오를 하며 도착했다.

그러나 가족들이 돌아가며 원고를 읽고 있었기 때문에, 그렉과 루스는 볼 틈이 없었다. 내 글은 그렉의 생활상에 대한 상세한 이야기였기 때문에 그의 가족들에게 즐거움이 되었다. 가족들은 집안일을 돕지 않은 그렉을 놀려댔다.

그러나 화두가 된 것은 그의 삶에 대한 이야기들이 아니었다. 그들은 만약 자신이 두 다리를 잃는다면 어떨지에 대해 많은 대화를 하며, 그렉의 삶에 대해 다시 생각했다. 그리고 정서적인 회복력과 그렉이 환경에 대응한 방법에 대한 글을 읽은 후, 공통된 결론에 이르게 되었다. 차라리 죽음을 택하겠다는 것이다. 루스는 격앙되어 자신도 똑같은 결론을 내렸다는 사실을 고백했다. 그렉은 고양이를 쓰다듬으며 말했다.

"그렇게까지 부정적으로만 볼 일은 아니지요."

"하지만 당신은 엄청나게 큰 것을 잃었잖아요."

"대신 다른 것들로 보상을 받았잖아요."

"그렉, 당신은 다른 것들을 발견했지만, 나는 그렇지 않아요. 나는 힘들어요."

이때는 그렉이 두 다리를 절단한 지 2~3년이 지난 후였다. 그밖에도 다른 건강상의 문제가 생겼다. 다리 절단 후 체중이 증가해 당뇨병이 생겼다. 신장도 나빠지기 시작했는데, 당뇨병에도 원인이 있지만 근본적인 이유는 중환자실에 입원해 있을 때 일어난 부작용 때문이었다. 혈압도 불안정했고, 심장에도 문제가 있었다. 그는 심장발작을 예방하고자 지난 2년 동안 동맥 확장을 위한 아홉 차례의 혈관 성형을 받았다.

다리 절단 후에 그렉의 삶은 고난의 연속이었지만, 그는 회복한 삶의 긍정적인 부분들을 마음껏 누렸다. 그는 트럭에다 왼손만 써서 브레이크와 액셀러레이터를 작동할 수 있는 장치를 설치한 후에는 다시 운전을 할 수 있게 되었다고 자랑스럽게 말했다. 그전에는 백내장 수술을 받으면 사물을 다시 투명하고 아름답게 볼 수 있다는 기대감에 부풀어 있었다. 그렉이 루스의 결론을 받아들일 수 없는 이유는 이런 것들에 있었다.

그는 무엇보다도 정서적인 회복력이 가진 위대한 능력에 대해 잘 알고 있었다. 또한 정반대의 것들에 대해서도 알고 있었다. 그래서 되물었다.

"당신은 왜 그렇게 부정적인 생각을 하지요? 만약에 당신이 두 다리를 잃었다고 가정합시다. 그건 어느 누구의 잘못 때문이 아니잖아요?"

그렉은 루스에게 그녀가 생각보다 강하다는 사실을 말해주었다.

그날 나는 그렉 부부의 집에서 돌아오는 길에 사라 레조트를 만났다. 그녀는 신장 이식을 받고 3년째 건강한 상태를 유지하고 있었다. 그러나 내가 보낸 초고를 읽은 사라는 정신적인 회복력에 대한 개념을 쉽게 받아들이지 못했다. 사라는 투석 치료를 받았던, 결코 행복한 기간이라고 말할 수 없었던 때를 회상했다.

"정말 행복하지 않은 시간이었어요. 불만은 없었는지도 모르지만요. 그때 저는 많은 것들을 포기했는데, 그런 것들을 다시 찾은 지금은 매우 행복합니다."

그녀는 정서적인 회복력에 대해서는 의문을 갖지 않았지만, 자신이 치료를 받는 중에도 어떻게 긍정적인 태도를 유지할 수 있었는지에 대해서는 의아해했다. 그런 힘을 다시 되찾을 수 있을지에 대해서도 확신이 없었다. 사라는 투석 치료를 받던 때를 어린 시절에 자신이 살았던 집을 방문했을 때에 비유했다.

"우리는 그 집이 매우 컸다고 기억합니다. 그러나 다시 본다면 얼마나 작은지를 깨달을 것입니다."

사라는 지금의 관점에서 투석 치료를 받던 시절을 떠올려보고는, 그때가 얼마나 고통스러웠는지를 알게 되었다.

사라의 경험에 비하면 훨씬 미미하지만, 나는 10여 년 전에 일시적인 장애를 경험했다. 그래서 사라의 전후 사고의 변화에 있어서의 차이를 이해할 수 있었다. 내가 손을 지나치게 많이 사용해 장애가 발생한 때는, 펜실베이니아 대학의 교수로 임용된 첫 해에 지원금을 받고 많은 시간을 연구 논문을 쓰는 데 바칠 때였다. 당시 나는 손목 통증이 너무 심해 컴퓨터의 자판을 칠 수 없었고, 운전을 하거나 피아노를 치는 것조차 힘들었다. 그래서 6개월 동안 손목에다 부목을 대고 살았고, 피아노와 컴퓨터를 멀리했다.

처음 한 달 동안은 연구실에서 계속 논문을 쓰고 고통 속에 밤잠을 설쳐대며 원인이 무엇인지를 밝혀내기 위해 노력했다. 하지만 나는 곧 손목에 받친 부목 덕분에 편하게 잤고, 환경에 쉽게 적응할 수 있었다. 피아노는 칠 수 없었지만 음악은 열심히 들었다. 예전에 음악을 들을 시간이 충분히 있었을 때보다도 더 많이 들었다. 컴퓨터의 자판을 칠 수 없었기에 녹음기를 사용해서 계속 논문을 썼는데, 이 습관은 오늘날까지 계속되고 있다. 나는 가급적 손을 적게 쓰면서 일상의 업무를 할 수 있는 방법들을 찾아냈다.

마침내 내 손은 크게 호전되었다. 5살 때부터 즐긴 취미인 피아노 치는 것을 6개월 동안이나 멀리한 후에야 다시 할 수 있었고, 10년이 지난 지금은 마음대로 피아노를 칠 수 있다. 그러나 만약 내가 피아노 치는 것을 6개월 동안 중단했을 때 PDA를 갖고 다니며 매 순간 기분을 녹음했더라도, 사라가 투석 치료를 받을 때 행복하다고 보고한 것처럼 행복했을 거라고 생각한다.

그 당시를 돌이켜보면 잃었던 것들을 알 수 있다. 하지만 삶은 예전과 같았다. 오늘날의 나아진 입장에서 봤을 때, 6개월 동안의 내 삶은 지금보다 훨씬 제한적이었던 것처럼 보인다. 그것은 어린 시절에 자랐던 집이 몇 년이 지나고 나자 작아 보이는 것과 같다.

투석 치료를 받던 때의 삶에 대한 사라의 회상은 정서적인 회복력이 가진 역설적인 면을 보여준다. 장기 이식이 성공한 후 3년이 지난 사라의 삶은 제3자의 입장에서 볼 때는 나아진 것이 사실이다. 하지만 매순간 그렇지는 않다. 인간의 정서는 시간이 지나면 느끼는 정도가 약해지는 경향이 있으며, 사라 또한 3년 동안 항상 즐겁지만은 않았다.

반면에 사라가 아팠을 때 그녀를 행복하게 해준 많은 것들은, 지금도 행복을 준다. 내가 찾아갔을 때 사라는 상기된 얼굴로 팔십 명이 넘는 사람들이 참석한 성대한 생일 파티와 자녀나 손자손녀에 대해서 이야기했다. 그녀에게는 열네 명의 손자손녀가 있었는데, 곧 열다섯째 손자가 태어날 거라며 자랑스러워했다. 사라의 삶에서 가장 큰 기쁨은 가족과 함께 시간을 보내는 것이었고, 건강 문제도 그런 기쁨을 빼앗아갈 수 없었다.

사라의 집에 다녀온 지 얼마 지나지 않아, 제이 슈라이너에게 한 통의 전화를 받았다. 그에게도 이 책의 몇 장에 대한 검토를 부탁한 상태였다. 그는 척삭종이 계속 진행 상태였는데도 낙천적이었다. 그는 한 손의 기능을 거의 상실했으며, 의사들이 피부 이식을 권할 만큼 목 뒤의 피부가 약해진 상태였다. 의사들은 몇 달 후 제이의 목 앞부분에서 자라고 있는 종양 제거 수술을 할 때 피부 수술도 함께 하기로 계획을 잡아놓고 있었다. 하지만 제이는 외과 수술과 회복의 반복 속에서 살고 있음에도 언제나 의지를 잃지 않았다. 그는 여전히 많은 시간을 메리와 함께 보냈으며, 종양이 악화되는 것을 예방하거나 지연시키기 위해 화학 요법에 의한 치료를 받았다.

메리는 내 글과 관련해 몇 가지 우려를 표했다. 특히 사람들이 부부의 나이 차이에 대해 지나친 관심을 갖는 게 싫었다.

"사람들이 제이가 집에서 가출한 어린 소녀와 결혼했다고 생각할지도 몰라요."

그러자 제이가 뒤에서 "내가 집을 나와서 어린 소녀와 결혼했지요!"라고 대답했다. 장난기 섞인 말이었지만, 나는 메리의 심정을 충분히 이해할 수 있었다. 하지만 나는 제이 부부와 유쾌한 시간을 보내면서 나이 든 남자와 어린 여자 사이에 있다는 기분이 전혀 들지 않았다. 그보다는 천생연분이라는 생각이 들었다. 제이의 박력과 열정, 그리고 두 눈에서 빛나는 장난기는 그를 실제보다 어리게 보이게 했다. 그에 비해 메리는 정숙하고 성숙해 보였다.

스코트 맥클러는 지금도 여전히 든든한 가장 역할을 하고 있다. 맏아들인 알렉산더는 대학을 졸업하고 에밀리스 리스트에서 근무하고 있다. 노아는 학교에 다니면서 시간 날 때마다 아버지의 연구실로 찾아간다.

스코트는 의과대학을 순회하며 강연하는 횟수가 점차 늘어나고 있다. 최근에도 미시간 대학을 방문해, 참석자들이 초만원을 이룬 가운데 루게릭병에 대한 강연을 했다. 스코트는 강연이 끝난 후 1시간 동안 휴식을 한 후, 알코올 중독에 대한 연구가들을 대상으로 그가 최근에 발견한 과학적인 사실들을 강연하기 위해 연구동으로 갔다. 이러한 일들은 스코트가 어떤 삶을 살고 있는지를 대변해준다. 그는 루게릭병에 좌우되는 삶을 살고 있지 않다. 자신의 투병 생활에 대해 자서전을 쓰려는 생각도 하지 않는다. 그것은 스코트에게서 학문적인 과업에 바쳐야 할 시간을 빼앗을 뿐이다.

루게릭병은 하나의 장애물임이 틀림없지만, 스코트가 생애에서 중요한 업적을 남기기 위해 계속 싸워나가야 할 것에 지나지 않는다.

스코트는 자신의 연구가 코카인 중독 치료를 위한 하나의 전기가 될지는 확신하지 못한다. 하지만 세상을 좀더 나은 곳으로 만들려는 소망을 이루기 위해 계속 연구하고 있다. 코카인 중독은 원하면 언제든지 해결할 수 있는 간단한 문제가 아니기 때문이다.

스코트의 야심 찬 꿈은 방글라데시에 대한 앤디 크래포드의 노력을 연상시킨다. 스코트는 앤디와 마찬가지로 거의 불가능한 목표를 추구하지만, 그럴 만한 가치가 있다는 것을 알고 있다. 게다가 원대한 목표는 실천하는 과정에서 가치 있는 부수적인 결과를 가져오기도 한다.

스코트는 포유류의 수명과 관련된 분자 토대의 신비를 밝혀내는 작업 또한 계속하고 있다. 스코트가 밝혀낸 지식이 장차 어떤 결과를 가져다줄지는 아무도 알 수 없지만, 그가 끼친 영향은 쉽게 사라지지 않을 것이다. 학자인 스코트는 앞으로 다른 학자들이 쌓아나갈 수 있는 기초를 이뤄놓았기 때문이다.

앤디 또한 많은 사람들의 삶에 변화를 가져다주었다. 그는 방글라데시에 건강관리 센터를 개원하지 못한 채 세상을 떠났지만, 아들이 그 과업을 완수할 수 있도록 기초를 닦아놓았다. 아버지의 꿈을 실현하겠다는 굳은 의지를 가진 알렉스는, 방글라데시에서 직면한 여러 난관을 하나하나 극복해나갔다. 결국 그는 아버지가 돌아가신 지 불과 몇 년 만에 처음 생각했던 것보다도 훨씬 큰 과업을 이뤘고, 수많은 방글라데시 사람들에게 의료 혜택을 주고 있다.

대다수의 사람들은 코카인 중독에 대한 치료법을 개발하는 능력이나 방글라데시에서 의료 사업을 시작할 수 있을 정도의 적극성과 열정을 갖고 있지 않다. 그러나 역경에 처했을 때 이겨낼 수 있는 정서적인 회복력이 있는 것은 사실이다. 그리고 그런 회복력을 통해 우리는 삶을 개선시킬 수 있다.

언젠가 나는 그렉과 루스의 가정을 방문했을 때, 세상을 아름답게 바꿔놓을 기발하면서도 중요한 방법들이 생각났다.

나는 코카인 중독에 대한 치료법을 발견한다거나 제3세계 국가들에서 의료 제도에 대한 개선책을 개발하겠다는 꿈은 없다. 그러나 비록 작지만 중요한 면에서 세상을 변화시키고자 하는 소망을 품고 있다. 그렉의 뛰어난 유머 감각으로 인해 그와 함께하는 사람들의 삶이 풍요롭게 되는 것과 같은 이치다.

그렉은 지난 몇 년 동안 많은 변화를 겪었다. 전보다 훨씬 철학적으로 변했고, 마음이 너그러워졌다. 그러나 이런 것들보다 더 놀라운 변화는 가사를 돕기 시작했다는 것이다. 상상도 하지 못했던 일이 벌어진 것이다. 그렉 또한 자신의 능력을 완전히 이해하지 못했기 때문에 일어난 변화 같다.